eye

守望者

——

到灯塔去

汪民安 著

福柯的界线

THE LIMITS OF

MICHEL FOUCAULT

南京大学出版社

图书在版编目(CIP)数据

福柯的界线 / 汪民安著. —南京：南京大学出版社，2023.9(2025.10 重印)
ISBN 978-7-305-26909-7

Ⅰ.①福… Ⅱ.①汪… Ⅲ.①福柯(Foucault, Michel 1926—1984)-哲学思想-研究 Ⅳ.①B565.59

中国国家版本馆 CIP 数据核字(2023)第 070839 号

出版发行　南京大学出版社
社　　址　南京市汉口路 22 号　　　　邮　编 210093
FUKE DE JIEXIAN
书　　名　福柯的界线
编　　著　汪民安
责任编辑　甘欢欢

照　　排　南京紫藤制版印务中心
印　　刷　徐州绪权印刷有限公司
开　　本　880 mm×1230 mm　1/32　印张 10.75　字数 250 千
版　　次　2023 年 9 月第 1 版　2025 年 10 月第 3 次印刷
ISBN　978-7-305-26909-7
定　　价　68.00 元

网　　址　http://www.njupco.com
官方微博　http://weibo.com/njupco
官方微信　njupress
销售热线　(025)83594756

目　录

导　论

　　如果不是将疯癫理解为神志错乱的自然疾病，而是将它理解为启示般的诗篇的话，我们可以在福柯华丽的开篇中预见他这一伟大事业的基本倾向：对规范的逾越，对理性的抗争，对超验性的拒斥，对诗意的渴望，对极端体验的迷恋。而疯癫则令人惊异地埋藏着所有这些倾向的最初种子，他日后二十多年的事业正是从疯癫这里发芽的。从某种意义上来说，疯癫主题并非福柯的有意选择，这个大学体制长期遗漏的主题对于福柯来说是近乎天命般的召唤。疯癫不仅在现实中沉睡，在哲学中也同样沉睡。福柯正是要借助疯癫揭示出西方文明的一个特有的理性-疯癫维度。乔治·巴塔耶说："疯癫是理性的反题……疯癫本身提出了自由'主体'的某个观点，那个观点不服从于'真实的'秩序，而只是着眼于当下。"疯癫想要在光天化日之下出没，就需要藐视理性的权威，因为理性意图长久地对疯癫维持着自己的父亲形象，它要降服疯癫，它要用暴力和惩罚驾驭疯癫。而福柯正是要重现疯癫的抗议激情，要让沉默的疯癫恢复它的呼喊。福柯在疯癫风雨飘摇的历史中，暴露了理性漫长而隐秘的道德禁锢，像尼采一样，他让疯癫的尖叫，闪电般地划破理性的夜空。疯癫的尖叫，也是一切孤独者的尖叫，是潜伏在日神之下的酒神的尖叫。理性和道德，这是福柯与之搏斗终生的陈腐教义。开始，福柯向它们发出了大海般的咆哮，然后，激烈的咆哮缓缓地平静下来，最后，福柯变得安详了；安详并非激情的消减，而是吞噬危机的镇定。福柯无意做历史的巨人，他只想成为一名保罗·维尼所说的今天的战士。巨人是山呼海啸式的，战士则是缄默无闻的；巨人是立法者，战士则蔑视一切的律法；巨人是权威，战士则是探索前行的英雄。

这种探索前行是一种僭越，对理性的僭越，为此，福柯对多种多样的理性形式、与理性相关的种种观念做了历史的清算，考古学和谱系学正是他独特的历史清算方式，这个尼采的当代信徒将历史的成见——瓦解，他深入历史的每个角落，历史不再是统治者、英雄、帝王、国家机器、战争周旋于其中的盛大舞台，相反，历史表现为支离破碎的纷乱细节，福柯勾勒了诗人、疯癫、小偷、流浪汉、倒错、反常、罪行、逾规者的曲折而隐秘的历史，在这种历史中，总是蕴含着无穷无尽的争斗，历史不再是一种纯粹的时间线索，它还表现为一种权力四处出没的空间，权力正是围绕着疯癫、罪行、倒错组织了各种各样的禁闭和生产形式，组织了各种各样的知识和真理形式。医院、精神病院、监狱、工厂、兵营、家庭在福柯的历史考古中纷纷露出了狰狞的面目。它们不是保护性的，而是控制性的；不是宽恕人道的，而是隐含暴力的；不是平息骚扰，而是激发骚扰；不是平静的治理，而是权力的游戏。在所有这些机构中，都遍布着规训的权力。福柯对于历史中的常识、成见进行了无休止的反复敲打，谱系学不是一种故意的历史颠倒，而是将权力和利益的纷争视作历史的基本动机。这样，历史中不再存在着某种不容置疑的真理和本质，历史不过是一场相对主义嬉戏。对于历史的书写，各种各样的知识形式并非纯洁中性的，而是时时刻刻受到权力的污染。福柯就这样将哲学主题引入历史中，他既改变了一般哲学的面貌，也改变了一般史学的面貌，哲学不再是抽象的理论探索，它是一种全新的哲学，是摆脱了哲学史的哲学，是摆脱了哲学家恐怖的哲学。同样，这也不是抱有还原信念的史学，历史不再是顺势而下的江河，不再是一堆史实活蹦乱跳的欢快串联。在福柯看来，理性和理性的他者、权力和权力的对象的冲突就是历史的旋律，既然不再存在着标准的真理，为什么历史要动用全部的力量来压制那些叛逆和越轨呢？为什么不能从历史中释放出异质性来呢？为什么不能以别样的方式来重写历史呢？

　　为此，福柯的写作充满着激烈的申诉，他既是高亢的，也是绚丽的；既是热烈的，也是偏执的。但是他那烂漫的申诉散文并没有因为激烈而失去分析的力量，福柯的哲学天衣无缝地将抒情和分析融合起来，他既是澎湃的诗人，也是严谨的智士。福柯的分析，他对对象的层层盘剥、出其不意的叩问、阴郁有力的描述，永远都是对常识的动摇。这几乎没有丝毫的陈词滥调，相反，他总是以一种奇特的目光把人们引向理性的断裂边界。福柯的分析表现出一种神秘的穿透力，它不可思议地将对象置于死地，这是真正的艺术，是一种令人着迷的才华。这确实是最伟大的现代哲学，它不仅构成一种美学，而且还产生巨大的震撼。福柯所特有的抒情性，总是贯穿于他那独到的分析中，它是分析的强化，它将分析缓缓地推到了力量的巅峰，分析因为夹带着抒情，它就不是逻辑式的数学推论，但是，抒情绝不是放纵，而是恰到好处的节奏控制。这样的哲学没有流露出丝毫的枯燥，没有流露出净寂主义的冷漠。相反，它既是生动的，又是有力的；既是愤慨的，又是抗争的；既是忧郁的，又是欢乐的。这是哲学，也是诗篇。

　　这是一种令人激动的哲学，贯穿于这种哲学始终的是权力问题和主体问题。福柯堪称是最重要的权力理论家，但是他并没有一个牢固而确凿的权力理论，相反，他在"权力"面前反复徘徊、权衡、测量，他在"权力"问题上进行了残酷的纠缠。权力，在福柯这里最终表现为一个开放的场域。起初，他将权力视作否定、压制、禁闭性的，权力是一种让人窒息、让人收缩、让人丧尽自由的东西。在疯癫的历史中，权力就扮演了这样一种暴君角色，这样一种权力论在本质上同国家模式、集权模式、统治模式、法律模式的权力观没有实质性的差别，它们都是某些主体所拥有的压制性和惩治性力量，它们都可以以暴力的方式运转和施展。差别只是在于，权力实践的范围、运作的对象领域、惩治的暴力程度不同，福柯的权力更具有弥散性、更小型化、更隐蔽，它的实施对象更边缘化，权力和它捕捉的对象处于一般历史之外，这是一种无处不在的禁闭权力。后来，福柯采用了尼采的权力观，他不再将权力视作否定性的，而是将权力确定为积极、主动、生产性的，权力锻造和铸就了它的对象。福柯也不再将权力视作某个组织、集体或者个人的所有物。权力没有中心点，没有主体，没有机构，它不是单向性的，它永远存在于关系之中，存在于和别的权力的关系中。它是这些关系的依靠、较量、连接、分裂、争斗；权力来自四面八方，它无处不在，正是权力的结合或者纷争才构成了巨大、复杂而纷繁的形式本身，社会机制正是权力的战略形式，而身体和性，这些自然而然的东西，在福柯看来，都是权力的效应和产物。

在这种无所不在的权力关系中，主体占据着什么样的位置呢？福柯否认了权力是主体的所属物，相反，他颠倒了它们的关系，主体是被权力造就和生产的。如果权力是否定性的，主体当然就受到了它的排斥，这样一种权力将主体划分为几种类型：理性的和疯癫的、同性恋的和异性恋的、罪犯和守法者等等。不过，福柯很快就放弃了这种权力对主体的划分。在《词与物》和《知识考古学》中，福柯不是借助压制性的权力来宣布主体的死亡，而是将人的死亡同语言存在的兴起联系起来，同人文科学、知识的此消彼长联系起来，语言的地平线湮没了人的痕迹。人，福柯耸人听闻地宣称，不过是历史的某个特定时期的知识发明。既然其出现是偶然的，那么，其消失就是必然的。在此，主体是一种知识俘获的对象，是一种科学的对象。它的形成、构型，它的所有观念都是缓缓地进入历史的，当然，它也会在某一时刻，再次消失于历史之外。但是，福柯不久即不再在知识、语言、话语，也就是说，不再在考古学的限度内谈论人和主体，他从谱系学的角度谈论主体，从权力的生产性的角度谈论主体，福柯关注的问题是，权力是以怎样的方式造就了形形色色的主体形式的。这时，这个主体完全受制于权力的锻造，屈从于匿名的权力，它无时无刻不在被规训和造就，它只能是"驯顺的身体"，最终，主体不过是支配身体的权力技术学的效应。

　　但是，倘若真的陷入这种无处不在的微观权力的部署中，真的对权力无所适从，真的被锁进铁板一块、毫不松动的统治性中，我们能够产生一种风格化的自我吗？如果我们在权力面前难以喘息，那么只有两条道路可供抉择：要么放弃一切努力，听凭权力的肆虐，对于福柯来说，这也意味着他的事业的无望和中断；要么将眼光投向历史的源头，投向权力尚未大肆浸染的地带，看看在那个瞬间，在权力尚未膨胀的历史瞬间，发生了什么。为了渡过由于权力引发的危机，福柯像他心智上的导师尼采一样，开始了他的希腊之行。福柯回到了希腊罗马古风，这种回归不是对现时的逃避，同样也不是要求现时搬回那些历史尘埃中的伦理大任，相反，历史总是现时的某种启示、某种谱系：福柯对过去的回归在某种意义上是对它的远离，古人的自我风格化在当前的语境中如何产生一种迥异的存在艺术式样？对于福柯来说，古人的风格化模式和手段、他们创造自我的途径已经无关大局了。重要的是，他们自我风格化的态度和意志，他们改造自我的愿望，将自身塑造成艺术品的气质，所有这些对自我的批判和质疑的态度才是福柯暗自心仪的。福柯的自我风格化主题既贯彻于他最后的思索中，也贯彻于他的实践中。自我风格化——像创造艺术品那样创造一个独特的自我——或者说存在美学所要奉行的唯一原则，就是解除超验性和普遍性，也就是解除真理的魔咒。这或许是福柯终生的主题，不过它在福柯的最后岁月越来越清晰而强烈地浮现出来。福柯此时想到的不是古希腊罗马的贵族，而是波德莱尔式的花花公子，这些花花公子正是要全力以赴地将生活变成艺术，这是一种存在伦理学，生活不再以超验性真理为目标，它是一种可能性的探究，是一种不倦的修行，是一种无止境的摸索，是一种自我的反复批判，这不是面对着某个顶点拾级而上，这是一种非求真性的跳跃，是自我控制的技艺，是非理性的美学，最终，这是尼采式的舞蹈。

第一章　理性/疯癫

一　疯癫史

《古典时代疯狂史》[①] 抛弃了有关疯癫的一般知识，疯癫不再是一个牢固而稳定的本质主义概念，疯癫史也不再是有稳固所指的疯癫的历史行程。这里，疯癫和历史都是动态、生成和演变的，它们相互作用，不仅仅历史在变化，疯癫概念本身也在变化。福柯的疯癫史在某种意义上是争斗、交流、冲突、断裂的历史，疯癫不是独自地裹足前行，在这个疯癫史中，疯癫总是伴随着其对立面——理性。理性在疯癫的历史行程中如影随形，可以说，《古典时代疯狂史》不纯粹是一个疯癫史，而是疯癫与理性的交流、断裂、争斗、对话、镇压和征服史，这是疯癫置身于其间的空间史，是血雨腥风的空间史。这样一种关系史注定了疯癫命运的动荡和飘摇。

福柯将疯癫与理性的关系史最早追溯至中世纪对麻风病的排

①　《疯癫与文明》是《古典时代疯狂史》的缩写本。

斥那里。在中世纪，麻风病盛行，麻风病院遍及整个欧洲，欧洲通过麻风病院的隔离方式来对付麻风病人，正是这种隔离，取得了巨大成功，它使麻风病消灭了。但是，麻风病院所采用的隔离和排斥方式、对待麻风病的习俗则留存下来。同样，中世纪附着于麻风病人身上的价值观、意象、意义，即"那种触目惊心的可怕形象的社会意义"① 也留存下来，正是因为这些可怕的意义，才使这些形象得以固定起来，进而被排斥出去。排斥是从中世纪开始的，它划定了一个空间（麻风病院），意在实行拯救，中世纪通过这种排斥获得拯救的方式，在两三个世纪之后的古典时代对待疯癫的行为中再次浮现。

不过，在中世纪时，疯癫是个一般的经验，是一个平庸和默默无闻的现象，它表现了愚蠢，但它在一个庞大的愚蠢和罪恶体系中占据着不显山露水的一席。只是在中世纪结束后的文艺复兴时期，疯癫才变得夺目，它在欧洲文化的地平线上开始成为一个重大现象，"其意义暧昧纷杂：既是威胁又是嘲弄对象，既是尘世无理性的晕狂，又是人们可怜的笑柄"②。在故事和道德寓言中，在学术作品中，在造型艺术中，在文学中，在哲学中，疯癫都成为中心意象，它在各方面都使人们迷恋，它可以以滑稽方式造成喜剧效果，可以用呆傻语言说出事物的真相，可以在和理性的辩论中获得胜利，可以在同死亡的较量中消除死亡的威胁。"疯癫变成了诱惑：它体现了不可能之事，不可思议之事，非人之事，以及一切暗示着大地表面上的某种非自然的、令人不安的荒诞存在

---

① 米歇尔·福柯：《疯癫与文明》，刘北成、杨远婴译，生活·读书·新知三联书店 1999 年版，第 4 页。
② 《疯癫与文明》，第 10 页。

的东西"①，正是因为它的这种荒诞形象、这种神秘玄奥，疯癫还是一种知识、一种智慧的预示，它所揭示的是"一个秘密，一个无法接近的真理"，"地狱的无情真理"②，因而，疯癫是启示性的，人们正是借助疯癫，表达了对凶兆和秘密的直觉般的领悟。

与此同时，文艺复兴时期也将疯癫看作最大的恶习和人类弱点，但是，这是没有危险的恶习和弱点。疯癫并不危险，它是一个司空见惯的现象，是一个普通景观，它常常游荡于大街小巷而不对人进行隐秘的伏击。不仅如此，疯癫还被浪漫化了，它有时表现出狂妄自大，有时表现出情欲的绝望，有时表现出正义的惩罚。最重要的是，疯癫与梦幻、错觉密切相关，它张冠李戴，指鹿为马，它"有吸引力，但仍蛊惑人，它统治着世上一切轻松愉快乃至轻浮的事情，正是疯癫、愚蠢使人变得好动而欢乐"③，而不是恐惧和惊讶，这就是文艺复兴时期，人和疯癫的一个愉快交流。此时，疯癫并没有作为一个异质性的他者被欧洲文化排挤出去，相反，疯癫，因为它特有的启示性、幻觉、啼笑皆非、善意的过失、痛苦、悲剧乃至死亡，而引发了压倒性的迷恋。在文艺复兴时期，疯癫除了不包括危险外，它包括一切。

但是，很快，对待疯癫的恶意抬头了。文艺复兴之后的古典时代不再友善地对待疯癫，它不再和疯癫愉快地交流了。在17世纪，禁闭所大量产生，在巴黎，每一百个人中就有一个人遭到禁闭，而疯人的归宿既不是在文艺复兴时期的街头，也不是在被放逐的茫茫大海上，而是在高墙耸立的禁闭所内。福柯将1656年建

① 《疯癫与文明》，第17页。
② 《疯癫与文明》，第19页。
③ 《疯癫与文明》，第21页。

立的巴黎总医院作为古典时代对待疯癫的一个标志性记号。巴黎总医院不是一个医疗机构，不是疗效式的，而是一种"治安"手段，是一种禁闭所。这种总医院模式经过发展，在18世纪的欧洲建立了一个完整的网络，它们将违法者、浪子、游民、精神病人都囚禁在高墙之内，囚禁行动采纳的是权威主义的强制形式，目的是制止"行乞和游手好闲"[①]。在此时的欧洲人看来，正是这两点，造成了巨大的社会混乱，因为游手好闲和懒散在古典时代被视作造反，是最恶劣的行为，是一切祸根之首，它是对"上帝统治的反叛，它领导和压倒了一切恶习"[②]。这样，禁闭所对游手好闲者和流浪乞丐进行肉体和道德的束缚，它迫使他们劳作，给他们提供工作，它试图用工作来消除游手好闲，用劳动来消除失业。但是，从这个动机——经济和实用价值的动机——来看，福柯表明，禁闭所是失败的，是工业化初期的一种笨拙而无效的救治和社会防范措施。但是，对于福柯的论述而言，这一点无关紧要。重要的是，禁闭表现出了伦理和道德维度，而不仅仅是经济维度。在古典时期，劳动有一种赎罪的力量，在劳动中，罪恶得以消减，道德得以升华。即使是无用的纯粹耗费时间的劳动，也是一种驱恶手段。

值得注意的是，疯子和游手好闲者一样被禁闭起来，他们一样地被强迫劳动，"到了古典时期，人们第一次通过对游手好闲的谴责和在一种由劳动社会所担保的社会内涵中来认识疯癫"[③]。在此，疯癫不再带有非理性的烙印，也不是和无拘无束的想象相关，它既不再是神秘的启示象征，也不是人们善意的捉弄对象，相反，

---

① 《疯癫与文明》，第43页。
② 《疯癫与文明》，第51页。
③ 《疯癫与文明》，第53页。

它是一个懒散的形象。疯癫之所以被驱逐、被隔离、被排斥、被禁闭，正是因为它懒散，因为它越出了劳动的神圣权力之外，越出了以劳动为基础的神圣伦理界线之外。疯癫被禁闭，不是因为它的非理性，而是因为它的反劳作、非道德。

禁闭所因而不仅仅是强制性的劳动机构，它还是个道德机构。它通过劳动来实施道德改造和道德训诫。禁闭所的发明，正是古典时期资产阶级美德憧憬的流露，在此，道德被视作理想、要事和律令，禁闭所正是用暴力压制那些反道德的社会要素，用劳动让他们的道德升华，让他们迷途知返，让他们重获拯救。疯子和游手好闲者一样被禁闭起来，既有社会的原因，也有伦理的原因。就前者而言，"人们是从贫困、没有工作能力、没有与群体融合的能力的社会角度来认识疯癫"，就后者而言，人们是从与劳动相关的伦理价值的角度认识疯癫。在古典时期，人们对疯癫的认识和体验发生了决定性的改变，在此，"理性通过一次预先为它安排的对狂暴的疯癫的胜利，实行着绝对的统治，这样，疯癫就被从想象的自由王国中强行拖出，它被关押起来，在禁闭城堡中听命于理性，受制于道德戒律，在漫漫黑夜中度日"。①

但是，古典时期被禁闭的疯子同其他的被禁闭者受到的对待并不相同。禁闭被认为是对耻辱的避免，对丑闻的掩盖，对罪恶的遗忘，因为罪恶被认为是有传染性的，只有遗忘罪恶才能遏制罪恶，所以，罪恶在禁闭所里被隐藏起来而不昭示于众。但疯子则是唯一的例外，疯癫被展示、被参观、被表演，疯癫丑闻没有被封闭起来，而是成为公开的娱乐，成为注意的焦点，成为隔着栅栏观看的对象，它受到理性的监督并与理性隔离开来，它成为

---

① 《疯癫与文明》，第 57—58 页。

与理性无关的奇特动物，"疯癫借用了野兽的面孔"①。疯子被视作动物而不是病人，疯子的发作被认为是动物兽性的狂吼，因而无论是医学，还是教化，都不会光顾疯癫。驾驭疯癫只能靠纪律或残忍。疯癫之所以被展示，正是为了表明"人类的堕落如何使他们接近兽性，上帝挽救人类的仁慈能远及何处"②，在古典时代，人们是以非理性为背景来认识疯癫的，疯癫是非理性的经验形式，被视作理性的他者，是一种虚无，是对理性的否定，是非存在物的荒谬表现，"禁闭的目的在于压制疯癫，从社会秩序中清除一种找不到自己位置的形象"③，禁闭因而可以被视作理性对于疯癫的把握，理性对疯癫的秘密结构的勾勒。禁闭正是在理性和非理性、存在和非存在、日光和眩惑、白昼和黑夜之间划出了一条不可约减而又泾渭分明的沟壑，这种对立而不妥协的反辩证的二元关系正是古典主义思想图式的要旨所在，因而，将疯子禁闭起来对于理性而言是最自然、最恰当、最自发的排斥手术。禁闭，这是古典时代的天命。

当然，古典时期，尤其是在18世纪的进程中，禁闭的实质和意义在发生改变，不断地要求将疯子和其他的被禁闭者分隔开的呼声日益强烈，这是因为在同一个地区的禁闭所里，疯子对其他的罪犯——如自由思想者、政治犯、商人、堕落的老人等——产生威胁，构成恐惧和惩罚。疯子既是被惩罚的对象，也是惩罚他人的主体，既是压迫的目标，也是压迫的象征。因此，疯子应成为各种禁闭的典型对象，他们和其他的禁闭者分离开来，疯癫获

---

① 《疯癫与文明》，第 66 页。
② 《疯癫与文明》，第 74 页。
③ 《疯癫与文明》，第 106 页。

得了另一种禁闭意义，即与禁闭牢不可分的本质意义，疯癫就意味着禁闭，疯癫成为禁闭的唯一理由，而另一部分原先与之相连的禁闭者，如贫困者和游手好闲者，则被一种新的道德眼光打量着，贫困并不属于违反劳动伦理的罪恶世界，现在看来，它只是一个偶然事件，是经济事实而非伦理事实的结果。因而，贫困应从与疯癫的联系中解脱，从道德的审判中解脱，最终，应从禁闭所中解脱。这样，只有疯癫"被孤零零地留在令人窒息的禁闭高墙之中"，它开始"成为一个问题，它从前从未提出的问题现在纷至沓来。它使立法者陷于困境，他们不得不用法令来结束禁闭，但是不知道在社会领域内何处安置疯癫：监狱、医院，还是家庭救济?"① 正是在处置疯人的犹豫不决中，精神病院诞生了。在18、19 世纪之交，新的精神病院单独收留了疯子，同时，它也创造了不同于禁闭所的体验疯癫的结构。

福柯集中地分析了图克和皮内尔建立的疯人院，在这个专门处置疯人的休养院里，有一套特殊的治疗方法和对疯癫的独特体验。在图克的休养院里，休养院被道德和宗教环境笼罩着，它与邪恶完全隔离开来。在图克看来，宗教在世代相传中，已内化为人的自然本性，即使是在疯癫中，宗教所负载的理性依然稳定地盘踞着，因而它可以有效地使精神错乱者恢复到健康状态。同时，疯人因为与别的邪恶者隔离开来，因为他的茕茕孑立而感到恐惧，这样，他只好听命于道德和宗教的说教支配，他在内心深处应该对可能造成道德和社会骚扰的一切事情感到负有道德责任。在图克这样的休养院中，疯人最终将自己的疯癫确定为罪责，他带上了负罪感，他的意识深处笼罩着令人窒息的责任。这种责任，"这

---

① 《疯癫与文明》，第 217—218 页。

种负罪感使疯人变成永远可能受到自己或他者惩罚的对象。承认自己的客体地位，意识到自己的罪过，疯人就会恢复对自我的意识，成为一个自由而又负责任的主体，从而恢复理性。也就是说疯人通过把自己变成他者的客体对象从而恢复自己的自由"①。这样，疯人的工作变成了道德控制，变成了责任的承担，在交往中，疯人也成为观察对象，他被迫适应交往礼仪、要求、规范，因而不断地自我控制，使自己身上的疯癫要素处于一种匿名状态。在这样的精神病院中，疯癫永远处在被观察之下，而精神病院中的精神病科学也只是一种对疯人的观察和分类体系，而绝非同他们的对话。这样，在精神病院中，面对疯癫的只是理性的监视和审判，这种监视和审判无须借助于物质的强制性，而只凭借疯癫周围的宗教道德环境，凭借理性的至上统治，凭借理性对疯癫的隔绝和包围。

在此，疯癫不再表现为一种抗争形式，而只是表示着一种幼稚、一种未成年状态，疯人被视作没有自治能力的未成年人、孩子。为此，休养院强调了"家庭"概念，家庭被引进了休养院中，疯人不过是家庭中的孩子，他应服从于家长、成年人、父亲的理性权威，后者既是统治者，也是榜样。家长制将疯癫包围起来，在疯癫周围建立了一个模拟家庭。这样，疯癫的狂暴发作，以前被认为是非理性与理性的无可救药的重大冲突，现在则被认为是"本能对牢固的家庭制度及其古老象征的隐秘攻击"②，是孩子对父亲的攻击。

皮内尔组建的精神病院与上述图克的实践方向相反。皮内尔

---

① 《疯癫与文明》，第 229 页。
② 《疯癫与文明》，第 235 页。

拒绝将宗教环境引入精神病院中，与图克认为宗教对疯癫具有疗救功能截然相反，皮内尔认为宗教刺激和引发了疯癫，宗教不是理性隐秘的古老地带，而是谵妄、幻觉、绝望、忧郁的根源。因此，在精神病院中，宗教不应成为生活的道德基础，它本身应被医治、排斥，宗教应成为医疗对象。一旦将宗教从疯人的头脑中过滤掉，疯人就可能返璞归真，情绪安定。皮内尔的精神病院排除了宗教的狂热内容，排除了宗教的社会主题，但是，它"继续从事宗教的道德事业"，吸收宗教的"安慰和信任的道德力量以及对大自然的顺从"[①]，疯人院最终成为一个道德领域，美德统治了疯人院，它支配了疯癫的核心部位，它既是疯癫的真相，又是消除疯癫、越轨、罪恶的手段。在皮内尔的疯人院里，没有病人能逃脱美德的统治，疯人院成为一个道德教育场所，为保证这些道德教育能发挥作用，皮内尔运用了如下的手段。

首先是缄默。皮内尔将谵妄病人的铁镣打开，但不让周围的人同他交流，让周围的人对谵妄病人的自由呼喊、高亢表演无动于衷，保持沉默，这样，病人以前被束缚时与周围人达成的观看与被看、呼喊与倾听的共谋关系——这种共谋关系一般让他心醉神迷、得意扬扬——不存在了。现在，不是土牢和铁镣束缚着他，而是周围的冷漠和缄默束缚了他，他不再是一个景观，因而不再趾高气扬。相反，他摆脱铁镣而获得的自由无异于一种更真切的禁闭，他成了自己的囚徒，周围的缄默使他陷入越轨的范畴，耻辱抓住了他的内心，最终，他回到了与其他病人的交往圈子中。皮内尔采用的第二种手段是镜像认识。在此，"疯癫能够看到自

---

① 《疯癫与文明》，第 238 页。

己，也能被自己看到，它既是纯粹的观看对象，又是绝对的观看主体"①，正是因为这种观看和自我观看，疯人最终惊愕地发现自己是一个疯人。皮内尔的第三种手段是无休止的审判。在疯人院中，疯癫被迫不断地审判自己，疯人院就像一个司法世界，它自成一体，拥有自己的惩罚手段，即将18世纪通常视作医治的方式转换成一种惩罚手段，"把医学变成司法，把治疗变成镇压……总之，一切安排都是为了使疯人认识到自己处于一个天网恢恢的审判世界；他必须懂得，自己受到监视、审判和谴责；越轨和惩罚之间的联系必须是显而易见的，罪名必须受到公认"②，这样，病人的内心就会无限悔恨，他永远处于受审地位，时时刻刻遭受谴责，最终，在疯人院这个道德审判世界中，疯人必须悔悟。

疯人院除了上述三种结构外，还有一种结构——图克和皮内尔的精神病院共通的结构——即对医务人员的神化。这种结构决定了整个现代疯癫体验因而具有重要的意义。医生在疯人院内占据着主导地位，但并非因为他所特有的医学知识，他并不是一个科学家，相反，他是作为一个司法和道德保证，"作为家庭、权威、惩罚和爱情的秘密的威信"，而不是作为一个医学知识权威来发挥作用的，因而，医生凭借的不是知识，而是人格，借用了科学面具的人格，这种人格力量属于道德和社会范畴，而与现代医疗方法无关。

总之，图克和皮内尔建立的疯人院的结构是："以家长权威为中心的家庭与子女的关系，以直接司法为中心的越轨与惩罚的关系，以社会和道德秩序为中心的疯癫与无序的关系。医生正是从

---

① 《疯癫与文明》，第243页。
② 《疯癫与文明》，第243页。

这些关系中汲取了医治能力。正因为如此，病人发现，在医生与病人的结合关系中，通过这些古老的联系，自己已经被交给了医生，而医生则具有了几乎是神奇的治愈他的能力。"① 随后的弗洛伊德的精神分析则消除了疯人院内的缄默、镜像认识和审判结构，却进一步地夸大了作为魔法师的医生的功能，或者更恰当的说法是，弗洛伊德的精神分析将疯人院的前三种结构都归并于神奇医生的结构中。这样，和皮内尔、图克一样，精神分析根本无法听到非理性的声音，无法进入非理性领域。福柯下结论说，从18世纪末起，非理性的存在几乎没有得到表达，只是在荷尔德林、奈瓦尔、尼采和阿尔托等的作品中，非理性凭着自己的力量抗拒着巨大的道德桎梏。

二 疯癫氛围

《古典时代疯狂史》与其说是史学，不如说是诗学。这是多重意义上的诗学：它的写作本身是诗意的。福柯在此表现得像个愤怒的抒情诗人，敏感而炫耀，他在冷峻而犀利的分析中埋藏着诗的激烈旋律。同时，福柯的出路也是诗学的。疯癫的呐喊只是通过少数的诗人喷薄而出。诗，既抗拒着道德，也抗拒着理性。最后，疯癫的氛围是诗的氛围。福柯的写作，他对疯癫的研究正同他的文学时期相吻合，福柯从文学中获取了疯癫遭到惩罚的证据。福柯正是在这样一种多重的诗学意义上对启蒙理性、道德，以及启蒙理性、道德设置的禁闭形式进行了猛烈的抨击，在此，福柯

---

① 《疯癫与文明》，第253页。

十分明显地站到了非理性主义的阵营中，这个阵营的特点即是反文化、反启蒙。萨德、荷尔德林、尼采、阿尔托、布朗肖和巴塔耶等人绵延不绝地在欧洲文化中表达对启蒙的敌意，一旦将启蒙、理性判决为阴郁和罪恶滔天的，那么，非理性就成为新的港湾、新的避难所、新的行为准则。这种准则和理性准则水火不容，这种准则要求越轨，要求酒神，要求诗意般的蛮力，要求欲望的无阻碍的流动。非理性在尼采和福柯这里同理性展开一场旷日持久的大战。《古典时代疯狂史》最后攻击了精神分析，精神分析"始终无缘进入非理性统治的领域"，相反，只有诗和诗人才能包融神圣的疯癫、非理性的闪电，才能透露体验的直觉，领略万物的终结和开端。福柯在最后提到了他心目中反理性的疯癫英雄——荷尔德林、奈瓦尔、尼采、阿尔托，这些非理性的尖厉叫声、原始呐喊终于引发了一种全面的纷争，非理性划破了古典主义时代理性的夜晚而引吭高歌，同样，在萨德看来，"非理性继续在黑夜中守候，但是在这种警戒中它获得了新的力量。它一度是非存在物，而现在则成为毁灭性力量……在萨德和戈雅之后，而且从他们开始，非理性一直属于现代世界任何艺术作品中的决定性因素，也就是说，任何艺术作品都包含着这种使人透不过气的险恶因素"[1]。福柯将理性批判的任务交给了诗人和艺术家，正是通过他们，直觉、体验、欲望、审美以一种以暴抗暴的方式向理性喷薄而发。诗和文学抗拒着理性铁笼的禁锢，《古典时代疯狂史》的背景，正是这样一种抛弃了形形色色理性主义的文学氛围。

福柯在此前后写下了众多的文学评论文章。这些文章大都是对《古典时代疯狂史》的理性批判的呼应。福柯谈论的主要作家

---

[1] 《疯癫与文明》，第 266 页。

是布朗肖、巴塔耶、克罗索夫斯基。这三个作家是 60 年代最吸引他的三个作家，正是他们使福柯摆脱了旧的哲学圈套，使他逃离了老式的哲学逻辑，"他们的作品超越了文学或文学话语，他们也是哲学以外的话语"。他们在哲学边界的进进出出"使哲学与非哲学之间的边界变得先是可以穿越，既而荒谬可笑"①。与此同时，福柯还关注更年轻一些的作家，如泰凯尔圈子中的索莱尔斯、罗伯-格里耶等人。泰凯尔圈子和索莱尔斯之所以让福柯感兴趣，是因为他们不断地援引某些福柯推崇的体验，如梦幻、疯癫、非理性、重复、时间混乱等等。虽然布列东等超现实主义者也描述过这些体验，但是，福柯发现，泰凯尔圈子、索莱尔斯同超现实主义者之间，还是存在着差异，超现实主义似乎将这些体验置于某种空间内，将这些体验归于心理范畴，归于无意识或集体无意识，因而它们是理性的基础，是一个潜在的世界，而"这不是索莱尔斯和泰凯尔派的观点"。索莱尔斯"并不将这些体验置于心理空间，而是置于思维空间，也就是说，试图将理智、梦幻、半醒半睡等极限体验保持在一种难以界定的体验层面——思维的体验，将它维持在思维层面上"②。也就是说，梦幻和疯癫并非无意识的偶尔流露，它就是思维本身的特质，它是思维的日常状态。这种反心理主义同索莱尔斯的语言观相契合，对超现实主义者而言，语言是敞开、暴露、反射心理体验的一种工具，而索莱尔斯则将语言视作有自身厚度的自足空间，体验正是在这个空间内，在这个语言空间内进行的，索莱尔斯就此将体验从深层心理学空间内夺回并归还给语言空间。对索莱尔斯来说，非理性的经验既盘踞

---

① Foucault，*Foucault Live*：*Interviews*，*1961 - 1984*，Semiotext（e），1989，p. 153.

② 杜小真编：《福柯集》，上海远东出版社 1998 年版，第 16 页。

在思维空间内，也盘踞在语言空间内。福柯认为，索莱尔斯和泰凯尔派的文学探索既继承了巴塔耶，又继承了蓬热，前者将体验置于思维层面上，而后者则相信语言的厚度。

福柯深受布朗肖的影响。这是因为，布朗肖在他的文学和哲学生涯中一直纠缠于某种神秘的体验。在50年代，福柯认真阅读了布朗肖的文学评论以及评论的作品，对布朗肖推崇备至。如果说，一个年轻人有一个成年偶像，有一个将来的楷模形象的话，布朗肖就是福柯想要成为的那种形象。他十分神秘，不在公众场合露面，不演讲，不让自己的照片流出，不暴露自己的形象、身份，不接受采访，只是在文章中虚构出对自己的"采访"，福柯在《知识考古学》的结尾和《雷蒙·鲁塞尔》中的自我问答正是对布朗肖的模仿。布朗肖的匿名姿态或许同他30年代支持法国的法西斯政党有关，他深受海德格尔的《存在与时间》的影响，但是德国的入侵改变了一切，布朗肖参加了法国的抵抗运动。战后，他将海德格尔的那些谜一般的主题转译为平和适度的法语，他对罗伯-格里耶等人的"新小说"也进行了解释。

布朗肖的小说风格集优雅与疯癫于一体。他精心地选择辞藻和语言，但目的是消除任何的确切性。这是罕见的奢华写作，漂亮的字词从来不聚集在固定的意义上，在无限的反复、回旋、摩擦和缠绕中，它们自己将自己淹没于虚空中，死亡正是在这种虚空中舞蹈。死亡，是布朗肖写作的核心主题。写作，就是和死亡打交道，就是延缓死亡。在布朗肖看来，真正强有力的艺术作品是混乱和秩序的结合，"作品是一种纯粹的循环。在这种循环中，即使写作时，作者既危险地将自己暴露在要求他写作的压力下，也抗拒着这种压力"。作品与谵妄、梦幻、激情的恐怖之美纠缠在一起，与黑夜的经验纠缠在一起。布朗肖推崇所有的不可能性，写作即是向不可能性滑动，向黑夜滑动，"此时语言在沉默中完成与充实它自身，深深地为死保存着它的意义"。死亡、夜晚、沉默、睡眠在其自身无尽的虚空中又奇妙地缓缓显现，空荡的黑夜为黑夜所密布，"在夜里出现的东西是在出现的夜"①。这就是黑夜的迷惑、恐怖和陷阱，这也是我们经验的冒险。作家则不可自制地迷恋死亡，迷恋冒险，作家在写作中所发现的，是他自身的一部分，是他的真理，独一无二的真理。自然而然地，布朗肖推崇现代主义，他写了一系列论文谈论波德莱尔、马拉美、勒内·夏尔、卡夫卡、贝克特、博尔赫斯和罗伯-格里耶等，而且他是当时唯一同福柯一样严肃地对待萨德的卓越批评家，与此同时，他还推崇尼采、巴塔耶等非理性主义哲学家，这些都给予福柯巨大影响。

福柯将布朗肖置于"界外"思想家之列，也就是他心目中的一贯的几个英雄之列：萨德、荷尔德林、尼采、马拉美、阿尔托、巴塔耶、克罗索夫斯基。这些界外思想家都摆脱了主体思想的垄断，主体的消失正好伴随着语言自主存在的出现。或者说，正是因为语言有了自己的存在性、密度、光亮，那种参照性的主体性就变成了虚空，这种界外思想就不是从主体性内部寻找它的起源，它是从外部来为自己划界，它既同那种内在性的哲学反思相对，也同知识的实证性相对，它不是将自身引向某种内部的聚焦式的核子，而是沿着相反的方向在外部无限地扩张，这种界外思想"要重新获得它的展开空间、虚空场所、它在其中被组构的场域，在此，它的直接确定性悄然滑过了闪现的瞬间"②。在这些界外思

---

① 布朗肖：《文学空间》，顾嘉琛译，商务印书馆2003年版，第162页。
② *Foucault / Blanchot*, Zone Books, 1987, p. 16.

想家中，布朗肖是这种思想的最有力的目击者，他甚至"是这种思想本身"，因为他如此完全地退隐到它的作品之中，退隐不是被他的文本所深深地藏匿，而是真正从作品中脱身，是从作品存在的巨大力量中脱身。这是真正的主体的消失，在主体的苍凉背影后，语言的空间却在熠熠闪光。

这是什么样的语言？这种语言从来不围绕着它的内在性、中心性和确定性而展开，相反，它总是指向它的外部边界。"当语言抵达了它自己的边界时，它所看到的不是与它相抵触的实证性，而是抹掉它的虚空。语言必须进入这种虚空中，在隆隆声中，在对语言所言的直接否定中，在沉默中，语言甘愿解散自身。这种沉默与秘密无关，它只是一种纯粹的外界，在此，词在无尽地消散。"① 因此，布朗肖并不是采用辩证的否定，而是绝对的否定，他既剥夺了语言的所指，也剥夺了语言的说话能力。在这种语言中，没有反思，只有遗忘；没有矛盾，只有抹擦；没有和谐，只有一遍遍地嗡嗡低语；没有驾驭整体的心灵，只有无穷无尽的对外界的侵蚀；没有最后的真理之光洒在自己身上，只有总是已然开始的语言的溪流和伤悲。因此，在布朗肖这里，"语言伴随着时间的风蚀，它是无深度的遗忘、等待的透明掏空"②。这种语言无法产生形象，布朗肖的写作永远是处在变形、转换、位移、横切的过程中，总是在没有基础、没有根部的虚空中起舞。

福柯是通过布朗肖才了解巴塔耶的。巴塔耶是尼采的信徒，他 1945 年出版的《论尼采》是法国知识界 60 年代后复兴尼采的最主要契机。写作《论尼采》这本书的动机——据巴塔耶的说

---

① *Foucault / Blanchot*，p. 22.
② *Foucault / Blanchot*，p. 55.

法——是唯恐发疯，巴塔耶在尼采那里看出了抛弃善和上帝的动机和决心，这和他的信念不谋而合。甩掉道德的枷锁，犹如呼吸到新鲜的空气，巴塔耶"宁愿像跛子一样活着或死去，也不愿重返奴隶制"①。对于巴塔耶来说，尼采的哲学是关于邪恶的哲学，因为邪恶受到了压制，压制是由善和道德来实施的，巴塔耶就借助于邪恶来抵制道德和善的虚伪压制，他将邪恶视作真正的自由，视作对禁忌的僭越，生命就应独立于道德目标，抛弃服侍上帝的目的，对善进行所向披靡的征服，它应燃烧自己的欲望。它渴望大笑、快感、神圣或者死亡。在这种抛弃目的的情况下，生命才是完整的。巴塔耶反复地告知，不应有目的，不应有功用，也不应有救赎的愿望，最终，不要为了某个外在目标而处心积虑地行动。这些只能让人变得破碎、异化。应在邪恶内部实践自由，在邪恶中才能获得整体性，选择邪恶就选择了自由。人类生存就是抛弃了动机的"庆贺"，即融欢笑、舞蹈、狂欢、飞翔于一体的庆贺，在这种庆贺中，没有臣属、目的、道德和一切超验性的地盘。

这种庆贺在资本主义时代不再存在了。资本主义是一种理性生产行为，功用和效率主宰着一切，在企业和科层制的国家机器中，一切服务于生产，服务于功利目的，服务于物质性要求，所有非生产性的消费都被阻碍了，巴塔耶所推崇的庆贺、放纵在日益标准化和理性化的资本主义形式中被驱赶到了边缘。快感、激情、爱欲等放纵式的僭越体验遭到了压抑。在巴塔耶看来，现代性的主体中心理性原则就是以爱欲和放纵的被驱逐为代价而确立的，西方现代性和理性的历史，就是纵欲狂欢被湮没的历史。因

---

① 巴塔耶：《论尼采：序》，见汪民安、陈永国编：《尼采的幽灵》，社会科学文献出版社 2001 年版，第 4 页。

此，巴塔耶诉诸现代性和理性之前的远古经验，诉诸反基督教的酒神精神，在那里，反理性的要素精神抖擞，耀武扬威。各种界线、断裂、沟壑在爱欲的狂舞中消失殆尽，只有无拘无束地放纵于爱欲经验，个体才能克服他的分裂感，越过他的自我边界，获得他的整体性，最终获得他的"持续的存在"，此刻，那种单子式的封闭主体被投进了深渊。爱欲拯救着生命。

巴塔耶就这样将工作世界——它最典型的表现形式是资本主义企业生产——和酒神世界对立起来。前者是理性在高奏凯歌，理性对一切的爱欲、放纵、暴力，对一切的异质性进行了界定，为了防止它们的出场，理性还设置禁忌；而在酒神世界那里，放纵、冲动、非理性对理性取得了胜利，挥霍、浪费、残酷、快感、狂喜等极限体验是生命的至高力量，禁忌的大坝被一次次地无情冲毁。在这两种世界里，理性和反理性、个体化和整体化、生产和消费、劳作与快感、功利和爱欲、禁忌和僭越展开了一场辩证的较量。巴塔耶宣称，在如今的资本主义功利世界中，应煽动异质性，应该恢复那些越轨的力量，只有他们是颠覆性的，他们充溢着本能，充溢着非功利的驱力和快感，且为一种混乱而又令人震惊的审美所主宰。毫不奇怪，巴塔耶寄希望于离经叛道的艺术家、贱民、妓女、小偷、疯子和流氓无产者等。正是他们体现了我们本性中的最基本驱力：残酷。虐待、暴力、恐怖、贪欲、血在这些异质性群体中熔为一炉，这是真正的"渎神的启迪"，是超现实主义式的恐怖，是对禁忌的毁灭性骚扰。在此，我们看到了巴塔耶崇尚的两个伟大知识英雄：尼采和萨德。巴塔耶像他们一样，终其一生都唱着狄奥尼索斯式的颂歌。

福柯很自然地将巴塔耶和上帝之死联系起来。巴塔耶意识到，上帝之死既可以使思想得以解放，又可以使思想变得更为混乱。

上帝之死，实际上打开了一个体验空间，这是一个废除外在性存在的体验空间，是一个内在的自主的体验空间，"这样一种体验，将界线的无限统治、过量的虚空性揭示为自己的秘密、明确事实和内在限度"①。这种体验贯穿着不可能性的体验，即僭越体验。在巴塔耶这里，僭越并不是和界线截然分开，不是像黑与白、法律和禁律、里面和外面、建筑封闭的内部和开放的外部那样截然分明，相反，僭越是将界线包括在内的一种行为。"界线和僭越的游戏为这样一种简单的固执性所调控：僭越不停地穿越和再穿越它后面的瞬间式波浪般的闭锁之线，这样，它再一次地返回不可穿越之地。"② 界线和僭越互相依存，界线如果无法僭越，那它就不存在了，同样，僭越如果所向披靡，它也就毫无意义。界线和僭越就这样既非完全对立，也非完全隔离，它们的关系是螺旋式的关系：僭越穿过了界线，但总是又陷入了另一道界线之中；同样，界线封锁了僭越，但又一次次地被僭越所穿透，"这种关系就像黑夜中的电光闪耀，开始，它赋予它的对立面黑夜以一种稠密和漆黑的紧张感，接着，它从里面自上至下地照亮了整个夜晚，但是又将它这种完全清晰的显现、痛苦而又平衡的独特性归于黑暗"③。僭越不是在寻找对手，也不是采用暴力来战胜界线，僭越不是否定，只是测量某种界线能远及何处，僭越肯定有限的存在者。福柯阐释的巴塔耶的这样一种僭越/界线理论在福柯的最后岁月得到了修正。这里，界线和僭越是一种嬉戏关系，它们谁也摆脱不了谁，但是，在晚期，界线变成了完全否定性的东西，它是

---

① Foucault, *Language*, *Counter-Memory*, *Practice*, Cornell University Press, 1977, p. 32.
② *Language*, *Counter-Memory*, *Practice*, p. 34.
③ *Language*, *Counter-Memory*, *Practice*, p. 35.

存在的束缚，在那里，僭越就是要一劳永逸地跨过界线，就是要在僭越自身中获得诗意，僭越是夜晚的闪电，但决不将自己重归于黑暗。

布朗肖和巴塔耶以各自的神秘的体验对福柯产生着吸引力，僭越、界外既与地点空间相关，也与思想空间相关，在《古典时代疯狂史》中，疯癫和理性的纠缠正是空间纠缠，是布朗肖和巴塔耶关注的界线纠缠。福柯在地点空间上的纠缠，在一个更广泛的意义上，是同布朗肖和巴塔耶的思想空间的纠缠的结果。在这里，空间被一种凄厉的呼喊震动得瑟瑟发抖。

三　疯癫与空间

尽管采用了历史著作的惯常时序形式，《古典时代疯狂史》很难说是一部严格意义上的历史著作。虽然它也充满着引文、资料、文献、档案，虽然它也使疯癫在文艺复兴至 19 世纪的时间长廊中穿行，虽然它突出了历史中的一些决定性的事件，但是《古典时代疯狂史》绝对不是一般性的历史著述。历史著述旨在对历史进行还原，旨在廓清历史中的谜团，旨在恢复真实、再现往昔、秉持客观。历史学的信念即是一种真相信念：存在着一种唯一的、单义的、绝对性的史实真相。这样，它的对象，无论是战争、帝王、民众，还是学说、气候、领土，所有这些对象，在词义上都是稳固而确切的，正是围绕着确切的单一词义，历史展开了它的叙事，它将这些对象包裹起来，它调动所有的文献、档案，对这些对象进行清理、辩驳，从而揭开它所认为的客观的史实真相。

但是，福柯从未给疯癫下一个确切的定义，《古典时代疯狂史》与其说是要揭示疯癫的史实真相，不如说它是要反复激发疯癫的词义演变。疯癫在此不是单义的，不是有确切所指的，它并没有科学上的含义，福柯从未给疯癫确定一个医学身份。在此，疯癫没有"本质"，只有现象，只有表征，只有多种多样的符号形式。疯癫更接近一个能指，它在不同的时期，可以注入不同的内容：在文艺复兴时期，这个内容是神秘的启示；在古典时期，是罪恶；在 19 世纪，是病情。这是疯癫的历史，而又是一个对象闪烁不明的历史，是某种能指形态的历史，是反实质的历史，最终，它是反历史学的历史。

与一般历史著述注重时间不一样，《古典时代疯狂史》更注重空间。福柯并没有将疯癫的含义牢牢地锁定，然后推着这个疯癫沿着时间的链条漫漫旅行。福柯的方式是描写一个空间，在这个空间内，让非理性同理性进行无休止的反复争执，疯癫形态正是这种争执的结果。这种争执不是发生在某个密闭的如医院那样的空间内，而是发生在一个广阔的——几乎囊括一切的——社会空间内，这样，疯癫就不再简单地是病理学或医学事实，而是文明与文化事实，疯癫不是自然的产物，而是文化的产物。福柯让疯癫与理性对立起来，正是因为"理性与疯癫的关系构成了西方文明的一个特有向度"。疯癫的命运正是西方文明的折射，因此，这样的疯癫就不再局限于疯癫本身——既不局限于某种客观的疯癫求证，也不局限于灵活多变的疯癫表征。相反，它是借用疯癫浮萍般的多舛命运对理性进行全面的反诘。

由于疯癫的词义和命运从文艺复兴时期开始一步步地趋于恶化，到了 19 世纪，疯癫的待遇几近屈辱。疯人的手铐打开了，但囚禁转移到了他的内心，心灵上的道德禁锢远比身体的束缚令他痛苦得多。在 18 世纪，疯人身体上失去了自由，但还可以保持兽性的咆哮，但在 19 世纪，疯人只是一个会走动的充满罪孽的负疚动物。理性表面上解放了疯癫，实际上更加牢固地控制和扭曲了疯癫。值得注意的是，理性的逐渐成熟期，正是疯癫的日渐衰亡期；理性的霸权巅峰，正是疯癫的耻辱低谷。理性和疯癫的二元关系几乎是个恰如其分的反比关系，在理性的主宰时期，除了能偶尔听到尼采、阿尔托等非理性的几声呼喊之外，疯癫完全处于沉默和匿名状态。这一切，在福柯看来，都可以归功于理性的暴力，福柯正是在此开始了对理性的漫长批判的第一步，从而将自己归入尼采、巴塔耶、莫斯等开创的反理性主义传统之内。这一传统对启蒙运动持有明显的疑问。

启蒙是人类理性的自我伸张，它宣称理性的公平、正义和普遍有效性，它对理性解决问题的能力充满信心，理性被认为是理解并阐明人类生活和宇宙秩序的唯一有效而公正的手段，在启蒙思想中，理性受到了前所未有的尊重，它成为阐释的权威。但是，在福柯的疯癫史中，理性既非公平的，亦非正义的，它是基于各种各样的立场进行的排斥行为，如果说疯癫意象在不断地变化，疯癫的语义在颠沛流离的话，那么，界定疯癫的理性本身——疯癫史就是理性对疯癫的界定史——也不存在着一个统一标准，理性并没有秉持一个不变而稳定的原则，这样，它就丧失了它所宣称的普遍有效性。相反，理性的评估原则在不同时期，依据不同的语境而不断发生改变。理性的评估有时依据美学原则（文艺复兴时期），有时依据经济原则（17 世纪中期），有时依据道德原则（19 世纪初），有时依据医学原则（弗洛伊德），理性评估原则的可变性和多样性无法保证它的合法性和有效性，而且，重要的是，所有的这些理性评估都是一种排斥方式，即将疯癫排斥在自身之外。如果说理性在此有一种普遍性的话，那就是排斥的普遍性，即疯癫永远是理性的排斥对象这样一种普遍性。这样，理性与其说具有一种普遍有效性，不如说它存在着普遍的暴力性，它的评估、它的界定、它的阐释和建构永远是有视角的、有语境的，而绝非不偏不倚的。

福柯就此将理性同绝对的公正性区分开来，相反，理性同权力和利益结合起来，它们相互寄生，形影不离，理性充斥着权力素质。疯癫正是理性权力的排斥结果，疯癫的知识也正是理性权力建构起来的，"在蛮横状态不可能发现疯癫，疯癫只能存于社会之中"[①]，只能存于理性的视野中，这样，疯癫就不再归属于自然现象，疯癫以一种可变的知识形态出现。在《古典时代疯狂史》中，福柯预示了他日后的一套权力-知识的理论图式：知识是被权力建构的，它并非对世界真相一劳永逸的捕获，知识处在变化中，它在不停地转换自身的视角，它无法独立于权力，独立于偏见，独立于利益，独立于知识的主体，"我们应该完全抛弃那种传统的想象，即只有在权力关系暂不发生作用的地方知识才能存在，只有在命令、要求和利益之外知识才能发展……相反，我们应该承认，权力制造知识，权力和知识是直接相互连带的"[②]。总之，知识不再是我们所想象的那样洁身自好、一尘不染，不再是我们想象的那样客观、自然、绝对。疯癫的知识即是明证，它不过是理性权宜之计的排斥效应。

如果将疯癫视作理性恰如其分的反题，那我们绝不应该低估《古典时代疯狂史》的重大意义。疯癫史也不应被视作一个无足轻重的边缘历史，不应被看成对象怪异的暧昧历史，由于疯癫能准

---

① 《疯癫与文明》，第273页。

② 米歇尔·福柯：《规训与惩罚》，刘北成、杨远婴译，生活·读书·新知三联书店1999年版，第28页。

确折射出理性的性质，所以对疯癫史的探讨堪称一个雄心勃勃的宏大历史批判规划。理性和疯癫的对立结构也许不是古典时代最明确、最显山露水的结构，但它无疑是一个独特的核心结构。历史中存在着一系列结构：帝王与民众、暴力与和平、统治与抵抗、自由和专制等。但是社会空间中这些可见和明朗化的二元结构并非古典时代的核心结构，更恰当的说法是，这些结构是理性—疯癫结构的现形，是它的表征，是它的公开活动形式，疯癫与理性的关系是"全部古典主义文化的大宇宙观的核心"①。但是，疯癫的历史、疯癫与理性的关系的历史长期被人遗忘，遗落于史学家的视野之外，也遗落于哲学家的视野之外，无论是史学还是哲学，它们只能抓住那些突现的事件、一望而知的纠纷、激烈交锋的思潮或天崩地裂的改朝换代，疯癫史既非空泛的巨型历史叙事，亦非琐碎的微观历史叙事，而是一个独特的反射性的历史维度。不要在时间中把握疯癫，要在结构中把握疯癫，在结构织成的空间中把握疯癫，要从疯癫的他者，从理性的视角把握疯癫；同样，不要在平静的时间川流中把握理性，不要在理性的自身范围内谈论理性，要从理性的他者，从疯癫的视角把握理性，谈论理性，让理性现形、出场、自我暴露，让理性的面孔暴露于光天化日之下。

于是，看似怪异的疯癫和疯癫史就承担了对理性进行批判的重大任务，被忽略的主题成为对启蒙和启蒙理性进行中心批判的重要契机。疯癫绝非学术机制中的旁门左道，福柯不可思议地开发了疯癫的表现潜力。他追溯疯癫的命运，意在追溯理性的命运，疯癫愈是得到详细的描述，理性就愈是详实地暴露，因为理性无处不在地纠缠着疯癫，疯癫的语境就是理性。如果疯癫并没有一

① 《疯癫与文明》，第99页。

个确切的自然所指，如果将疯癫视作理性的反题的话，那么在另一方面，疯癫就是一大堆近似词的换喻，如小偷、罪犯、梦想家、越轨者、放荡者、精神错乱者，所有这些词都具有疯癫的要素，理性无一例外地跟踪尾随着它们，继而将它们固定起来，排斥出去。这样，疯癫主题的框架中实际上盛满着所有的理性对立面，所有的理性排斥物，所有的理性敌视者。疯癫不再是一种狭隘意义上的医院病例，不再是大街上的骚扰因素，疯癫是启蒙理性狂妄自信的一连串反证。对于我们的文明和理性而言，还有比疯癫更恰切的东西来暴露其阴郁面吗？

在《古典时代疯狂史》的"精神病院的诞生"一章中，福柯对精神病院进行了激烈的攻击，较之古典时代对疯癫的身体拘押而言，19世纪的精神病院对疯人的道德审判更加严厉，尽管它"解放"了疯人的枷锁和铁链，但疯人的内心则为一种令人窒息的痛苦责任所折磨，惩罚现在由身体转向了内心，"恐惧不再是监狱大门内的主宰，而是在良心的名义下肆虐"，精神病院让悔悟、负疚、罪感充斥着疯人的内心，在福柯看来，这既非对疯人的解放，也非拯救，而是一种十足的折磨。

正是在此，《古典时代疯狂史》闪现了尼采的影子。尼采在《论道德的谱系》中对负疚感进行了激烈的批判。在尼采看来，负疚的产生是由于人的自由本能无法向外发泄，只好转向自身、转向内部的结果，尼采称这种现象为人的内向化："由于有了这种内向化，在人的身上才生长出了后来被称之为人的灵魂的那种东西"[1]，"只有这被压退回去的、锁入内心的、最后只能向着自己

---

[1]　尼采：《论道德的谱系》，周弘译，生活·读书·新知三联书店1992年版，第63页。

发泄和施放的自由之本能才是负疚的萌发地"①。在尼采那里，人的内在化，人的转向自身的本能释放，是因为暴君铁锤般的打击和残暴，它们将人禁锢在压抑的秩序天地和道德规范中，使他的仇恨、残暴、迫害、破坏等本能反过来对准自己，因而，负疚就是一种折磨，一种人类至今尚未摆脱的疾病。

福柯在精神病院里发现了这种疾病。19 世纪初的精神病院就像尼采提到的暴君，疯癫的自由本能被它压制了，无法向外发泄。18 世纪的疯癫虽然在身体上失去了自由，但它依然能够叫喊，它的本能因为不断地展示而被反复地激发，疯癫总是伴随着激情的燃烧。但在皮内尔和图克的精神病院里，疯癫既意识到了责任，有了承诺和克制，同时"还戴上了耻辱的枷锁"②。从 18 世纪到19 世纪初，疯癫由一个强制性的世界进入了一个道德束缚的世界，由一个拘押的世界进入悔悟的世界，由身体的世界进入灵魂的世界。尼采将负疚感归因于暴君，归因于残酷镇压的国家机器，福柯则将疯人的负疚归因于"人道主义"的精神病院，归因于这种"解放"式的精神病院，那么，在精神病院和国家机器之间有没有一种相关性？精神病院是国家机器的一个转喻吗？二者都是体制性的，都借用人道的名义，都以拯救和解放的名义，都宣称是"福利性"的，然而，它们不都是监禁、干预和控制性的吗？不都是束缚和改造性的吗？不都是一种巨大的道德束缚途径吗？

福柯因此开始了对体制的批判，他暗示说："现代的公共设施和福利形式同以前牢固的社会和心理控制形式密不可分……福利和控制中介对社会领域的监督和干预，较之从直接的政治支配关

---

① 《论道德的谱系》，第 65 页。
② 《疯癫与文明》，第 245 页。

系中解放出来的经济而言，是现代社会更为基本的特征。"① 现代
社会的体制控制是理性的产物，福柯对体制的批判当然是对理性
的批判。但是，同尼采一样，他在此将理性批判的重心置于道德
批判，或者说，相对于理性而言，福柯同样不忘记撕破道德的面
具。在《古典时代疯狂史》的结尾，福柯推崇尼采等人"凭着自
己的力量抗拒着巨大的道德桎梏"。道德及其界线，无论是对于尼
采还是对于福柯来说都是毕其一生要撕毁的顽固契约。《古典时代
疯狂史》——福柯真正的第一部著作——将对道德的抨击作为结
尾不是偶然的。在福柯的最后岁月，他再度注意到了道德和伦理
主题。如果说，《古典时代疯狂史》只是在"抗拒着巨大的道德桎
梏"的话，那么，最后的福柯则在为自我和自我的伦理学寻找一
个出路，无论这个出路是什么，肯定不是精神病院的道德审判所
产生的悔恨、负疚和责任。

　　福柯通过疯癫的命运的变化对启蒙进行了批判，对理性进行
了批判，对机构体制进行了批判，最后，对精神病学也进行了批
判。精神病学将疯癫视作一种自然事实，疯癫应该被纳入实证主
义的医学视野之内，除了医生和医院，疯癫别无拯救的途径，在
精神病学主宰的精神病院中，医生被神化了。既然疯癫是一种自
然疾病，那么，寻找这种病因的精神病学将构成一门特殊的医学，
在这种医学中，"过去不能，将来也不能听到非理性的声音，不能
通过它们来破解疯人的符号"②。

　　《古典时代疯狂史》最终敲响了西方社会中空间禁闭的丧钟。

---

① 　彼得·杜斯：《福柯论权力和主体性》，见汪民安、陈永国、马海良编：《福
　　柯的面孔》，文化艺术出版社 2001 年版，第 169 页。
② 　《疯癫与文明》，第 257 页。

这是这部著作的真正力量所在。当提及这个通常被认为是学院之外的疯癫课题的研究动机时，福柯说："我曾在精神病院培训过，既非作为病人，也非作为医生，这使我有幸能以一种中立的开放心态去观察事物。而这使我意识到我们称作禁闭的极其奇怪的现实。让我震动的是，对医生和病人来说，禁闭实践是不言而喻的，而我则意识到，事情并非如此，禁闭有一个漫长的历史，到19世纪达到巅峰。"[1] 既然禁闭不是不言而喻的，不是一种绝对的自然事实，不是一种有史以来万古不变的律令，那么，禁闭为什么不能消灭呢？无论以什么样的动机、借口、理由所实践的禁闭都是历史性的，都驻扎在漫漫的历史纠纷的场景中，那么，同样地，有没有这样一种可能的历史，在这个历史中，没有围墙，没有排斥，没有惩处，没有一切的禁闭形式？可以将《古典时代疯狂史》视作被禁闭者的呐喊，"这是一部囊括一切孤独的书，它揭示着潜伏在阿波罗阳光之下的狄俄尼索斯学说"[2]，这些被禁闭者无论是疯人，还是麻风病人，无论是穷人，还是罪犯，都不应根据某种恐怖的知识形式被关押起来。在禁闭实践中，不是人道主义主宰着恐怖主义，而是恐怖主义统治着人道主义。禁闭不是拯救了疯癫，而是加剧和制造了疯癫。

划定一个空间区域，以知识的名义，将某些对象隔离起来，排斥出去，最终予以禁闭，这就是疯癫勾勒的禁闭模式。禁闭实践中的一切措施——权力惩治、医学疗救、家庭驯化、道德审判——都是禁闭的加剧，没有拯救式的禁闭，禁闭仅仅是禁闭。

---

[1] Michel Foucault, *Politics*, *Philosophy*, *Culture*: *Interviews and Other Writings*, Routledge, 1988, pp. 96 - 97.

[2] 转引自迪埃·埃里蓬：《权力与反抗》，谢强等译，北京大学出版社1997年版，第141页。

福柯后来的诸多主题正是从禁闭起步的，权力、医学、家庭、道德这些禁闭的常用手段被福柯无休止地反复抨击：《规训与惩罚》继续抨击了监狱、学校、军队、工厂的禁闭；《认知的意志》抨击了隐含在家庭和道德中的对反常欲望的禁闭；最后，《快感的享用》和《自我的关心》则提出了摆脱禁闭的途径，"凡是有艺术作品的地方，就不会有疯癫"[1]。那么，也不再存在禁闭，福柯在最后，要摆脱禁闭，摆脱不自由，只好诉诸艺术，诉诸自我控制的技艺。

四　疯癫与结构

《古典时代疯狂史》于1961年出版，福柯当时对这部著作寄予厚望，希望这部著作给他带来萨特那样的巨大声名。但是，"学院派理所当然地不接受这类主题，不过，最令人惊讶并且现在还令我困惑的是，本来应该对这类主题感兴趣的人，尤其不接受它，我指的是广义上的我们所称作的'左翼知识分子'（要知道，'知识分子'和'左翼知识分子'指的差不多是同一回事。那时候左翼知识分子在整个知识界已经居于统治地位了）。在那些圈子里面，我的疯癫史的研究差不多没有激起任何反响。对我的这类著作唯一表示兴趣的是与文学相关的人，例如布朗肖和巴特"[2]。这部著作最初反响平平，但是，在1968年五月风暴之后，这部著作被重新激活了，也可以说，被反体制的社会运动所利用了。五月

---

[1]　《疯癫与文明》，第269页。
[2]　*Politics*，*Philosophy*，*Culture*：*Interviews and Other Writings*，p. 97.

风暴正是一场无明确目的性的造反运动，或者说，它对一切的秩序、纪律、组织、控制、结构进行造反。禁闭，无论哪一种禁闭形式，当然成为五月风暴的首要抗议对象，《古典时代疯狂史》对禁闭做出的愤怒呐喊，构成了五月风暴的煽动性声音。但是，直接关心《古典时代疯狂史》的是反精神病学家，他们将《古典时代疯狂史》的作者引为同道，甚至视作旗手，对他们而言，古典精神病学代表着压制，代表着枷锁，而福柯则吹响了向古典精神病学进攻的号角。精神病学家则以相反的角度对《古典时代疯狂史》进行审判，他们支持皮内尔的人道主义和自由的精神病院，因而将反精神病学家作为信念来推崇的《古典时代疯狂史》当作攻击的靶子，在他们看来，正是福柯带头扼杀了精神病学，福柯成为无能的反精神病学的缔造者和发起者，总之，在精神病学和反精神病学的争执中，福柯多少有点意外地成为一个争论焦点。

不错，福柯在这部著作中确实表达了对精神病学的不满，但这绝不仅仅是一部反精神病学的代表作。相反，这部著作集中表现了福柯的哲学才智。在此，哲学多多少少地改变了它的陈旧模式，哲学不再表现为抽象的形而上学探讨，不再表现为概念之间的演绎、归纳、推论，不再表现为超验性的思辨、反诘和无穷无尽的理论追问。福柯将一些基本的哲学问题，如理性/非理性、知识/权力、教化/野蛮、文明/自然等置放于具体的历史背景中，向这些重要的理论问题贯注实在的内容，他既让它们历史化，也让它们具体化，既让它们以感性的形式表现出来，又让它们以确凿的方式暴露出来，理论和哲学于是不再停留于抽象的思辨之中，它们因为重新获得具体性和历史性而变得更生动、更感性、更具有说服力、更可信。理论，无论是哪一种形式的理论，都应该历史化，它们不具备绝对的普遍性，不具备自然性。福柯始于《古典时代疯狂史》的一贯哲学形式，正是将历史列入其中，哲学只有穿梭于历史中才能获得它的根据、阐释能力和有效性，才不至于变成教条，变成僵化而枯燥的干巴学说。以历史的方式进行哲学探讨，既改变了一般哲学的面貌，也改变了一般史学的面貌。就前者而言，哲学吸收了历史的叙事因素，它同时是一个叙事作品。就后者而言，史学不再是事实的还原堆积，它在史实上生发出观念、理论。哲学发生在历史中，而不是发生在大胆的抽象思维中，福柯的哲学不是凭空而起的，也不是站在哲学史的某个坐标上而搭建的，它是新的哲学，是摆脱了哲学史的哲学，是摆脱了哲学家恐怖的哲学，因为人们常常对不遵守哲学史的哲学家的质疑是，"不读柏拉图、笛卡尔、康德和海德格尔以及众多与他们有关的著作，你们怎样思考?"于是，"一个威胁性的令人恐怖的学派产生了很多思想专家，但是也使那些学派以外的人完全遵从他们所厌恶的这种专门主义。被称作哲学的这种思想形象是历史性地形成的，它有效地阻碍了人们的思考"[1]。

福柯的哲学方式正是对这个"威胁性的令人恐怖的学派"的摆脱，在《古典时代疯狂史》——我们再次强调，它主要涉及的是哲学主题——中，没有哲学家的名字，没有哲学命题的探讨，没有经典哲学著述的引文，没有哲学史，总之，这里没有哲学的身影，然而处处都是哲学：我们看到了理性的机制、非理性的命运，看到了文化的界线、文明的维度，看到了知识的起源、科学事业的奠定，这不仅仅是"囊括一切孤独的书"，它还是囊括重大哲学命题的书。

但是，这个囊括重大哲学命题的书遭到了质疑，首先是史学

---

[1] 《尼采的幽灵》，第173页。

界的质疑。美国的欧洲史学家米德尔福特指出，对疯癫的禁闭并非始于 17 世纪中期，在文艺复兴时期，疯癫已遭禁闭，它并没有像福柯想象的那样具有浪漫色彩，愚人船也并没有真实的凭据，禁闭和总医院的黑暗面也被夸大其词，欧洲各国禁闭的千差万别的事实也没有得到注意，总之，《古典时代疯狂史》的许多论断在"经验证据面前失效了"。因此，"与其迷失于福柯的迷宫中，还不如学会——至少暂时性地——用双重真理生活。我想说的是，有些东西在哲学中是真实的，但在历史中并不一定真实。福柯谈论语言，谈论人类状况可能是对的，但是谈论我们抵达我们之所在的这条路线时是错误的。根据这种分工，历史学家即便不重估认识论的基础，仍有望做出其独特的贡献"①。这也就是说，哲学无须借助历史，同样，历史也不应扮演哲学的奴婢，在福柯那里，哲学深入历史的深处，势必会伤痕累累，哲学和历史应该搭乘两套互不相干的马车。

来自精神病学和史学的批评似乎并没有击中福柯，福柯日后同反精神病学的松散结合即是明证。至于史学上的批评，因为福柯从来不信任学院中的历史探索，他自有其独特的历史探索方案，所以他并不需要过分认真地对待。但是，他需要认真对待较他年轻的哲学家雅克·德里达的批评。这一批评主要围绕着《古典时代疯狂史》中福柯短短几页有关笛卡尔的论述而展开。

笛卡尔在《第一哲学沉思集》中谈到了疯癫。在"论可以引起怀疑的事物"中，笛卡尔指出，凡是当作最真实可靠而接受的

---

① H. C. Erik Midelfort，"Madness and Civilization in Early Modern Europe：A Reappraisal of Michel Foucault"，in Barbara C. Malament（ed.），*After the Reformation：Essays in Honour of J. H. Hexter*，Manchester University Press，1980，p. 259.

东西，都是从感官而来的，比如，"坐在炉火旁边，穿着室内长袍，两只手上拿着这张纸，以及诸如此类的事情"①。这些东西是无法怀疑和否认的，是确凿无疑的，如果不是疯子，只要是正常人都可以对此加以肯定，只有疯子才会指鹿为马，才会如此地荒诞，笛卡尔对此感叹道："但是，怎么啦，那是一些疯子。"不过，笛卡尔接着就承认正常人在睡觉和做梦时也会出现疯子醒着时那种指鹿为马的情形，睡梦中常常会受到假象的欺骗。不过，尽管如此，睡梦中的东西，那些最一般、最简单的因素，比如，梦中出现的眼睛、脑袋、手或者身体，尽管它们的位置、搭配、组合、姿态也许是荒唐的，是虚幻的假象，但是，这些器官本身、身体本身"并不是想象出来的东西，而是真的、存在的东西"，就像画家虽然画出一些奇形怪状的人羊或人鱼，不论其想象力如何荒诞、新奇，如何具有虚构能力，但他们使用的色彩是真实的，于是，笛卡尔下结论说，在幻想出来的东西中也"有更简单，更一般的东西是真实的、存在的"②。

福柯怎样理解笛卡尔的这段论述呢？福柯在此看出了理性对于疯癫的排斥。笛卡尔将疯癫视作理性的对立面，因为理性认为确凿无疑的东西，只有疯子才会荒诞地予以否认，疯子代表了一种错误的认知，它是一个感性错误的例子，当然应当遭到排斥和禁闭。梦虽然同样是一种错误的感知形式——在这一点上，它们是近似的——但是，在梦中，还存在着更一般、更简单的真实，梦并非与真实无缘，这样，"在质疑的经济中，梦和疯癫并不平衡。它们同真理、同真理的追求者的关系迥乎不同。梦和幻觉被

---

① 笛卡尔：《第一哲学沉思集》，庞景仁译，商务印书馆1996年版，第15页。
② 《第一哲学沉思集》，第17页。

征服在真理的结构内，而疯癫则被质疑主体所排斥"①。也就是说，质疑主体，理性排斥了疯癫，但并没有排斥梦和幻觉，梦和疯癫在笛卡尔那里既无相同的地位，也无相同的作用。梦可以使理性质疑，它并不否定做梦者追求真理的能力，相反，它激起做梦者对真相和真理的追求，激起做梦者反复的质疑，激起做梦者的"我思"。但是疯癫却没有这种功能，它无法思考，它既非质疑的手段，亦非质疑的步骤，因为"我思，故我不疯"，我思想的时候，我思维清晰的时候，我具有理性的时候，我不可能疯，同样地，如果我疯了，我就不能思。疯癫不思考，不质疑，因而与理性无关，它不被理性所承认。在福柯看来，笛卡尔的理性主义只是对疯癫而不是对梦进行排斥，梦内在于理性主义的结构，疯癫却被理性主义排斥在外。笛卡尔从哲学上排斥和贬低了疯癫，他的这样一句话，"但是，怎么啦，那是一些疯子"，即是明证。这句话正表明了对疯癫的轻视和敌意，表明了理性对疯癫的傲慢。与此同时，在社会实践中，对疯癫的禁闭也开始了，理性开始将疯癫拘押起来。这样，福柯的意图十分清楚，在 17 世纪的理性主义时代，也就是福柯说的古典时期，无论在理论上，还是在实践中，无论在哲学上，还是在现实中，疯癫都遭到了排斥和禁闭，而这正是理性主宰时代的必然结果。

德里达对福柯的解释进行了质疑。他首先指出了福柯在方法论上的困境。福柯试图写一部疯癫本身的历史，也就是说，让疯癫自身说话，让疯癫来谈论疯癫，让疯癫自我现身，而非在理性语言内部来描写疯癫，因为论疯癫的理性语言就是精神病学的语

---

① 米歇尔·福柯：《古典时代疯狂史》，林志明译，台湾时报文化 1998 年版，第 67 页。译文有所改动。

言，这种语言是对疯癫的控制、扭曲和压抑，它将疯癫玩弄于股掌之间，疯癫就是在这种理性语言内部而被迫成为一种流放的充满厄运的客体。福柯书写的就是理性语言捕捉之前的最活跃状态的疯癫的历史，是摆脱了精神病学语言的疯癫的历史，在德里达看来，福柯越过理性来书写未被驯化的疯癫这一计划虽然大胆而有诱惑力，但是，"这也的的确确是他的计划的最疯癫的一面"①。福柯将疯癫的历史视为沉默的历史，疯癫史中既没有语言，也没有主体，因而福柯书写的疯癫史是论述沉默的考古学。但是，德里达的质疑是："是否存在着一种沉默的历史呢？进言之，一种考古学，甚至关于沉默的考古学，难道不是一种逻辑，不是一种有组织的语言、规划、秩序、句子、句法或工作吗？"② 也就是说，福柯试图让疯癫自我说话的历史考古难道能够摆脱理性语言的逻辑和陷阱吗？福柯不是根据精神病学来书写疯癫的历史，但是，只要是书写历史，就必定要借助理性语言的逻辑和结构。如果说精神病学语言捕获了疯癫，那另一种理性语言——沉默的考古学——难道能放过疯癫？福柯的历史书写怎样保证它不是对疯癫的另一种形式的拘押？这种书写疯癫的方式同精神病学的书写方式结论不同，但实质一样：都是对疯癫的施暴。福柯的书写语言仍旧是一种理性语言，是不同于精神病学理性语言的理性语言。精神病学语言是禁闭疯癫的一种语言，而福柯的考古学不也是另一种禁闭疯癫的语言？这种语言不是同精神病学语言，同古典理性，同众多的理性语言一道成为压制疯癫的同谋吗？福柯在审判古典理性和精神病学语言对疯癫犯下的禁闭罪责时，同样也犯下

---

① Jacques Derrida, *Writing and Difference*, Routledge, 1978, p. 34.
② *Writing and Difference*, p. 35.

了这样的罪责。在德里达看来，所有欧洲语言，所有的欧洲理性语言，都内在地拥有类似于禁闭疯癫的这种历史罪过，福柯为疯癫所做的考古学当然深深地陷入这个历史罪过之中。在理性的语言之内，在秩序之内，让沉默的疯癫开口，只能是再一次地让疯癫闭口。德里达相信，沉默的历史是无法被书写的。一种理性语言取代另一种理性语言，理性对理性的革命，这改变不了疯癫的命运。抗拒理性的革命恰恰发生在理性内部，这种革命最终被理性所招安、降伏，革命奇特地变成了压制革命的同谋，对理性的革命反过来巩固和证实了理性，这就是德里达在福柯撰写沉默的历史的革命性意图中发现的宿命。

德里达接下来就笛卡尔的论述与福柯展开了进一步的论争。如前所述，福柯认为笛卡尔的理性主义排斥了疯癫，但并没有排斥梦和幻觉，因为疯癫无法思考，而一旦思考，就绝对不是疯癫。但是，在德里达看来，福柯误解了笛卡尔，笛卡尔并没有将梦和疯癫区别对待。确实，笛卡尔先是简单地谈到了疯癫，尔后稍稍详细地谈到了梦。德里达要问的问题是：笛卡尔是怎样将梦和疯癫结合在一起论述的？也就是说，梦和疯癫作为笛卡尔的论述对象，这二者到底是同质性的还是异质性的？笛卡尔是将二者区分地对待，还是同等地对待？按照德里达的解读，无论是疯癫还是梦，在笛卡尔那里都是作为同一个命题的证据，都是为了证明人的认知可能荒诞不经，人的认知并不一定全部依赖于感官。为了证明这一点，笛卡尔先是举出了疯子，疯子会怀疑感官的可靠性，但是，笛卡尔发现，对于要证实的那个命题——人的认知可能荒诞不经——而言，疯子并不是最普遍、最具代表性的例证，尽管是一个够格的例证。在这样的情况下，笛卡尔举出了梦的例证，梦和疯癫一样都是证明同一个命题。只不过梦比疯癫更具普遍性和代表性，更能说明人的认知的荒诞不经。因此，在笛卡尔这里，疯癫和梦是同质性的，具有同一种功能和角色，疯癫和梦都证实了感官认识的脆弱性，都证实了人的认知的荒诞性，只是"睡觉的人或做梦的人，比疯子还疯。或至少就笛卡尔所关心的认识问题而言，做梦的人比疯子更远离真正的认知"①。也就是说，梦和疯癫功能相同，只不过存在程度上的差异，这种差异是同质性内的差异，是量的差异，因而不是根本的而是微不足道的差异。笛卡尔之所以接着疯癫来提及梦境，是因为疯癫不是一个好的例子，不足以说明问题，它既不能覆盖整个认知领域，同时，"从教育学上说，这不是一个有用的或令人愉快的例子"，而梦则可以弥补疯癫作为例证的不足。

　　梦和疯癫在笛卡尔这里的作用和功能是相同的，那么，笛卡尔到底排斥了疯癫吗？"我思"和疯癫真的是相互对立、相互排斥的吗？一旦疯癫，就不能"我思"了吗？福柯说："疯癫是作品的缺席。"德里达在这句断言中读出了福柯的哲学信念，即，如果要进行话语和哲学交流就必须设置规定，必须履行话语的本质意义和使命，这样，话语和哲学"必须在事实上和理论上同时摆脱疯癫"，因为一旦有疯癫的存在，交流就是不可能的，反之，要交流，要存在着某种作品，疯癫就只能缺席。但是，德里达的问题是，如果"疯癫是作品的缺席"，那么，它实际上就是沉默，是被窒息、中断的言语，对于作品而言，沉默不是它的墓志铭，沉默是作品的深渊、极限和深邃的资源，也就是说，沉默不在作品之外，它是作品的潜在意义，它内在于作品，它静穆地埋藏在作品的深处，它是作品莫测的要素本身。就此而言，"疯癫是作品的缺

---

① *Writing and Difference*，p. 51.

席"，在福柯那里，其意义在于疯癫和作品是对立的、不可调和的、相互排斥的，也就是说，疯癫和哲学、语言、理性、我思是相互排斥的。但是，对于德里达而言，疯癫内在于作品之中，是作品的一个意义、一个要素，即哲学、语言、理性、我思的一个内在的、深不见底的隐秘要素，这样，疯癫同"我思"就不再是一种排斥关系了。"疯癫，在该词的每一种意义上，都只是思（思的内部）的一个个案。"① 在福柯那里，"我思，故我不疯"，但在德里达这里变成了"我思，故我疯"，或者"我疯，故我思"，对德里达而言，"思想不再惧怕疯癫"②。

这样，福柯从笛卡尔那里读出的两种对立形式，即梦和疯癫的对立，我思和疯癫的对立，都被德里达摧毁了，德里达使这两种对立卷入他当时尚未成形的延异思想中。德里达和福柯的争论，尽管十分复杂，但是仍然折射出 60 年代刚萌芽的解构思想同正在广泛积聚的结构主义的潜在争执。

《古典时代疯狂史》尽管不是严格意义上的结构主义著作，但埋藏着结构主义要素，福柯说，"描写疯癫史，即是要对历史集合体进行结构性研究……结构性研究应回溯到那同时使理性与疯癫相联系和分离的决定；应尽可能揭示永恒的交流，共同的模糊根源，那给予意义和荒谬之间的同一与对立以意义的原初对峙"③。福柯在此假设了理性和疯癫、意义和荒谬的结构性对立，这种对立是研究的起点、前提，它贯穿于 17 世纪中期至 18 世纪末期的大约 150 年间的古典时代，福柯追问说，在这 150 年间，"这种结构尤为显著，这难道不值得惊讶吗？……正是该结构记叙了从中

---

① *Writing and Difference*，p. 56.

② *Writing and Difference*，p. 55.

③ 《福柯集》，第 6 页。

世纪的和人道主义的疯癫经验向属于我们的把疯癫限定为精神病的经验的过渡"①。福柯在此就使用结构一词来描写理性与疯癫的关系，描写古典时代的疯癫史，这种结构是古典时代疯癫史的一个根本特征，同时，这种结构，我们发现，正如福柯反复指出的，它是相互排斥和相互对立的，"其核心是一个固定的形象，光明与黑暗、阴影与光亮、睡梦与清醒、阳光的实在性与午夜的潜在性之间的简明的分割"②。罗兰·巴特在福柯的这部著作中同样发现了古典时代的结构，而且这个结构先于各种事件，事件不过在这种先在的结构中找到了自身的位置，它们成为古典时代社会结构中的义素。不过，巴特发现的这种结构的义素不仅仅是排斥和区分性的，它们同样可能是联系性的，一个义素的变化将引起这个结构内的另一个义素的变化。福柯描写的结构对于巴特来说，更像一个总体性的系统，在这个系统中，理性和疯癫是对立的，但这并不妨碍它们在表意上的联系性：理性的变化相应地就会引发疯癫的变化，理性与疯癫既对立，又统一。罗兰·巴特根据自己刚刚迷恋上的语言模式将《古典时代疯狂史》指派到结构主义的位置上，如果说，福柯的结构研究仅限于疯癫和理性的对立研究，那么，罗兰·巴特则将《古典时代疯狂史》看作全盘结构性的，福柯描写的古典时代，这个时代所有的事件，只有依据结构主义的功能系统才能得到阐释，因此，"它在两个层面上是结构的：分析的层面和规划的层面"③。

巴特在《古典时代疯狂史》中发现了结构中的联系性，福柯本人则道出了结构中的对抗性和分割性。而德里达呢？德里达已

① 《福柯集》，第 7 页。
② 《福柯集》，第 7 页。
③ Roland Barthes，*Critical Essays*，Northwestern University Press，p. 166.

经在酝酿遏制这种结构主义势头了，他要败坏结构主义者的兴趣。德里达在福柯的对抗结构中看出了暴力，看出了《古典时代疯狂史》的暴力危险，这种暴力"是极权主义和历史主义的一种暴力，逃避意义和意义本源的一种暴力"①。德里达宣称，他是在结构主义的意义上使用"极权主义"一词的，尽管他并不能确定这两个词在历史上是否相互呼应。德里达之所以将结构主义与极权主义相提并论，是因为在他看来，疯癫本是"我思"的个案和要素，但由于结构主义固有的暴力倾向，它却被"我思"所禁闭和排斥，结构不是别的，它正是力图走到某种封闭的总体性而采纳的暴力。

这是德里达向结构主义挑衅的第一步。尽管福柯并没有十分明确的结构主义意图，但是，只要存在着某种截然分明的二元对立，德里达就有可能将其纳入延异的经济中。疯癫和理性在福柯这里是对立、排斥和水火不容的，但德里达却将二者看成同质性的，它们不是对抗关系，而是延异关系，疯癫是理性的一种迂回式延异，理性同样是疯癫的差异性要素，疯癫和理性不是处于一个深层的整齐匀称的二元对偶系统内，而是处在一个无止境的差异链条系统内，它们互相指涉，彼此进行着开放的、无拘无束的能指嬉戏。正是在这个意义上，"思想不再惧怕疯癫"。不独独是福柯的理性和疯癫，弗洛伊德的快乐原则和现实原则也常常被视为截然对立的，但是，德里达认为："快乐原则和现实原则仅仅是迂回式的延异"②，因为"现实原则并没有抛弃最终获取快乐的意图，它实际上只是要求和实现被延缓的满足，要求抛弃大量获得满足的可能性，要求对不快有一种临时的忍受，这种不快只是通

---

① *Writing and Difference*，p.57.

② 德里达，"延异"，见汪民安、陈永国、马海良编：《后现代性的哲学话语》，浙江人民出版社 2000 年版，第 83 页。

向快乐的曲折漫长之路上的一步"①。德里达在此看出了貌似对立的这两项的同质性，看出了它们之间的时间性延异，最终看出了它们之间存在的一种迂回式延异。不仅如此，诸如文化/自然、原初性/次等性、智性/感性、观念/直觉这些双偶对立都处于延异经济中，德里达不再将这些双偶对立——包括理性/疯癫——考虑为排斥性的对抗因素，相反，他在此发现，"每一个对立项都显现为他者项的延异，显现为同的经济中另一个不同者和延搁者"②。双偶对立中的"此项只是另一个不同的和延搁的彼项，此项对彼项进行延搁和区分，此项是延异中的彼项，此项是彼项的延异，这也就是为什么每个明显是严格的和无可简约的对立一度被称为'理论虚构'"③。就此而言，福柯的疯癫和理性之间的严格而又无可简约的对立，在德里达看来，就是一种"理论虚构"。

对于德里达的指控，福柯的回答姗姗来迟。在过了十来年后，福柯以《我的身体，这纸，这火》对德里达做了反击。福柯还是围绕着笛卡尔的那段论述展开，他坚持认为，梦和疯癫在笛卡尔那里完全具有不同的功能和地位，二者之间存在着一系列的对立。福柯的论证十分复杂，它几乎紧扣着笛卡尔这两个段落中的所有用词、句子、句法，以及它们的潜在含义，然后对德里达的解读一一反驳。福柯指出，笛卡尔在对梦和疯癫分头展开论证时，采用了完全不同的态度和方式：字面上存在着差异，意象上存在着差异，段落安排上存在着差异，最重要的是，在沉思过程中也存在着差异。而德里达则忽视了这所有的差异，他"无视原文的布

---

① 德里达，"延异"，见《后现代性的哲学话语》，第83页。
② 德里达，"延异"，见《后现代性的哲学话语》，第81页。
③ 德里达，"延异"，见《后现代性的哲学话语》，第83页。

局，肯定文中（至少论梦的一段）含有疯癫特有的强有力的质疑；想象是另外一个人在发表自己的意见，要排除疯癫；最后，认定这一排斥没有任何哲学意义，因为它完全出于浅陋无知。把笛卡尔的排除说成是包括，把排斥疯癫的那些话当成是另外的人对笛卡尔的批评从文中剔除出去，把排斥疯癫说成是前哲学的幼稚，进而把它从哲学家的话中排除出去，德里达为了彻底掌握笛卡尔原文的意思并将疯癫的问题化为乌有，真是费尽了心机"[1]。德里达这样做的结果就是，排除了笛卡尔的哲学话语对疯癫的排斥。

但是，疯癫也许不会轻易让步。福柯指出，笛卡尔的这个文本严格遵循两种话语模式，即沉思实践和逻辑论证，它是它们的混合体，因而，它需要双重的阅读。也就是说，笛卡尔的这个文本，这个文本中的每一个陈述，都应该嵌入与它有关的语境中，应该嵌入与它发生交叉的陈述和话语形式中，而不是像德里达那样"将话语实践化成为文本踪迹，进而忽略话语过程中发生的一切"。对福柯来说，文本应该将自己置于一个实践语境之中，文本同各种各样的体制、中介、阶级、社团、群体、意识形态密切相关。在福柯这里，文本是一套话语事件，是客观事件，它自我复制、分裂、重复、模拟、扩增。"对一本书而言，我不愿意赋予它这样一个文本身份，即它既可以作为教学法也可以作为批评的结果而简化处理，相反，我更乐于承认，一本书对于将它呈现为话语，同时也是战争和武器、计谋和冲撞、斗争和伤口、事态和痕迹、不规则的相遇和可重复的场景等显得无动于衷。"[2] 因此，文本占据着整个战略性的社会空间中的某一个位置，它是复杂的力

[1] 《福柯集》，第 185 页。

[2] Edward W. Said, *The World*, *the Text*, *and the Critic*, Faber and Faber, 1984, p. 215.

的织物中一个相关性要素。对福柯来说，"全部工作的重点在于分析那些把话语、机构、实践联系起来的事件、知识和系统形式，即德里达文章中只字不提的那些东西"①。这就和德里达的文本理论迥乎不同。德里达不愿将文本置于语境的深渊，不愿考虑文本的外在信息，不愿将文本绑扎在其他要素之上，不愿将文本视作权力的实践，这就是他和福柯对待文本的根本差异，也就是他和福柯在笛卡尔的那个文本中读出截然相反的结论的原因。文本理论如此迥异，难怪德里达指责福柯的"结构主义的极权主义"倾向后，福柯会如此愤怒地反击德里达主义："这是一种很明显的有特定历史背景的拙劣的教学法，这种教学法告诉学生，文本之外一无所有……这是这样一种教学法：它赋予教师声音一种无限的权威，容许他们无限地重写文本。"② 就德里达而言，在读解笛卡尔时，这种"无限的权威"就表现在他可以肆意地和想当然地"删掉了一些原文（只需将拉丁文原文与法译本进行比较，就可以看出被删掉的部分），省略了行文中的差别（论疯癫与论梦两段在句意和文法上的对立），抹去了话语的基本特点（实践与论证同时并进）"。

赛义德将福柯与德里达的文本理论做了如下精辟的概括："德里达的批评使我们陷入文本之内，福柯则使我们在文本内外进进出出。"③ 这两种理论模式围绕着笛卡尔的这段论述展开了较量，福柯将文本作为一套话语事件置于具体的社会实践语境中，而德里达仅仅局限于文本本身，他切断了文本同外在世界的联系通道，这两种理论在对待笛卡尔的同一段文字时，居然得出了迥异的结

① 《福柯集》，第192页。
② 《福柯集》，第188页。
③ *The World，the Text，and the Critic*，p.183.

论。但是，这两位重要的法国思想家真的没有相通之处吗？

实际上，两人可以一致地站在反本质主义、反形而上学的旗帜下。德里达的一个主要计划即是挑战形而上学。对他而言，形而上学是一个全盘性的巨大的西方传统，这个传统逐渐累积下来形成某种根深蒂固的常识，也可以说是根深蒂固的无意识，德里达将这个西方传统命名为"在场的形而上学"，其框架即是将存在确定为在场。它深信那种基础主义本源论，本源具有优先性、决定性、控制性，万物正是以它为基础生长、蔓延、显现、出场。在表象和本源之间，就存在支配性的逻辑关系，就存在着明确推理式的理性关系，就存在着决定性的臣属关系，这样一种再现式的思维全面浸入西方传统中，无疑，它也深入西方哲学中。

在德里达看来，这样一种哲学方式和思维方式已经牢牢控制了人们的所思所为。人们总是不自觉地陷入这种形而上学的操纵中，他们毫不迟疑地在逻辑的轨道里跋涉，他们对任何偶然性都不以为然，他们心安理得地依赖于某些成规、定论、公理，他们慵懒地沐浴在理性的光辉下。在形而上学内部，没有质疑，没有欲望的地盘，没有意外的火花，没有感性的位置；甚至没有隐喻，没有修辞，没有歧义，没有矛盾，没有冲突，没有争斗，人们总是从大词——理念、目的、起源、存在、主体、意识、真理、上帝、理性、人等——出发，从这些霸权式的词语出发，从这些准则、目的、标准出发，只有这样，才会感到心安理得，才可以摆脱盲目，接近真理，抵达理性之岸，才可以确保自身的有效性、真实性和确切性。

如果说，形而上学的思维方式已经构成这样一种霸权式的文化控制的话，德里达的著作就是针对这种霸权的一种解放行为。他将他的全部写作都聚集于对这种霸权的揭露、发现和诋毁上面。

关于解构，我们应该明确地将它置于针对形而上学的语境中来对待。德里达相信，形而上学已经深入各个角落，西方的每个毛孔都透着形而上学的汗渍，我们无一例外地呼吸着形而上学的空气。在这种恐怖的形而上学氛围里，我们怎样摆脱形而上学的控制力量和渗透力量？形而上学不仅仅是穿在身上的外套，它已经成为我们赖以生存的环境，它已经构成思想的天性，构成认知、思考、写作的血肉器官，德里达以一种小心翼翼的警觉方式对一系列的西方思想家进行了耐心的解读，这些思想家包括柏拉图、卢梭、胡塞尔、海德格尔、索绪尔、弗洛伊德、列维-斯特劳斯等，德里达在这些思想家那里发现他们以各自的隐秘方式和形而上学达成了默契，他们既是形而上学的例证，又悄悄维护和扶植这种本质论的形而上学。在这个名单的最后，出现了当时尚未成名的福柯——这一点意味深长，作为形而上学例证的一个代表，福柯同那些经典大师并驾齐驱，从某种意义上说，这是对《古典时代疯狂史》的推崇，而且，德里达在他演说的开头向这部巨著表达了敬意："这本书在许多方面令人仰慕，在广度和风格上强劲有力，对我来说尤其具有威慑力，由于曾有幸就读于米歇尔·福柯的门下，我仍然保留着一个门徒所应有的敬慕和感激之情。"① 就此而言，德里达不愿将他对《古典时代疯狂史》的解读视作对福柯的挑战，而是视作学生和老师之间的对话，尽管这场对话并不令人愉快，而且德里达将老师划为形而上学的例证。

实际上，福柯在许多方面同德里达十分近似。如果说《古典时代疯狂史》确实存在着形而上学残渣的话，它仍然在相当大的程度上也抵制着形而上学。就理性/疯癫作为一个对称的对立命题

---

① *Writing and Difference*，p. 31.

而言，它们确实符合形而上学的基本模型，但是疯癫并非一个严格意义上的本质主义概念，疯癫不是自古就有和一成不变的，相反，它是被逐渐地建构起来的，疯癫是社会力量的客体化对象，它本身接近于空的概念，只是在不同时代，在不同的理性背景下，依据不同的外在力量，疯癫才获得它的所指和意义，疯癫的所指和意义因而不再是稳固和确定的。"福柯根本没有界定疯癫，疯癫并非其历史需要重新揭示的认知对象。相反，疯癫本身就是一种知识：疯癫不是一种疾病。它是一种在不同阶段游移不定，或许是异质性的意义。福柯把疯癫仅仅看作一种功能性的现实：在他看来，疯癫仅仅是一种由理性和非理性、观察者和被观察者共同造就的纯粹功能。"① 作为功能性的疯癫概念也是一个空的能指，它随机地和临时性地等待着意义的填充，这与其说是一个确定的概念，不如说是一个充满可能性的概念。这样机动性的疯癫就抛弃了本质主义的幻觉，抛弃了定义神话，最终抛弃了形而上学诉求。

《古典时代疯狂史》始终在形而上学和反形而上学、本质主义和结构主义之间摇摆，这是福柯犹豫不决的开篇。此时，福柯并没有下定决心清算形而上学，他现在在全力以赴地清算理性和道德，理性和道德是形而上学的某种表现形式和派生形式，但它绝非形而上学本身。福柯后来对《古典时代疯狂史》中的本质主义残渣做了自我清理，他对揭示某种疯癫经验的现象学尝试不甚满意，"疯癫史"似乎意味着存在着某种一致性的疯癫过程，但它同时也意味着"疯癫"的语义在不停地变迁。疯癫就这样被福柯的两种取向撕扯着，德里达也正是在此抓住了把柄，他对福柯的空

---

① *Critical Essays*，p. 164.

的疯癫概念视而不见，却相反地纠缠于福柯的"疯癫经验"，纠缠于福柯的带现象学痕迹的形而上学倾向。但是，让我们再强调一遍，《古典时代疯狂史》的意图并非对形而上学的清算，它全力以赴所做的是对理性禁闭和道德禁锢发出怒吼，福柯从未对形而上学抱有好感，只是他不像德里达那样在哲学内部专注于清算形而上学本身，不像德里达那样紧紧地盯住作为纯粹的思想形式的形而上学本身。福柯关注着形而上学思想引发的一系列效应和形式，关注着形而上学在历史和当代的一系列现形。确实，福柯对形式、史实、现象更感兴趣，他从它们出发，从另一个途径，揭示了形而上学的神秘化和霸权功用。尽管如此，福柯还是从纯粹的理论和知识的角度对形而上学做了全面的回应，先是在《知识考古学》中，后是在《尼采·谱系学·历史》中，福柯猛烈地敲响了形而上学的丧钟。在这两个文本中，我们将会看到，他和德里达的分歧其实是最小限度的分歧，是微不足道的分歧，也就是说，只是在形式上存在着分歧。

第二章　话语/知识

一　医学的语法

《临床医学的诞生》既可以视作《古典时代疯狂史》的附录，又可以视作《词与物》的预兆。福柯在本书中描述了古典医学向现代医学的结构性转变。这种转变发生在 18 世纪末期，正是《古典时代疯狂史》中疯癫命运终止的时刻。因而，《古典时代疯狂史》的时间终点是它的论述起点，前者的结尾是后者的开端。同时，《临床医学的诞生》是"一部关于空间、语言和死亡的著作"①。它着重论述了表层知识和基础性支配结构、词与物、平面空间和立体空间等复杂的交互关系，而这正是《词与物》探讨的主题，在这个意义上，《临床医学的诞生》可视作《词与物》的预兆。

福柯在本书的开头就将两种截然不同的医学话语并置起来。

---

① 米歇尔·福柯：《临床医学的诞生》，刘北成译，译林出版社 2001 年版，前言，第 1 页。

这两种医学话语分别是古典医学和现代医学的典型代表，但它们相距时间不到百年——准确地说，福柯将他的论述集中于古典医学向现代医学转变的半个世纪内。古典医学使用的是幻想语言，其描述"缺乏任何感官知觉的基础"，而现代医学的"每一个词句都具有质的精确性，把我们的目光引向一个具有稳定可见性的世界"。[①] 这种话语更具客观性、有效性、更精细、更准确、更审慎。这是两种截然不同的医学话语。那么，古典医学向现代医学的这种话语突变是怎样发生的，何时发生的，是被怎样的分界线断然分开的？这种语义和语法变化是什么？按照传统的历史学家的观点，这种突变是客观性的进步。科学的发展，使其能准确地把握疾病的"真理"，这种医学抛弃了幻想、成见和理论，无偏见地审视它们的经验对象，审视病人的身体，这种身体中从前"根本不可见的东西突然呈现给目视之光，其呈现运动如此简单、如此直接，以至于看上去将像是一种高度的发展的经验自然而然产生的后果"[②]。福柯断然否决了这种传统的观念，在他看来，这种转变与其说是客观性的进步、心理学的净化，还不如说是一次关于疾病的认识论改造，也就是说，这种转变并非抛弃了冥思、幻想、理论，获得一种朴素的感知能力，进而具体地抵达了身体疾病的真理。不，它不是这样，它不是基于对可见物的绝对价值的发现，它仅仅是可见性形式发生了变化，它基于"明显和隐蔽的空间的重组；当千百年来的目光停留在人的病痛上时，这种空间被打开了"，此时，"医生们描述了千百年来一直不可见的和无法表述的东西"。[③] 福柯固执地相信，现代医学的诞生似乎不是一个

---

① 《临床医学的诞生》，前言，第 2 页。

② 《临床医学的诞生》，第 218 页。

③ 《临床医学的诞生》，前言，第 4 页。

医学技术问题，不是一个认识论净化问题，而只是词与物的关系问题。词与物的结构关系发生了变化，可见物与不可见物的关系发生了变化，在医学中，这表现为目光和语言揭示了从前在它们的视域之外和之下的东西，这样，身体中黑暗的疾病，因为语言和目光的重新配置而被照亮了，而具有一种可见性形式，最终，它们从沉寂中复活了。这种 19 世纪初奠定的现代医学也就是众所周知的解剖临床医学，其话语的基础即是用说来展示所见的东西，话语要忠实和屈从于五彩斑斓的经验内容，话语描述即是一种揭示，语言开始向一个全新的领域开放，医学话语的全新用法就此被固定下来。同时，具体的个人也向理性的语言敞开，目视与身体、语言与疾病发生了直接而简单的对质。此刻，"所有的光亮都进入眼睛的细长烛框，眼睛此时前后左右地打量着物质对象，以此来确定它们的位置和形状，理性话语与其说是凭借光的几何学，不如说更多地立足于客体的那种逼人注意的、不可穿透的浓密状况……目视被动地系于这种原初的被动性上，从而被迫献身于完整地吸收经验和主宰经验这一无止境的任务"①。

那么，临床医学之前的古典医学话语的特征是什么？福柯认为，支配古典医学的是先于临床医学的分类医学，在此，分类医学支配了医学论证和医疗实践。根据这种分类医学，疾病事先被条分缕析了，被组织化了，被划分进科、属、种的等级系列中。对分类学者来说，医学认识的基本活动就是建立"坐标"，"把一种症状安置在一种疾病中，把一种疾病安置在一种类型的集合体中，把这种集合体安置在疾病世界的总体图案中……在这种经验里，关键是利用系列来建立一个网络，这些系列相互交叉，从而

---

① 《临床医学的诞生》，前言，第 6 页。

有可能重新建构出梅纽雷所说的链条"①。基于这样的分类学视野，个体病人就不再具有重要的意义，他只服从于一种更高级、更抽象、更普遍的疾病范畴，个体病人只有被纳入一个抽象的疾病范畴中，才能获得他的疾病意义。在这样的古典分类医学中，所有原始而直接的疾病、案例，都被提升到一个更高的层次，医学只是在这个高级层次中查验病质，居高临下地对病质进行判决。古典医学知识是一种居高临下的带有极权性质的知识。

这样一种医学知识和视野必定是等级式和深度模式的，它需要的是解释学工具，解释学匹配于这种深度模式。它是用抽象的知识来解释具体的病例，用高高在上的理论来解释日常经验中的个案，用同质化的模式来解释活生生的肉体。福柯在古典分类医学的这种解释学特性中找到了语言的对应模型：能指和所指的关系。能指和所指的关系正是一种解释关系，是深度关系，是陷入无限的指涉和评论之中的关系。如果用语言学术语来描述的话，古典分类医学中的个人病例是能指，而那种抽象的医学知识则是所指，能指不断地向所指接近，它在所指那里寻找它的归宿、它的答案、它的意义。而所指呢？所指永远大于能指，能指不间断地挖掘所指的意义，但所指总要存留着部分秘密让能指望尘莫及，从而再一次来激发丰富的能指一次次地在所指那里探询、考究。能指和所指之间似乎存在着一个无法回答的答案，一个没有穷尽的终点，能指和所指的这种反复而无尽的阐释关系被福柯恰当地定义为评论，评论创造了能指和所指的复杂关系。在这种关系中，因为能指和所指不可能一蹴而就，不可能达到完满的平衡而终止了追逐式的反复解释，这样，它们可以获得部分的自主性，在对

---

① 《临床医学的诞生》，第 32 页。

方暂时缺失的情况下，开始自言自语。

古典分类医学是解释学和评论的绝佳例证，也是能指和所指关系的绝佳例证，福柯就这样以一种饶舌的形式将医学同语言学模式连接起来。古典分类医学就是对所指进行分析、评论，在此，所指和能指永远不对称，所指总是有所保留，有所过剩，能指只好一次次地挖掘和追逐所指，但是，福柯质问道："难道就不能进行一种话语分析，假设被说出的东西没有任何遗留，没有任何过剩，只是其历史形态的事实，从而避免评论的覆辙？"① 也就是说，能指和所指难道不能保持完全的均等和平衡？它们难道不能恰好完全覆盖？这样所指就不再存在着解释的空间，不再有余地，有秘密，有不足和缺憾留待能指进行再一次徒劳的评论。福柯在临床医学话语中发现了这种特征。在临床医学中，古典分类学被抛弃了，个人的身体和疾病不再诉诸抽象而遥远的医学知识。相反，个人的身体疾病，它的"纹理、色彩、斑点、硬度和黏着度都作为真相的第一副形象展现出来"②，它是目光专注的领域，它是视力所能揭示的全部范围，它是真相之所在，是真相本身，而不是抵达真相的途径，不是在更高一级的层次中去寻找真相。这样，身体和身体疾病在临床解剖医学这里获得了物质性、自足性、确切性，不再将自己镶嵌在一个等级模型中，不再将自己的真理系于外在的知识，不再充当理念的要素，不再充当通往起源之地的一个台阶、一个步骤、一个程序。疾病的深渊仍旧是疾病，身体的核心仍旧是身体，它们"特有的性质，难以捉摸的色彩，独特而转瞬即逝的形式都具有了质量和坚实性"③。

---

① 《临床医学的诞生》，前言，第10页。
② 《临床医学的诞生》，前言，第5页。
③ 《临床医学的诞生》，前言，第6页。

临床解剖医学就此摒弃了深度模式、心理学模式、能指/所指的评论模式和解释学模式。能指和所指的全部关系都被改变了，都被重新安排。临床医学开始重组它的句法，对事物进行新的切割，对身体空间中的离散因素进行重新配置，对病理因素进行重新组织，对病态事件进行平面性而非深度式的界定，对有机体进行局部而非整体的断定。总之，它不再像 18 世纪的分类医学那样，将器官作为总的疾病知识的功能，以症状植物学的方式，以疾病分类表的方式，以包涵、类推和深度心理学的方式，以逻辑格式的方式，组织普遍性的医学知识。这样，临床医学话语就不再是里里外外和上上下下的翻译，而变成一种陈述，一种离散的而非深度的话语系统。在这种陈述中——陈述这个概念在此首次出现，在《知识考古学》中，福柯以巨大的耐心论证了陈述——只存在着差异性的功能片段，这些功能片段既可能是冲突的、对峙的，也可能是相关的、联结的，但绝不是包括式的，不是深层意指式的，不具有起源和派生性的解释关系，与能指/所指的深度解释学相反，临床医学话语中的陈述是差异性的平面系统。

按照这一观点，死亡赋予临床医学的意义和赋予分类医学的意义迥然不同。对于 18 世纪的分类医学而言，死亡是生命的终点，是它的理论结构的界线，尸体是分类医学的终止场所，是"疾病消灭于其中的黑夜"。尸体为分类医学画上了句号，死亡发生之时，分类医学的任务也完结了。分类医学将它的视野、它的知识、它的探究覆盖于生命和疾病的区域，死亡与分类医学擦肩而过，它外在于分类医学。与此相反，死亡和尸体内在于临床医学，它在临床医学那里具有重大的意义。生命、疾病、死亡是临床医学全力以赴捕捉的三个要素，它们形成了临床医学的三维空间。

福柯在临床医学中发现，死亡和尸体是明确的实体。如果说，对于活生生的身体，对于生命本身，临床医学只能涉及可见性的表面，它只有片段的知识，只能根据症候进行局部的诊治和把握，那么，在尸体解剖中，就可以顷刻驱除那些无以洞察的身体黑暗。"吊诡的是，那种进行掩盖的东西，那种笼罩真实的黑夜之幕反而是生命，相反，死亡却将人体的黑箱暴露给白昼的光芒：晦暗的生命，明澈的死亡，西方世界的这些最古老的想象价值以一种奇怪的情理在这里交错。"① 临床医学将古典医学的死亡观和生命观完全颠倒过来：生命变成了缄默的尸体，尸体却不是生命的终结场所，而是生命秘密的发现和展示场所，临床医学的目视"在尸体中发现脆弱破碎的生命之肋"。正是从死亡的高度，医生才能洞察器官的组织、病理的排列、身体的秩序，洞察生命的一切秘密。就此而言，死亡成为伟大分析的肇始者，它揭开活生生的身体隐匿的黑暗，展示了有关个人的一切知识，死亡开启了封闭的个人知识之门。"在对死亡的感知中，个人逃脱了单调而平均化的生命，实现了自我发现；在死亡缓慢和半隐半现的逼近过程中，沉闷的共性生命变成了某种个体性生命。"② 死亡使个人、使生命获得了某种独有的风格，某种异样的体积，某种不可交换的面孔，这是死亡的礼赞："死亡离开了古老的悲剧天堂，变成了人类抒情的核心：他的不可见的真理，他的可见的秘密。"③

福柯在此表现出对死亡的迷恋态度，在死亡中获得生命的真理，这与其说是临床医学固有的专利，不如说是福柯终生执着的信条，死亡是存在的峰巅，是生命的极限体验，是日常生活庸碌

---

① 《临床医学的诞生》，第 187 页。

② 《临床医学的诞生》，第 193 页。

③ 《临床医学的诞生》，第 194 页。

之花的最后一次绚丽的绽放。在死亡中，生命的秘密、隐晦、黑暗、深渊轰然敞开，喷发的激情主宰着一切。死亡的钟声既不低沉，也不悲哀。相反，死亡的钟声激越而细腻，在湮灭中与美和意义共鸣。死亡不仅显现了个人的全部真理，它还使个人的声音被倾听，个人的风格被雕琢，个人的意义被铭写。福柯在《临床医学的诞生》中为他二十年后的死亡做了理论证词。他的死亡很难说是生命的必然终点，是冥冥之中的宿命，是一种无可阻止的悲剧事实；相反，死亡对于他而言，更可能是一种选择，是主动的承受，是他观念的践行，是他迷恋和向往的激情的瞬间迸发。

《临床医学的诞生》有较强的结构主义色彩。福柯在前言中称，这是一种结构研究；在后记中称，这是一种尝试，即在杂乱无章的思想史领域里应用某种方法的尝试。这种方法，正是结构主义方法。福柯在书中将一段历史的变革描写为句法的重组。他试图将结构主义术语——来自索绪尔的语言学术语——作为楔子打入历史的变革中。根据当时尚未完全成熟的结构主义法则，福柯不是将古典分类医学向临床解剖医学的变革视作历史理性的进步，而是视作话语的变更、词与物的关系的重组。福柯在此有意地将身体和疾病语言学化了：古典分类医学视野中身体和疾病类似于一种再现式的深度语言，它符合再现语言的语法和语义模式，疾病是一个疾病种类的再现，它是一个更抽象的疾病范畴的具体显现形式，犹如遵从某个深层语法的单个句子一样，犹如一个语词必定是一个物的再现一样。在此，疾病和疾病范畴，词与物，达成了再现式的深度联盟，古典分类医学的句法，完全契合于这种联盟模式，这是词与物的古典形式在医学中的展现。而在临床解剖医学中，疾病、器官、身体仅仅是疾病、器官、身体自身，它们不再像分类医学一样是一种病理显现；犹如词就是词自身，而不是一些所指的再现一样。它们自我指涉,摒弃了深度模式和再现模式。它们获得自己的肌质、实体和存在性,它们的厚度,也是自身的厚度。身体和疾病是一种自我封闭的词与语法,在此,词与物之间的新联盟形成了:词仅仅是词,物仅仅是物,器官仅仅是器官,疾病仅仅是疾病。它们的意义充斥在它们自身内部,充斥在它们的体积之内。词和物都从再现系统中抽身而退,它们不隶属于另一个层次,不寻求额外的剩余的所指,能指前所未有地获得了自足性,获得了自己的深度。

　　这是《词与物》的一个预示。临床医学诞生于19世纪初,同样地,非再现式的、自我指涉的语言也是在这个时候出现的:"从19世纪起,语言开始向自身折叠起来,它获得了自己的特有密度,将它自身的某种历史、某些规律和某种客观性铺展开来。它变成了众多知识中的一种知识对象。"① "在19世纪的开始,词重新发现了它们古老的,谜一般的厚度……一旦远离了表征,语言就会——直至今日——仅仅以散布的方式存在着。"② 《临床医学的诞生》仅仅是将语言,将散布式的语言作为临床医学诞生的背景,作为一种描述手段、一种分析方法提出来的,而《词与物》则全面地论述了这种语言转向。同样,《临床医学的诞生》还透露了《词与物》的另一个主题信息:人之死。福柯在结论中宣称,关于个人的科学话语,必须经历死亡这个阶段。福柯的意思是,只有涉及自身的毁灭时,才能将自己建构成一个科学对象,才能用语言捕捉自己、谈论自己、描写自己。这时,医学,人的科学,人文科学,才可能被奠定,关于人的知识才能被建立。人文科

① Michel Foucault, *The Order of Things*, Vintage, 1994, p. 296.
② *The Order of Things*, p. 304.

学——不仅仅是临床医学——的诞生有着自身的条件、前提、背景、时间，当然，它也有它的终结命运，而这些详细的论述，福柯留待了《词与物》的最后几章。

二 知识型与语法

《临床医学的诞生》既沾染了《古典时代疯狂史》的历史主义痕迹，也有正在兴起的结构主义的影子。它同《古典时代疯狂史》一样，对医学话语和体制的关系做了考古学批判，但是，它也剔除了该书激进而狂热的理性和道德批判，相反，一种中性而冷漠的语言学和结构主义趋势在《临床医学的诞生》中表现出来，福柯将医学进行了结构主义语言学式的重写，这样，《临床医学的诞生》实际上存在着两种相反的倾向，两种逆向的可能性："他可以遵从结构主义这样的洞见，即寻求深层的本体论意义是无效的；在《古典时代疯狂史》一书中对支撑性的同时又是隐含性的在语言和体制之下的历史实践进行广泛分析也是无效的。或者，他可以像《古典时代疯狂史》那样，进行自我批判式的分析，即揭露出长期的控制调配策略，且用这种方法和结论，发展《临床医学的诞生》中的考古学描述，并压制它的准结构主义断言。"① 事实上，福柯抛弃了《古典时代疯狂史》中对体制的兴趣，他专注于话语，专注于发现控制话语的结构规划。无疑，福柯在结构主义的浪潮下也未能免俗，《词与物》布满了结构主义氛围。在这本书

---

① Hubert L. Dreyfus and Paul Rabinow, *Michel Foucault*: *Beyond Structuralism and Hermeneutics*, University of Chicago Press, 1983, p. 16.

中，福柯抬高了话语的自律性，即话语不再受历史实践的制约，它可以自我调节，自我做主，自我行事，但同时，福柯也抛弃了结构主义的一个教旨式的观点：共时性。福柯依然在他固有的历史主义框架内考察话语的转换，这里的历史显然不是话语的决定性要素，但是是话语转换的基本语境。将话语栽植在历史的河流中，是福柯同结构主义的根本性区别。

福柯在《词与物》的前言中表达了他的一些基本的研究意图、前提和信念。同前面的两本书一样，《词与物》研究的是一个相对被忽视的领域。法国的科学史和思想史研究给数学、宇宙学和物理学更多的关注，相反，它们不太在意生物学、语言学和经济学——这正是《词与物》研究的三门学科。之所以如此，是因为前者与哲学密切相关，它们严格规范，寻找必然性，能发现真理，体现理性；而后者被认为是经验性的、想象的、不规则的，它们最多只能暴露精神状况、知识潮流，它们是直觉和盲目性的混合物，是经验性的知识。福柯对此提出了异议："如果这些经验知识，在一个既定的时间内和一个既定的文化内，确实具有明确的规范性呢？"[①] 福柯首先假设，按他的说法，这也是他的第一次冒险：那些通常被视为非正规的知识（non-formal knowledge）自身有其体系，有其符码规则，它们同样在一个规定的时段内为必然性所主宰，为某种规律所主宰，因而，它们同样有待于研究，福柯将这种研究视作比较研究。这也就是说，研究不限于某个固定学科之内，它突破了这一学科固有的框架范围，它不在一个学科内部去寻找解释、联系、因果，相反，福柯相信，在不同的学科底部，在各种异质性话语和知识下面，具有某种"实证无意识"

---

① *The Order of Things*，ix.

（positive unconscious），这种实证无意识正是决定各门学科和知识的潜在条件，它是它们共同的构型规则，是它们得以显现的基础，就此而言，各种各样的异质性话语因为这样的实证无意识，这种共同的构型规则，而有了新的联系和相关性。这样，它们以往的界线被重绘了，学科、知识、事物的关联得以重组，人们熟知的划分被抛弃，彼此相隔遥远的物事突然有了密切的关联，微不足道的人物在这个过程中胜过了经典的圣徒或英雄，总之，人们熟悉的范畴、类属开始分崩离析，新的组合得以涌现。

福柯接着宣称，他在本书中主要关心的是变化。这种关心是他所发现的两个事实所激发的：某些学科没有预兆地、突然地、彻头彻尾地进行了重组；与此同时，一些相似的变化发生在迥然不同的学科之中。这些突变不遵照相同的法则，不同步，不在同一个层次，它们拥有各自的特性，因而彼此之间存在着差异性，福柯的意图是尊重这些差异性，描述这些变化的相关性。但是，"这些变化是怎样发生的？它是怎样发现的？新的概念为什么会出现？这样那样的理论来自何方？"① 这样的因果问题令人尴尬，福柯在本书中决定将它们弃置一旁，他只是全力以赴地描述变化本身而不寻求对变化的原因做各种各样的解释。福柯在此断然抛弃了因果论。

福柯要交代的另一个重要问题是主体。福柯对作为起因和决定论的主体表示了不满，他将他的观点以问句的形式加以强调："人们能不提及科学家本人而谈论科学及其历史吗？……传统的'某某认为……'被众所周知代替是合法的吗？是有目的吗？"②

---

① *The Order of Things*，xiii.

② *The Order of Things*，xiii.

福柯就是要用规则系统取代个人主体：个人主体的处境、功能、感知力以及实践可能性取决于支配和操纵他们的条件，总之，他"不是从说话的个体，不是从他们说话的形式结构，而是从话语的存在中起作用的规则出发"①，也就是说，是从话语实践（discursive practice）出发，而不是从主体出发。在福柯看来，不是主体凌驾于话语之上，而是话语操纵着主体，构成了主体的诸种可能性前提。话语实践，它的规则所在的层面，正是福柯力图揭示的考古学层面。这个考古学层面固执地存在着，它既是个人务必遵守的规则，也是在一个既定时段内各种知识和学科共通的基础和决定性条件。

福柯的研究对象正是这种决定性条件而不是传统意义上的思想史或科学史，其目的是"重新发现知识和理论是在什么基础上形成的，知识是在哪一个秩序空间内构成的；根据哪一种历史先验性，在哪一种实证性要求中，观念才能出现，科学才能建立，经验才能被哲学所反思，理性才能形成"；他试图揭示的是"认识论领域，即知识型（episteme）。在知识型中，知识远离了与理性价值和客观形式相关的一切标准，它以其实证性为基础，并因此展示这样一种历史：不是它日趋完美的历史，而是其可能性条件的历史。应该揭示知识空间内的构形，这些构形引发了各种形式的经验科学"。② 知识型成为知识和理论形成的可能性条件，这就抛弃了主体的决定性功能，这种知识型以一种控制性的话语规律形式出现，它和福柯反复提到的话语、话语实践、话语规则在某种意义上具有共通的功能：它们都是一个既定时期内使诸种经验科学

---

① *The Order of Things*，xiv.

② *The Order of Things*，xxi - xxii.

关联起来的决定性条件。知识型本身不是知识形式，它也不是在各种异质性知识、主题、精神中透视出来的共通理念和核心态度，它不属于理念的范畴，而属于形式法则范畴，属于条件范畴，它仅仅是"某一时期可以发现的关系的总和"，是各种知识的总关系。

知识型应从两个角度来把握：关系和条件。在一个既定的时空内，各种知识、科学、理论表现出共同的特征，这些共同特征使它们产生相关性，使它们彼此联系起来，组成一个系统。这些共同特征不具有主题上的共同性——语言学和政治经济学在主题上相去甚远——而只有形式构成方面的共通性，也就是说，每一种知识在主题和内容上不同，但知识的内在构成、组织形式、表意法则是相同的。知识型就是使这些知识内部的形式法则相同的决定性条件。要更好地理解知识型，我们可以诉诸结构主义的语法概念。

索绪尔的《普通语言学教程》将语言视作形式，视作一个记号系统，他区分了语言（langue）和言语（parole）这两个概念。语言是一种社会性的法规系统，即人们进行交流时所必需的规约系统，它类似于某种集体契约，个别人绝对不可能单独地创造它或改变它，语言因而具有约束能力。与此相反，言语"在本质上是一种个别性的选择行为和实现行为"，它只与个体有关，它在语言、语言结构这一规则的制约下自我腾挪施展，言语自身内部并不包含规则、契约。语言和言语组成了一个辩证关系，它们均以对方为前提而得以存在，"没有言语就没有语言，没有语言也就没有言语，正如梅洛-庞蒂指出的，真正的语言实践只存在于这一相互关系中"[1]。语言构成一个抽象的规范原则，言语则通过无穷无

---

[1]　罗兰·巴特：《符号学原理》，李幼蒸译，生活·读书·新知三联书店1988年版，第118页。

尽的实践来实现它，完成它，在大量的言语实践中，可以透视出语言的结构。同样地，只有依赖于语言，言语才能有自己的基础，才可以在交往中取得有效性，才不至于变幻莫测。因为言语是个别的、丰富的，它缺乏成为一门学科的必要素质，只有语言、语言结构具有规范性、必然性，具备成为一门学科的条件，最终，才可以产生一门关于语言而不是言语的科学。

语言和言语的这种辩证关系，是索绪尔语言学的最重要遗产。列维-斯特劳斯将这种结构语言学模式运用于神话研究，对他而言，神话即是索绪尔意义上的语言，而神话素——列维-斯特劳斯用这个词指神话中的细节、片段、诸种构成要素——则类似于言语，这些神话素只有组合起来，只有纳入神话的语言学结构中，才能获得它的意义。神话和神话素的关系，正是语言和言语的关系。就此，列维-斯特劳斯相信，神话并不源于某个特定的心灵意识，也没有预设的特定归宿，它有其集体性的契约结构，这种结构才是神话的意义。这种结构执着地存在着，它丝毫不理会个体、主体和意识的作用。罗兰·巴特也在类似的意义上改造了索绪尔的这一模式，他试图确立一门文学科学，文学科学不涉及内容，"而是有关内容的条件即形式的一种科学：使这种科学感兴趣的，将是由作品所产生的和可由作品产生的意义变异，它将不解释象征符号，而仅仅解释其各种价值。一句话，其对象将不再是作品的实在意义，而是相反地承担这些实在意义的空在意义"①。这种空在意义正是结构语言学中的语法。罗兰·巴特将文学视作一个大句子，他的文学科学致力于探讨文学语法，即那种"空在意义"，无论在句子的层面上，还是在文学的层面上，总有一个潜在

---

① Roland Barthes, *Criticism and Truth*, Athlone press, 1987, p. 57.

的语法模式作为它们生成的条件。句子最终要纳入某一语法模式中，同样，一种语法模式可以滋生大量有相关性的句子。

"知识型"不是也类似于这样一种语法吗？它不也是诸种知识形式的形成条件吗？在一个既定的时段内，诸种知识形式不也是遵从一定的形式规则吗？福柯还是从各种知识形式中，从各种学科、理论、观念中来寻找它们自身的深层语法。这些学科、理论、知识对于知识型而言，就如句子对于语法，言语对于语言，神话素对于神话，文学作品对于文学科学一样，后者是前者的生成性条件。福柯正是在知识型这个概念中暗中吻合于结构主义。他和结构主义不同的是，他的知识型概念、知识概念不是一种叙事概念，不是一个长的时间段概念。索绪尔的语言，列维-斯特劳斯的神话，罗兰·巴特的文学科学，都是时间性的概念，而知识型则剔除了时段性和叙事性，但是，它潜在的支配性，它作为一个无法逾越的生成条件，它本身作为非知识的空在，都使它成为一个时代所有知识形式的"语法"。我们可以断言，遵循同一语法的各个句子的意指并不相同，但它们的形式法则和构成规律则是一致的。同样，遵循同一知识型的诸种知识形式的主题并不相同，但它们的形式法则、构成规律是一致的。福柯十分肯定地断言，文艺复兴时期各种知识形式有共通的知识型，古典时期各种知识形式有共通的知识型，现代时期也有自己独特的知识型，他在不同的时期内看到了不同的知识型，这使他和结构主义再度保持距离，结构主义几乎没有历史意识，对他们而言，神话或者语言是近乎超历史的。它们源远流长，亘古不变，它们难以置信地抵住了时间和历史河流的反复冲刷，因此，历史被忽略了，结构主义看不到时间的痕迹，看不到演进、变化、转折、断裂，而这正是福柯所有著作——包括有浓厚结构主义色彩的《词与物》——倾尽全

力的地方，福柯总是在转折点、断裂处听见历史的尖锐轰鸣。在
《词与物》中，福柯再一次以"知识型"的断裂来划分历史，或者
说，他在一段历史中看到了那段历史特有的知识型，他根据历史
来确定知识型，这种知识型和历史的划分不是随意的，它遵循着
《古典时代疯狂史》的分期原则：文艺复兴时期、古典时期、现代
时期。同《古典时代疯狂史》不一样的是，这次不是描写他者的
历史，不是有关禁止、否定、压抑和体制的历史，总之，不是历
史深处的历史，这是知识的历史，是理论的历史，是摆脱了历史
的话语的历史。这里的知识、理论、话语、学科与权力无关，与
体制、机构和社会组织无关，与历史史实无关，它们是自足的，
只与一种空义的话语规则，与它们的构成"语法"，与知识型有
关。在这里，我们又听到了结构主义的回声。如果将索绪尔语言
学作为结构主义圈地运动的核心的话，福柯离这个核心最远，他
站在这个运动的最外围，他的回声来自最远处，因此也最稀薄、
最隐晦、最婉转。

三　表征的考古

"从 16 世纪末起，相似（resemblance）在西方文化的知识中
扮演着一个构建性角色，相似决定着对文本的解释，组织着符号
的运作，使隐蔽或显现的事物的知识得以形成，并控制着对它们
进行表征的艺术。"[1] 福柯断言，文艺复兴时期的"知识型"正是
"相似"，"相似"的语义网极其丰富，但最根本的有四种，即便利

---

[1]　*The Order of Things*，p. 17.

（convenientia）、仿 效 （aemulatio）、类 比 （analogy） 和 感 应（sympathy）。

　　"便利"意味着地点的相邻，两个事物十分接近，它们的边缘胶合在一起，互相影响、移动、交流，正是在这个铰接处，相似出现了。比如身体和灵魂，大海和土地，植物和动物，人与他周身的一切等，因为空间、地点和场所的近邻性而变得相似了。第二种相似形式是"仿效"。仿效与地点无关，它可以是两个遥远的事物之间的彼此关系，这种关系主要是一种镜像式的反映，通过"仿效"，散布在宇宙间的不同事物可以彼此应答，犹如人的智慧是上帝英明的完全反映一样。"人脸仿效着天空，他的两只眼睛，及其有限的光亮，是天空中太阳和月亮播撒的巨大启明的反映……仿效关系使不相关、不相邻的事物，从宇宙的一端到另一端彼此模仿。"[1] 如果说"便利"是根据地点和空间的毗邻而组织了一个关系链条的话，那么，仿效则构成一系列的彼此反映的同心圆圈。第三种相似形式是"类比"。类比包括了"便利"和"仿效"，它既包括地点的临近性而导致的相似，也包括遥远的事物在镜像上的相似。类比关系是潜在的、隐约的、细微而巧妙的，它没有前两种相似形式那样直接和具体。类比关系指的是一种关系上的相似，即两种物之间的关系和另两种物之间的关系存在着相似性。如星星和天空的关系、植物和地球的关系、矿石和岩石的关系、皮肤和身体的关系，这些关系都是相似的，每一种关系中的前者都隶属于后者，这种物和物之间的关系存在着相似性，这即是"类比"。

　　最后一种相似关系是"感应"。感应物之间没有确定的通途、

————————

[1] *The Order of Things*，p. 19.

联结、线索，但"感应在宇宙的深处自由地活动，它在瞬间越过巨大的空间"①。感应的形成既可能是简单的，也可能是复杂的，它使世上的一切事物活动起来，它将最遥远的物事拉拢过来，因而，感应是趋于同一性的活动，"它有危险的吸纳力量，使事物彼此雷同，相互混淆，使它们的个性消失殆尽"②。不过，感应的孪生物反感（antipathy）却遏制了这种同一性危险，它让事物彼此隔离，防止它们的同化，令它们保持差异。这样，反感和感应保持着平衡，从而避免了世界的同一化，感应和反感的对偶关系引发了其他所有的相似形式，前三种相似都要根据它来进行解释，就此而言，感应是最有力、最普遍的相似形式。

这四种相似形式表明世界如何自我说明、自我联系、自我反映，整个世界就在一个庞大的相似系统中起舞。但是，有些相似是隐蔽的、藏而不露的，它们只能通过它们身上的记号（signature）来辨认，"没有记号，就没有相似，相似性的世界只能是一个符号世界"③。因此，文艺复兴时期所特有的解释学和符号学就是对于记号的破译，破译这种记号就是破译这种相似性形式，就是寻找相似。相似性只有在贯穿于整个世界的符号网络中才能被昭示。破译符号，这正是人类的知识，文艺复兴时代的知识。文艺复兴时期的语言不是对物的反映，不是表达物的真理，语言本身就是神秘而模糊的物，它和植物、动物、岩石一样，是世界的一部分，并和世界相交织。更重要的是，这个时期的符号系统包含三个维度——能指、所指、联结（conjunctive），也就是，事物的形式标记、这种标记指明的内容，以及将标记与事物联结起来的相似，

---

① *The Order of Things*，p. 23.

② *The Order of Things*，p. 24.

③ *The Order of Things*，p. 26.

"而相似既是符号的形式,也是符号的内容,因此,这个结合体中的三个不同元素组合成一个单一形式"①。能指和所指之间的联结——相似,而不是完全的——匹配,给解释提供了动力和空间,文艺复兴时期知识的核心就是解释。

但是,"相似",文艺复兴时期的这一知识型很快被推翻了。古典时期的"知识型"出现了。这一知识型即是"表征"(representation)②,由"相似"向"表征"的知识型的转变,其标志是《堂吉诃德》的出现。在福柯看来,《堂吉诃德》既是文艺复兴时期"相似"知识型的表现,也预示了古典时期"表征"知识型的出场。它是两种知识型的过渡标志。堂吉诃德从不越过他熟悉的旷野而抵达差异性的边界,他只是同一性的英雄,"他的整个存在不过是语言、文本、印刷的书页和写定的故事,他由交织的语词构成"③。他对世界的读解是为了证实他的书本,他的整个游历是对相似的探询,就此而言,《堂吉诃德》是文艺复兴时代"相似"知识型的一个生动表现。但是,他同时又是对文艺复兴世界的一个否定,因为,他不停地寻找的相似实际上是一个骗局和幻觉。他逐渐地发现,物与物之间、词与物之间不再相似,物存在于自身的同一性之内,物就是物自身,词也不再是物的记号,它们剔除了内容,通过对符号进行解释来寻求相似已徒劳无益,总之,文艺复兴世界赋予物、词、相似的意义和价值开始遭到动摇和质疑,而这正是古典时代的开端。

---

① *The Order of Things*,p. 42.
② "representation"是一个重要的术语,它有"表征""再现""表示""表象"之意。在《词与物》中,福柯用这个词来表明符号对物的"表示",本书在一般情况下,运用的是"表征",但有时也根据上下文将它表述为"再现"。
③ *The Order of Things*,p. 46.

古典时代不再将相似作为知识的核心、秘密和源泉。相反，相似导致幻觉和骗局。古典时代的思想家培根和笛卡尔对相似作为知识的源泉做了有力的批判，他们抛弃了相似而转向确定性，保证确定性的获得的关键是比较。比较分为两种：度量的比较和秩序的比较。度量的比较是将分析的整体对象分隔成诸多部分从而导致了诸多的单元，比较应根据一个共同的单元来进行，它实际上是一个等或不等的计算关系，是同一性和差异性的计算形式的分析方式。而秩序的比较与划分单元无关，它试图找出事物的最简单要素，然后找出次简单要素，依此类推，建立一个物的系列，后面的复杂要素同前面的简单要素逐渐区分开来。无论是度量的比较还是秩序的比较，都力图表明，事物的关系应由秩序的形式来表达，因而，度量最终也是建立秩序。只有建立了严格的秩序，世界的诸要素才能被计算、被定位、被理解。就此而言，知识的建立原则是能制定秩序的数学和分类学，也只有这样，确定性、精确、同一性、差异才能获得、才能取代那种不准确的模糊的相似。古典时代的知识型大大修正了文艺复兴时代的知识型：分析替代了类比，比较取代了相似，系列的有限性取代了相似的无限性，完全的准确性取代了不断增长的可能性，心智活动现在是辨别、区分，而不是聚拢、吸引。语言和词语也发生了巨大的变化："书写的词不再包括在真理的形式和符号之内，语言不再是世界的一种构图，也不是有史以来就铭刻在事物之上的记号。真理的展示和符号根据明显而独特的感知被发现，如果词语能够的话，转译真理就是它们的任务。但是，它们再也没有权利被视作真理的标记，语言从其自身的存在性中撤离出来，它进入了一个透明和中性的时期。"[1] 在这个时期，语言不复有文艺复兴时代的

---

[1] *The Order of Things*, p. 56.

那种存在性了，因而也不再需要解释它的存在之谜，现在，它成为一种纯粹的功能。如果说它还有存在性的话，这种存在性就是它的表征功能，语言不是场所，不是价值，不是隐晦的秘密，而仅仅是表征，是表征的语词符号系统。

符号同样改变了它的意义，它不再是世界的某种神秘形式，它与它的标记物无关，它割断了与自然的联系，词与物分离了，符号变成任意的、空洞的、光秃秃的。在文艺复兴时期，符号附着于物的身上，人去发现它的秘密、价值和本质，即使无人去探究，它仍旧在那里沉默地存在着。但是，在古典时代，不再有未知、秘密的符号了，"这并非因为人拥有全部可能的符号，而是因为在两个已知元素间的已知的可能性替换的情况下，才可能有符号。符号并不默默地等待着能辨识它的人的光临：它只能被认知行为所构成"[①]。先前，知识驻扎在符号的内部，现在，符号听命于知识，它借助知识来实施它的表意功能，它从知识那里获得确切性和可能性。先前，是知识去追究它、挖掘它、揭露它，它成为知识的目的；现在，是它服务于知识，变成知识的功能、手段，知识成为它的目的。语言和符号也从文艺复兴的三维性变为古典时代的二元性。三维性指的是，形式标记、标记所指的事物，以及将标记和事物联结在一起的"相似"，而古典时代则剔除了"相似"，标志和标志指向的事物完全匹配，能指和所指直接联系起来，并保持着透明关系。"符号与其所指的关系现在停驻在这样一个空间内：在此，没有直接的角色将它们连接起来"，"符号内含两种观点，即表征者和被表征者，符号的本性在于通过后者来激

---

① *The Order of Things*，p. 59.

发前者"①，这种表意素、能指、表征者，它的全部内容、全部功能、全部决定性即是它所表征的东西、它的所指、它表意的对象，它完全根据所指来排列、来组织、来规划，它紧随着它的表征对象。这样，语言和符号的表征失去了自主性，它们变成被动的东西，也变成了自然而然的东西，表征没有自身的地盘，没有自身的空间，没有自身的厚度，表征活动本身在古典时代的表意过程中以一种透明的方式被隐匿起来，被忽视了，表征活动无法被表征。

在《词与物》的开篇，福柯对委拉斯贵兹的名画《宫娥》进行了分析，这一分析旨在证实古典时代的表征行为的不可再现性。福柯指出，《宫娥》的主题是再现。在这幅画中，再现的各个方面、各个要素，也就是再现通常采用的各种手段和各种功能——如凝视、画布、画笔、光线、画家、观众——都被再现出来，它们分布在画面中，所有这些再现的功能要素都井然有序地排布着。但是，这里的核心问题是，表征活动，即再现行为没有被再现出来。也就是说，表征的两端都出场了，但是，将这两端连接在一起的行为却隐而不见。福柯正是在此指出了古典时代的符号和语言的特征：只有表征者和被表征者，只有能指和所指，而没有将二者连接起来的表征行为，没有类似于文艺复兴时代的"相似"这样一个连接项。"如果古典时代的根本性行为是将有序的表征物置于表格中，那么这个时代无法做到的一件事情就是将表征行为也置于同样的表格中。"② 在这幅画中，四周可见的是表征的各种各样的功能要素，不可见的是使这些功能得以运作的表征行为。

表征行为的缺场绝非无足轻重，它意味着古典时代的一个重

---

① *The Order of Things*，pp. 63 – 64.

② *Michel Foucault：Beyond Struturalism and Hermeneutics*，p. 25.

要事实，即在古典时代并没有人的位置。能指和所指，即表征者和被表征者直接以一种透明的方式连接起来，符号和能指完全被动地遵从事物和世界的秩序，世界的秩序与人无关，人不是造物主，他只是一个澄清者，他只是澄清物，澄清秩序，澄清先在的物和世界的秩序，这种澄清是被动的、遵循式的、消极的，人无须发挥他的主动性，无须思考，无须构筑意义，也无须进行主动的表征，这就是表征行为本身在古典时代消失的原因。在能指和所指之间，在表征者和被表征者之间，没有人和主体的位置。知识和语言都是关于事物及其秩序的，而不是关于人的，它绝对排斥"人"的科学。也就是说，在古典时期，人不是知识捕捉的对象，他并没有进入知识和学科的视野，此时，他还在知识的黑夜中沉睡着。

　　福柯着重分析了古典时期的三门学科：普遍语法、自然史和财富分析。这三门学科几乎同时出现，同时消失，它们贯穿于整个古典时代，即17世纪中期至19世纪开端。它们都受表征这一知识型的支配，因而这三种学科内部表现出某种一致性的构成特征。就普遍语法而言，语言是在表征内部来运作的，它在自我复制中掏空了自身，语言的自身存在性被抹去了，它成为一种纯粹的功能，一种表征功能，这种表征是井然有序的，它同表征对象具有同步性，它紧随着表征对象，同表征对象一道步步展开，表征对象是秩序性的，因而语言表现为一种语词秩序，普遍语法研究的正是这种语词秩序，"它的合适对象因而既非思想，也非任何个人语言，而是话语，这里话语应理解为一个语词符号系列。这个系列与表征的同步性相关，它是人为的"①。同时，"普遍语法"

---

① *The Order of Things*，p. 83.

也不是研究对所有语言都适用的语法规律，不是试图发现所有语言的结构和规则，"普遍语法"中的"普遍性"指的是话语的表征功能的普遍性，这种表征既可能是垂直的，也可能是水平的，表征永远遵循着秩序，一种表征与另一种表征永远连接，语言永远是一种表征，这才是普遍语法中的"普遍性"。让我们再强调一遍："普遍性"是"表征"的"普遍性"。虽然不同的语言有不同的表征方式，但语言的表征性不容置疑，这也意味着，有各种各样的"普遍语法"，但"普遍语法"本身不容置疑。

自然史同普遍语法一样，受表征知识型的支配，它的内部依然根据秩序、序列和完善的构造被组织和描写，它的诸要素也配置成一个线性系列模式。自然史即博物学，它将自然划分成三个层次：矿物，它可以生长，但不能移动和感知；植物，它可以生长，也易于感知；动物，它可以自发地活动。在文艺复兴时期，自然史将动植物描写成展示式的传奇，动植物构成一个深度的寓言象征，它需要进行破译和评论。但在古典时代，自然史改变了它的描写模式，改变了它的对象空间，"古典时代创建的自然史藏馆和花园，以表格式事物配置取代了连续循环的'展示'"①。自然史不是对动植物背后的秘密进行描述，它只是对可见性进行描述；它不是对动植物的功能或内在组织进行描写，而是对它们的外相和线条进行描写；它不是将动植物视为有机整体，而是将它们视为器官的直线连接。总之，它不再穿透动植物的厚度，而是在新的表征知识型的操纵下沿着动植物的外表一步步地搜索和徘徊。这种搜索和徘徊，即是一种命名、一种分类、一种横向的配置。它根据命名体系来表征这些对象，"词与物严格地交织起来，

---

① *The Order of Things*，p. 131.

自然仅仅通过命名的格栅而确定"。自然史的描写依据的是数学和分类学，而不是评论和阐释学。借助于数学和解剖学的分类和命名，自然史在一种线性秩序中，在表格中，在格栅中，表征它的对象。

古典时代的经济学话语——福柯称之为"财富分析"——也表现出相近的特征，财富领域同样是根据表征模型构成的，财富分析的基础不是生产或劳动，而是货币与流通。金、银等货币是所有财富的表征工具，而且，各种财富也通过金、银等货币符号进行比较，得以自由地流通。对财富而言，金、银等货币构成了它们的符号，货币有无尽的表征能力，可以以极小的体积容纳巨大的财富，可以轻易地流通、辨识、运用。货币与财富的关系是任意的，因为"给事物定价的并非货币的内在价值"[①]，货币本身剔除了它的价值，它成为一个纯粹的表征式符号，一个功能式符号，就如词不再是物，而是物的表征符号一样。货币在此是财富的一个能指。同样，如同普遍语法关注词的线性系列，关注语词的秩序，自然史关注自然的外在形象，关注它们的命名、分类表格一样，财富分析关注的是货币与货币之间的交换，关注货币的可逆向关系。词的秩序是普遍语法的语法，生物的分类是自然史的语法，货币的交换则是财富分析的语法。古典时代的三门学科——普遍语法、自然史、财富分析——的共同特征暴露出来：它们都不是像文艺复兴时期那样对深度秘密进行寓言式的纵向挖掘。普遍语法不是挖掘语言下面的深层规律，自然史不是挖掘自然生物的内在构造，财富分析不是挖掘财富的内在价值。它们的研究模式也不是解释和深度评论。它们与表征的命名相关，它们

---

① *The Order of Things*，p. 160.

与一种组织性的外在秩序相关：语词的秩序、分类的秩序、交换的秩序。"古典思想的基本问题就在于命名和秩序的关系：如何发现一套命名术语来构成分类学，或者是，如何建立一套符号系统来透明地表征存在的连续性。"① 也就是，词以符号表征的方式对物进行命名和分类，根据这种命名和分类，事物的秩序被建立起来，古典时代的知识就是对这种秩序的捕捉。

那么，现代的知识形式呢？福柯将萨德作为古典时代的知识型向现代知识型的过渡，这种过渡也是非连续性的，萨德的出现对古典时代知识型的终结犹如堂吉诃德对文艺复兴时代知识型的终结一样。这种终结同表征的衰落一致，同对语言、生命、需求的解放一致，"说话者模糊而顽固的精神，生命的暴力和无尽努力，隐秘的需求能量，全都挣脱了表征的存在模式，而表征本身或许会被比较、限制、束缚乃至嘲弄，但绝对会受到外部的制约，会受到自由、欲望、意志——它们被确定为意识的形而上学反题——的巨大冲力的制约"②。这一点萨德最先做了预告，他的小说《朱莉埃特》冲淡了被表征物的浓雾，而各种可能性的欲望将会无所顾忌地浮现出来。表征无可挽回地衰落了。

现代的知识型出现了，这个出现有两个阶段。在第一阶段，也就是从 18 世纪的最后岁月开始，在普遍语法、自然史和财富分析这几个领域中，发生了同样的变化。符号、对同一性和差异性的分析、连续的表格、明确界定的秩序，所有这些并不再以表征的复制为基础。在古典时期，语言的语法是根据对事物的表征而组织起来的，语法受制于表征。但现在，语言进行表征是以语法

---

① *The Order of Things*，p. 208.

② *The Order of Things*，p. 209.

作为基础，而不是以被表征物作为基础，这样，关注语言就不是
关注对被表征物进行表征的能力，而是关注一种语言的纯粹语法
规律，关注它的词尾变化和内部构造，透明的表征不再成为语言
的焦点。自然史领域也开始涉及生物规律，涉及功能和器官的关
系，而不涉及它的描述性符号，生物不再以它们可展示的外相为
基础，它试图在它们的可见性表相下面，发现一个结构，一个内
部的、隐秘的、黑暗的结构，而这正是古典时期的自然史所忽略
的。最后，财富领域不再陷于货币符号与货币符号之间的可逆性
交换，它开始诉诸工作的形式和质量，诉诸价值的生产者，诉诸
生产活动本身，诉诸它们生产、运输、提炼所需的时日，也就是
说，诉诸它们的真实价值。"正是以这种本质性的核心为基础，交
换才得以完成，市场价格在一番波动后才能找到它们的平
静点。"①

　　这三个领域几乎同时发生的事件——福柯称之为谜一般的事
件——都表明，表征丧失了它将不同要素联系在一起的能力。各
要素不再在表面、在表格中、在分类学中、在外相中、在秩序中
关联起来，"这些关联条件从此之后驻扎在表征之外，在它的直接
可见性之外，驻扎在比表征本身更深、更稠密的幕后世界之
中"②。也就是说，形式让位于本质，外在性让位于内在性，表面
的表征让位于纵深的开拓，表征符号让位于实质性的事实，一览
无余的秩序让位于深不见底的秘密，"秩序的空间从此飘零四散
了"③。但是，尽管如此，尽管18世纪末的知识开始使用了不同
于古典时代的一些概念，如劳动、有机结构和语法体系，但其目

---

① *The Order of Things*，p. 238.
② *The Order of Things*，p. 239.
③ *The Order of Things*，p. 239.

的并非打破古典思想设置的表格空间，它们只是在古典思想内部发生的一次置换，它们还谈不上真正的对古典思想的抛弃，这即是福柯所说的古典思想向现代思想转变的两个阶段中的第一个阶段。

在第二个阶段，这种转变才真正地完成。表征的知识型崩溃，分类的知识空间倒塌，知识空间现在不再在水平面上展开，不再围绕着词的线性序列、货币符号的平面逆向交换、生物外相的分类勾勒展开，它现在在垂直面展开，水平面的分类命名现在成为纵向垂直面的附属形式，它们只有在知识空间的垂直面内才具有意义，"这样，欧洲文化为自己创造了一个深度，在这个深度中，至关重要的不是同一性、区分性以及具有各种可能性路线的固定表格，而是巨大的隐秘性力量，这些力量是根据它们原始的难以接近的内核、起源、因果性和历史发展而来。从此时起，事物的表征只能通过稠密性的深度"①。知识的空间由水平性转向垂直性，这才是现代知识型的真正开始，与之相应的是，语文学、生物学、政治经济学出现了。但是，福柯警告说，语文学、生物学、政治经济学并非由普遍语法、自然史和财富分析演变而来，它们摆脱了自身的前史，"因为所有这些知识模式更正了它们的方法，更接近它们的对象，将它们的概念理性化，选择了更好的形式化模式"②。也就是说，这些新学科的出现完全是因为知识型的变化，是因为知识本身的变化，而不是因为古典时期知识的自然延伸。政治经济学、生物学和语文学的创立者分别是大卫·李嘉图（David Ricardo）、乔治·居维叶（Georges Cuvier）和弗兰茨·葆

---

① *The Order of Things*，p. 251.
② *The Order of Things*，p. 252.

朴（Franz Bopp），他们是现代知识型的标志性代表。福柯逐一地
分析他们的学科特征。

　　对李嘉图而言，同样地对亚当·斯密而言——后者标志着经
济学话语的知识型转变的第一步——劳动可以测量交换流通的商
品。这样，是劳动和生产而非交换和表征成为商品的基础。如果
说财富分析致力于横向交换流通的话，那么，政治经济学则为自
身找到了一个基础：劳动生产。但是，亚当·斯密相信，劳动可
被看作对所有其他商品都通用的单元，也就是说，劳动可被视作
一种常量。而在李嘉图看来，"劳动的质量之所以可能决定一个事
物的价值，不仅仅因为事物可在工作单元中被表征，而最主要的
是作为生产活动的劳动是'所有价值的来源'"[①]。这样，价值就
不再像古典时期那样表现为符号，价值是劳动的产品和果实，它
有一个实质性而非表征性的深度内容，它由深层的基础性的生产
行为所决定。在古典时期，价值是由符号、由表面性的货币符号
来表征的；而现在，它是由劳动来决定的。这样，交换不再以符
号作为基础，而以劳动作为基础，在李嘉图这里，生产理论优于
流通理论，政治经济学不再关注货币符号的交换，而关注价值的
劳动生产，也就是，它不再将自己限定于一个符号表征的平面内，
而将自己置于纵向的深度挖掘中。劳动和经济活动置于政治经济
学中，经济人就变成了一个劳动的存在者，他开始出现在政治经
济学的视野中，他在劳动中，在劳动的千辛万苦中，来消磨生命、
战胜死亡，克服自然的根本不足，获得自己的存在性和有限性，
他的存在性正以有限性为标志。人处在一种限度（finitude）和历
史性（historicity）之中。

---

① *The Order of Things*，p. 254.

如同深度是现代思想和知识型的标志一样，限度和历史性也支配着现代思想。政治经济学如此，自然史和语文学同样如此。在居维叶那里，生命的分类不再根据外在的秩序和表格形式来进行，它的根据是生命深层和隐秘的要素，是它的内部联系，居维叶不再看重生物的表面器官，相反，他看重器官的实质功能，"他使功能优先于器官，并在很大程度上使器官的配置服从于功能的主宰"①，这样，古典时代对于可见性的器官的重视，对于外在器官的同一性和差异性的重视转移了，转移到器官的不可见的功能上，转移到作为控制性基础的隐匿的功能上。生物学就此具备某种等级层次，它现在的秩序不是表格秩序，而是解剖学式的秩序，生物的分类不再出现在扩展的秩序中，而是来自生命的深处。一般分类学消失了，器官的连续排列消失了，以秩序作为普遍自然科学的基础的探求消失了，秩序化的同质性空间消失了。而生物学的空间则是异质性的空间，在此，出现了多种对立，如主要器官和次要器官的对立、器官和功能的对立等，这些对立使生物学的空间变得复杂，变成一个深度模型的空间，异质性的垂直空间。生命也以一种复杂的体积出现了，它不再消失于表格、分类和秩序的外在性中，它为器官、功能的隐秘关系所充斥，生命成为一个复合体，一个复杂的复合体。这样，历史性和限度同样被引入了自然，引入生物和生命的领域中。它成为存在者的基本模式。这种历史性的显著标记是死亡，死亡随时随地笼罩着生命，动物处在生与死的边界，它成为死亡的载体，它在死亡的脚步声中获得其存在性和历史性，"自然"史变成了自然"史"，生命成为一个有限的时间性存在，它受制于历史性。

---

① *The Order of Things*，p. 264.

在词的领域，普遍语法衰落了，语文学（philology）出现了。在古典时代，词的存在性即其表征性，它的所有意义和价值即在于它对事物而言所具有的一致性的表征能力或表征功能。但在 19 世纪后，词的这种表征功能不再构成词的存在本身和基本构架，这种功能失效了，它不再像古典语法那样让词找到它在系列中的位置。词离开了表征功能，现在隶属于语法总体性。这个语法总体性才是词的决定性、基本性和原始性的东西。词的存在性，其价值就在于这种语法总体性。根据这种语法总体性——福柯也称它为语文学的实证性——词或者语言的特征来自内部，其存在性不再由表征能力来决定，而是由其自身内部的奥秘来决定。语文学研究的正是语言和词的内在可变性，比如，研究它的语音成分，将语言的存在性视作声音的存在性，将语言视作一个语音整体来对待，揭露词的辅音或元音的变化规律，根据各种词形变化及其派生现象来揭示词根、词干。总之，词和语言的研究——葆朴主张的语文学研究——致力于词和语言本身的内在研究，致力于它们的内在语法规律的研究，而不是像古典时期那样，将词仅仅当作物的一个纯粹表征，而忽视词的自身深度、复杂性、可变性和自主性。语言不再是一个表征系统，"它在其词根中就指明了那些最恒常的行为、状态和愿望，从根本上而言，它想说的不是人们的所见，而是人们的所为、人们的经历。……语言并不植根于被感知到的事物之中，而是植根于行为主体中……我们说是因为我们在行动，而并非因为认知是一种辨认手段，像行为一样，语言表达着一种对某物的深层意志"[1]。语言完全抛弃了它的被动的外向表征性，它在自身的内部获得了自主性，这种自主性包含着它

---

[1]　*The Order of Things*，p. 290.

的一切氛围、一切秘密。

语言与外部事物的联系线索解开了，它失去了透明性，它不再是世界秩序的最初草样，不再是一种普遍性的命名，不再是一种毫不顾及自身深度的表征功能，语言现在向自身折叠起来。它变成一种有厚度、有深度、有自主性、有意志的知识，这样，它从一种纯粹的功能就返回一种对象状态，一种有秘密内容的对象状态。这种返回，按照福柯的说法，就产生了三种结果，或者说，以三种方式得到了补偿。第一个是科学语言的中性化处理。19世纪思想认为，语言与主体有关，它包含着主观因素，而科学语言就是力求剔除语言的特殊性、主观性和唯一性的印记，以便使之成为知识的精确的副本，实证主义时时刻刻提防着这种有自身厚度的对象化语言。第二个补偿是语言研究具有一种批判价值，由于语言具备自身的记忆，它是民族惯习、思想和精神的晦暗场所，所以语言研究就可能是对此的批判性发现、揭示、解释，"我们就这样理解了所有的解释技术在19世纪如此明显的复兴，这种解释的重现是因为语言恢复了它在文艺复兴时代所具有的谜一样的厚度"①。福柯进一步断言，《资本论》第一卷是对"价值"的解释，尼采的著作是对若干希腊单词的解释，弗洛伊德则是对沉默的字词的解释。知识成为解释的知识。福柯称第三个补偿是最重要的补偿，即文学的出现。就如19世纪的语言主要不是对外物的表征一样，文学也不再是对外物的表现，它将自己封闭在一种非及物性之中，"它脱离了在古典时代能使它停驻在普遍循环中的全部价值（趣味、快感、自然性和真理），并在自身的空间内建立了一切可以确保对这些价值进行否定的东西，它脱离了适合于表征秩序

---

① *The Order of Things*，p. 298.

的所有形式文类的定义，并且仅仅变成为一种语言展示"①。文学不断地折回自身，它汇向单纯的书写行为，在此，"词既无声响，也没有对话者，它只向自身说话，只在自身的存在光线中闪烁"②。

四　人的诞生和死亡

现代思想抛弃了表征空间，抛弃了分类秩序，词获得了深度，生物获得了深度，生产获得了深度，而且它们都为一种有限性和历史性所控制。这样，人的出现就可能了，因为语言、生命、劳动都与人有关，都是人的奥秘，它们无法摆脱人的特征。因为人的具体存在可以通过说、生命和需求来判断，也就是说，语文学、生物学和政治经济学正是关注人的语言、生命和劳动，它们的知识内容正是人的秘密所在，它们的深度正是人的深度所在，就此，它们可以发现人的有限性及秘密，可以发现人的真理，这三门学科第一次将人作为它们的知识客体，作为它们的探究对象，作为它们的内容。人也第一次作为一种知识对象进入学科之中。在 18 世纪的古典时期，也可以说，在 18 世纪末以前，人并不存在，他只是将自己视作表格中的一个形象或一个反映，但"他从没在那个表格中发现自己"③。或许 18 世纪的普遍语法、自然史、财富分析都认识到了人的存在，但是，这并不表明人出现了，因为它们不是将人作为一个特殊领域对待，而是将人作为一个共有的种

---

① *The Order of Things*，p. 300.
② *The Order of Things*，p. 300.
③ *The Order of Things*，p. 308.

类的一员，它们没有发现人的特殊性，"没有关于人本身的认识论意识"①，没有认识到"人性"。不仅如此，在 19 世纪的现代思想中，人同时还是认知主体和理解主体，因为盛行于 18 世纪的表征消失了，词和语言不再从事表征工作，它们不再是世界的自然而透明的记号，世界不再以符号的秩序表征出来，那么，世界将何以显现？此时，人出现了，他接管了符号表征的任务，他成为世界的认知者、理解者、揭露者，他是世界知识的认知主体。在古典时代，符号和世界无须中介地快速连接起来，符号和语言的目的，就是建立图表、秩序，就是让自身透明，就是让物显现、集中和连接。在这种语言秩序中，"人"及其本性难以占据一席之地。它排斥人和主体，人在古典的知识图表中并没有找到一个主体的位置。人的秘密和真理在表征的秩序、表格中被忽略，在词与物的连接中，根本不需人这个楔子。但现在，符号对世界的表征出了问题，世界不再由符号来表征，来展示，来标记，相反，它成为一个有待翻掘的秘密。这个世界的秘密怎样敞开？此时，人开始认知世界了，世界的秘密，不是由符号而是由人来揭示，因此，人既是知识的客体，又是认知主体，既是学科捕捉的对象，又是学科得以奠定的基础。生物学、语文学和政治经济学正是以人的秘密为基础来展开它们的学科构想的，人出现在现代思想中，它的事实、它的秘密、它的真理出现在现代思想中，由此人的科学出现了。而这正是知识序列的一个重大事件，是 19 世纪现代知识型的产物。

然而，知识的实证性预告了人的限度，人受劳动、生命、语言的控制，他的具体存在的确定性只有在它们中才能被发现。人

---

① *The Order of Things*，p. 309.

是有限的，身体的空间是有限的，欲望的豁口是有限的，语言的时间也是有限的。人被它们所界定、所指明，被生物学（身体）、经济学（欲望）、语文学（语言）所界定和指明，"然而还有其他更典型的限制：在某种意义上，这种限制不表现为从外部强加于人的论断（因为他有一个本质或一段历史），而表现为这样一个基本的限度，即它仅仅依据自身的存在事实"①。在福柯的考古学层面上，现代人只有作为一种限度构型才是可能的，"现代文化能够思考人只是因为它在自我的基础上思考有限"②。

这里的人，在对其限度的分析中，存在着三种二重性。第一种是经验/超验的二重性。经验/超验二重性的构成是现代性开始的标志。这种经验/超验分析有两种：一种是对身体空间内部的分析，它研究知觉、感官机制、运动神经等这些知识的可能性条件和生理学/解剖学条件。它们形成于身体的结构内部，它们决定着知识的经验内容的诸种形式。这些是知识的认识论基础，表明了认知的独特性质——独特的生理/结构性质。另一种是对人的历史领域的分析，这种分析试图表明知识的历史、社会、经济条件。它也表明人的认知总是在历史中形成，在人与人的关系中形成，在社会语境中形成。这两种经验分析，也就是两种限度分析。就前者而言，身体经验分析为一种超验美学服务；就后者而言，历史经验分析是为一种超验辩证法服务。也就是说，经验性的限度分析为超验性诉求提供了条件，有限的人可以产生无限的可能性的知识。

人的第二种二重性是"我思"（Cogito）和"无思"（Unthought）。

① *The Order of Things*，p. 315.
② *The Order of Things*，p. 318.

对于福柯来说，"人不能在'我思'的直接而自主的透明性中确立自身；另一方面，人也不能居住在客观呆滞的决不会产生自我意识的事物之中"[1]。人实际上是这两者的结合。人的维度，人作为知识型中的一种构型，从自我意识延伸到无意识，从透明部分延伸到隐秘部分，从外部延伸到内部。"我思"不是真理的突然发现，它更像是一个重新开始的无止境的任务，"我思"无法穷尽人的秘密，无法穷尽"无思"的领域，即无意识领域。因而19世纪的思想家，都开拓了"无思"领域：在黑格尔那里，它是自在；在叔本华那里，它是无意识；在马克思那里，它是异化的人。这些隐秘的无思领域，正是知识的隐晦地带、阴影成分、无形机制。对"无思"的思考，即对一个隐秘的未知领域的思考，对人的异化部分的思考，对他者的思考，对知识中的沉默和喃喃低语的思考。在现代知识型中，人无法摆脱"无思"，人和"无思"的关系是一种孪生关系。自19世纪以来，人和"无思"默默地而又无须任何解释地相依为伴。在现代思想中，人致力于弄清有关他的一切，他无法容忍在他的身上，在他的周围还有巨大的隐晦地带，因此，整个现代思想都浸透着思考"无思"的必要性。

对"无思"的思考、对隐晦的知识领地的思考导致的一个必然结果是，现代思想不产生一种稳固而确切的效应，思考本身是探索性的，是对可能性的探究，它是尝试性和含混的，它处于探索过程之中。思想在探究和改变所思对象之时，它自身也发生改变，因而，现代思想家对无思的探究同时也是对他自身的探究，是对他自身的改变，现代思想因而也只是一种行动、一种冒险、一种行为形式、一种探究过程，而不产生一种完全圆满的结局。

---

[1] *The Order of Things*，p. 322.

正是在这个意义上，福柯断言："现代思想，实际上从不能提出一种道德性，之所以如此，并非因为它是一种纯粹思考；相反，从一开始，在它自身的稠密性中，现代思想就是某种行为模式……甚至在描绘、暗示一个未来之前，在说出如何行动之前，甚至在告诫或仅仅听到警报之前，思想，在其存在的层面上，在其曙光中，它本身就是一种行为——一种危险的行为。"①

　　人的第三种二重性是"起源的退却和返回"。这种二重性与人的起源有关。人诞生于现代思想中，但他实际上和遥远的历史性相关，他的开端，生命的开端、劳动的开端、语言的开端早就在历史的模糊深处展开了，在一个遥远的地平线上展开了，但这不是具体的起源，"对人来说，起源绝非开端，绝非最终的要求都从那里累积起来的某种历史的黎明"②。在现代思想中，人并没有一个确切的起源，人是一个毫无起源的存在，与其说存在着这样一个起源，不如说存在着一个散布的来源，一个没有固定明确的诞生地、没有同一性、没有瞬间性时刻的来源。人就是和这样的起源相分离，他的起源退隐了，这是一个没有起源的存在，是一个起源退却的存在，但是，思想不甘心于这种起源的退却，它要和这样的起源思想相抗争，它想通过时间的重构找到起源的基础，它想让起源返回。现代思想要思考人的起源，但从没有接近这个起源，"起源，成为思想仍旧在思考，并总要重新思考的东西，它总是在一个接近完成但又决不会完成的迫近中被许诺。在此，起源就是正在返回的东西，就是思想正在向它接近的重复，是早已开始的东西的返回，是有史以来就在闪耀的光的靠近"③。这，就

---

①　*The Order of Things*，p. 328.

②　*The Order of Things*，p. 330.

③　*The Order of Things*，p. 332.

是起源的无穷无尽的返回，它是因为起源退却后而不断出现的返回，是没有终点的返回。起源的退却和返回，是人的最重要的经验，正是这一点，与人的限度、历史性相关，它是限度和历史性的更基本的层面，它将人投入与时间的无尽的纠缠中。

福柯将现代思想对人的分析称作人类学（anthropology），人类学在现代思想中扮演着决定性的角色，这种人类学由康德开创，它的基本问题是"人是什么"，这个问题贯穿着19世纪的思想，它导致了经验与超验的困惑，导致了人类学的漫长沉睡和现代哲学的构型。福柯对这种人类学表达了敌意和厌倦，他希望埋葬人学，为了从19世纪的人类学沉睡中唤醒思想，福柯诉之于尼采的努力："通过一种哲学批判，根据某种形式的生物主义，尼采重新发现了人和上帝的相互归属之处，在此，上帝之死和人的消失是同义的，超人的许诺首当其冲地表明人的濒临之死。据此，尼采将未来作为许诺和任务提供给我们，他标志着当代哲学能进行新的思考的起点，而且他无疑将在很长一段时间内继续引导着当代哲学的前行。如果对永恒回归的发现确乎是哲学的终结，那么，就人的终结而言，则是哲学开始的回归。在今天，不可能不在人的消失所留下的虚空中思想，因为这个虚空并未建立一种匮乏，它也不构成一个应当填充的空间，它仅仅是一个敞开的空间，在这个空间内有可能再度思想。"① 这样，人类学作为康德以来的基本哲学配置在尼采的手中就要坍毁了，作为知识的主体和客体的人要消失了，对人进行捕捉、人在其中出没的现代知识型也行将就木。福柯对贯穿19世纪的现代思想敲响了丧钟："对于所有那些希望谈论人，谈论他的统治和他的自由的人，对于所有那些仍

① *The Order of Things*，p. 342.

旧自问人的本质的人，对于那些将人作为寻求真理的起点的人，对于将知识反溯至人自身的真理的人，对于那些没有人类学便拒绝形式化，没有解神秘化就拒绝神话的人，对于认为只有人在思考他才思考的人，对于所有盘旋缠绕的反思形式，我们只能报以哲学的嘲笑——在某种程度上，即一种沉默的嘲笑。"①

值得注意的是，福柯在此谈论的人是概念的人，或者说是人的观念，是人类学的一个概念，是康德赋予哲学意义的人，是作为信念和知识形态的人，而不是具体的人。人的终结或人的消失，是作为某种观念形态或知识形态的人的消失，是以人为中心的学科的消失，是以康德的人类学为基本配置的哲学的消失，最终，是 19 世纪以来的以人为中心的现代知识型的消失。福柯将尼采作为这样的人之终结的起点，是因为尼采许诺的哲学前景是"超人"哲学，而"超人"正是对人和人性的克服，在尼采那里，超人将取代人。超人的出现意味着人的消失。同时，福柯还借助于尼采的"永恒回归"的观点，既然人在一个不久前的过去就不存在，在文艺复兴时期，在古典时期，人并不存在，存在的只是世界、世界秩序，存在的只是人类，那么，在未来，在尼采所预示的将来，人不是依然要回归那种不在和消失吗？在这一点上，人的消失是要再一次复现的。

福柯将上帝之死同人的消失视作同义。他将杀死上帝的那个凶手视作最后一个人，这最后一个人正是在上帝死去的空间里安置他的语言、他的思想、他的笑声，正是在上帝之死里，他才言说、思考和存在，那么，既然上帝死去了，他的谋杀不也注定要死去吗？他的笑声和言说不也要死去吗？上帝死去了，他不能为

---

① *The Order of Things*，pp. 342 - 343.

人负责，而人只有为自己负责，为自己的有限性负责，正是在这种有限性中，人的死亡将不期而至。"上帝之死不意味着人的出现而意味着人的消失；人和上帝有着奇特的亲缘关系，他们是双生兄弟同时又彼此为父子；上帝死了，人不可能不同时消亡，而只有丑陋的侏儒留在世上。"[①] 上帝之死和人消失后，随之而来的是超人，是不再是"人"的超人，是反人类中心主义的超人。尼采将现代知识型从人学的沉睡中唤醒，正如康德将古典知识型从表征和秩序的沉睡中唤醒一样。尼采许诺的超人哲学摧毁了康德的追问人的本质的人类学。

这种人类学是有始（康德）有终（尼采）的，因而作为一种知识和概念的"人"也是有始有终的，他不是一个永恒的存在，"对于人类知识而言，人既不是最古老的问题，也不是最恒常的问题。如果在一个有限的地区内取一个相对短的时序，比如 16 世纪以来的欧洲文化，人们就可以肯定，人是这其中的一个晚近发明。知识并非总是在黑暗中围绕着人及其秘密久久地寻觅。实际上……只有始于一个半世纪之前而现在正趋于终结的一件事情，使人的形象得以出现……人的出现是知识的基本配置发生变化的结果。正如我们的思想考古学轻易地表明的，人只是一个近期的发明，这一发明或许行将终结。"[②]

福柯没有确切地指出人消失后，也就是，现代知识型配置坍毁后，当代将会出现怎样的新的知识型。人的消亡，即是人类学的根除。这个人类学的主要旨趣和内容，即康德在《纯粹理性批判》中讨论的三个问题：我能知道什么？我必须做什么？我被允

① 《福柯集》，第 80 页。
② *The Order of Things*，pp. 386 - 387.

许希望什么？他的《逻辑学》进一步地将这三个问题归结为第四个问题："人是什么？"也就是说，"人是什么"成为人类学的基本问题，也是现代知识型的核心问题，生命、语言、劳动，都对"人是什么"做了限定，而生物学、语文学、政治经济学都以各自方式对"人是什么"做了学科上的解释。人是它们的深层知识对象，在这个意义上，人出现了，出现在知识和学科之中，出现在不到两个世纪的西方文化中，只有这一个半世纪中，在这个抛弃了表征空间之后才出现的现代知识型中，知识才围绕着人苦苦地寻觅，人才成为某种中心，知识的中心，学科的中心，文化的中心，仅仅在此，人类中心主义得以确立，人文主义得以确立，人的信念和人的哲学得以确立。

尼采和马拉美摧毁了这一切。尼采在说出"上帝死了"的同时，他并没有说人出现了，相反，他明确地断言："我教你们何谓超人：人是应被超越的某种东西。你们为了超越自己，干过什么呢？直到现在，一切生物都创造过超越自身的某种东西：难道你们要做大潮的退潮，情愿倒退为动物而不愿超越人的本身吗？"[1]在尼采看来，人对于超人而言，只是一个讥笑或一个痛苦的羞辱。尼采将人也历史化了，取代人的是超人，对人的超越势在必行，福柯正是在此看出了人的消失在尼采哲学中的预示。但是，尼采所要超越的"人"是不是福柯在现代知识型中所发现的人呢？是不是康德人类学意义上的人呢？在尼采那里，"人和上帝相互归属"，这并不意味着人与上帝相互等同，福柯说，人与上帝有着一种亲缘关系，这指的是，在尼采那里，人和上帝紧紧地缠绕在一

---

[1]　尼采：《查拉图斯特拉如是说》，钱春绮译，生活·读书·新知三联书店2014年版，第7页。

起，二者的意义只有依赖于对方，只能以对方为参照、为语境、为解释的条件才能被阐发，它们无法孤立出来，无法彼此隔绝，无法在失去对方的条件下获得自己的存在性。上帝只能是人的上帝，人只能是上帝俯瞰的人，就此而言，人和上帝是孪生子，只有在人和上帝相互依托、相互寄生的意义下，"人和上帝相互归属"。人和上帝具有一种怎样的牢靠而密不可分的关系？在尼采看来，上帝常常让人负债于他，在人和上帝的契约关系中，人占据着一个债务者的位置，人和上帝的关系成为一种欠债还债关系。人这个债务者被仁慈的上帝免去了债务，也免去了因为债务而该得的惩罚，但人并不因此解脱，他反而为此充满了罪感、内疚、责任。这样，在上帝面前，人不仅应像绵羊一样恭顺谦卑，他还应该不停地偿付、同情、怜悯、牺牲，他的罪感意志决定了他的全部存在性，决定了他在上帝面前永远的臣服和敬畏。他的一切，不论是哲学还是伦理，不论是行动还是意识，总是处在上帝的凝视下，总是以上帝为准绳，以上帝为永恒的裁判、起源、理念，人无法摆脱上帝的魔咒。同样，就上帝而言，如果没有人，没有人的行为、道德、意识、哲学，没有人的全部存在性，上帝有自己的存在性吗？有自己的必要性吗？有自己的意义和归宿吗？上帝的发明正是人的发明，上帝的出现正是人的出现的结果，上帝是为人而生的，他的职责、任务、价值和意义，他的全部起源性要素只有在控制人、操纵人、作为人的参照物这一点上才可以得到解释。这样，上帝和人——虽然是控制和被控制关系，起源和派生关系，决定和被决定关系——须臾不可分离，二者互为参照，既是父子关系，又是孪生关系。在这种关系中，如果一方死去了——无论这一方是上帝还是人——另一方也将死去，如果一方失去了全部的存在性，另一方也将堕入虚无之中，正是在这个意义上，福柯说，"上帝之死和人之消失别无区别"。

但是，尼采的"人"和福柯的"人"并不完全相同。尼采更多地将道德意义植根于"人"之内，他谈论的是好人或坏人，他将内疚、责任、仇恨、善、恶、爱等道德内容作为"人"的中心所指，人是道德和伦理的承载物。尼采的上帝之死倡导的是作为一种道德主体的人之死，上帝死去了，上帝所施加于人的责任、愧疚、痛苦、同情、怜悯、牺牲，上帝施加于人的所有这些道德素质都将死去，也就是说，作为道德主体的人将死去。超人和人的差别在于，超人摆脱了人的所有这些道德负担，摆脱了这些施加于人的禁忌、束缚，摆脱了让人变得谦卑和驯顺的道德压力，超人剔除了人的道德内容后，身轻如燕、无所顾忌、悠哉游哉、从容潇洒、神志健全而又孔武有力。但是，福柯的人并不是一个道德和伦理主体，福柯的人更多的是一个概念的人，是认识论意义上的人，是学科知识视野中的人。福柯论及的人的二重性，都是从认识论的角度来谈的：经验的和超验的，我思的和无思的，起源的回归和后退。人在此是一个与道德无缘的知识形象。福柯追问的是，这一形象含有哪些部件？哪些碎片？这一形象的现代性特征何在？福柯重在指出："人们想要科学地认识人类，并不是出于对人的伦理关注，恰恰相反，是因为人们首先把人建构成一门可能的学问的对象，这使现代人文主义的所有伦理主题得以发展。"[①] 福柯的"人"正是这样的学科对象，"人之死"正是作为学科内容的知识形象的人的消失，既然学科的对象消失了，那么，在这个对象基础上所发展起来的伦理主题和人文主义当然就会随风飘逝，人荡然无存，还会存在着人文主义吗？还会存在着伦理

---

① 《福柯集》，第 79 页。

和道德的主题诉求吗?

福柯的"人之死"和尼采的"人之死"(人应被超越)因此就遵循着不同的逻辑路径。对尼采来说,人就是道德和伦理主体,充满着人的全部内容的即是道德,剔除了其道德内容,人就不存在了,因此,在他这里,一旦放弃了伦理主义,人就死了,也就是说,道德的"人"死了,概念的"人"也就不存在了。福柯把尼采颠倒过来,人一旦死了,与人相关的各种人文主义和伦理主义就荡然无存。在此,概念的人死了,道德的人当然就不存在了。尽管二者的逻辑次序不一样,但人之死和伦理主义的消失是紧密交织的。道德的人和概念的人,伦理主体和知识主体,人文主义和人类学,其中之一的死亡必定引发另一个的死亡,其中之一的丧钟必定导致另一个的丧钟,其中之一的坟墓必定毗邻另一个的坟墓。而且,正是在这种死亡的宣告中,无论是福柯还是尼采,都爆发出爽朗的笑声,流露出巨大的快意,展示出决绝的信心,他们都预见了漫漫黑夜过后的曙光,对于尼采来说,超人正在现身的途中,查拉图斯特拉要下山了,他请求人们的祝福。对于福柯来说,他以一种坚决的庆贺口吻告知:"人会像大海边沙滩上的一张脸,被轻轻抹掉。"而大海,"只能使人的精神走向更遥远的陌生地;暴风雨之水是一种保护,海水是一种诱惑",非理性就属于大海,"它浩瀚无际,动荡不安,变化无穷,却只留下淡淡的痕迹和浪花,无论是狂涛骇浪还是风平浪静,大海永远是无路之迹"。① 人被这种非理性的狂放大海卷走之后,除了深陷神秘的诱惑和莫名的伤感之外,真的别无他途?

福柯不仅在尼采那里看出了"人之死"的征兆,在马拉美那

---

① 《福柯集》,第10—11页。

里同样预见了这种结局，他将人学称为漫漫长路，"经过了这段出乎意料的漫漫长路，我们被带到尼采和马拉美标示的方向。尼采问：谁在说话？马拉美在词本身中看到了他的闪亮答案"①。无论是尼采还是马拉美，都对语言做了激进的反思，他们的问题都是语言的存在性问题。对于尼采来说，语言的存在性并不取决于它的所指和它背后的意义，语言取决于历史、环境，取决于运用语言的个人，取决于说话者本身，因此，对于语言问题，尼采并不问：它说了什么？尼采想弄清的问题是："谁在说？"马拉美对这一问题的回答是：是词本身在说。"在其孤独中，在其脆弱的摇摆中，在其虚无中，词本身在说，不是词的意义，而是其谜一般的、晃动的存在在说。"② 词在说，这样，人就在语言中被抹去了，语言获得了至高无上的自主性，文学正是对于这样一种语言的实验，它迷恋于语言的存在方式，它在语言中穿越和体验。在谜一般的语言中，在将语言作为对象的文学中，在语言学不顾一切地使内容本身结构化和形式化的过程中，在对一切事物和对象的语言学目光的注视中，"人的终结"出现了，死亡开始盘桓，人学开始磨灭。散布的语言之存在更加明亮地出现在地平线上，在它的光亮中，人却在悄悄地消失。

福柯在此想到的不仅是马拉美（马拉美企图用言语活动自身来取代进行言语活动的人，在写作中，只有言语活动在行动、在表达、在说话，人在写作中退场了），他还想到了以索绪尔的语言学为基础的结构主义。在结构主义这里，人陷入一个巨大而无情的语言网络中，在这个结构嬉戏的舞台上，没有人的位置，在语

---

① *The Order of Things*，p. 382.
② *The Order of Things*，p. 305.

言面前，人和主体最终收起了飞扬跋扈，变成语言的功能，人不再是语言学的关注对象，被驱逐出语言学的领域，被驱逐出结构主义的领地，人消失在语言和结构的巨大陷阱中，消失在写作的踪迹中，"写作像一场游戏一样展开，它肯定超越其规则并将这些规则置诸脑后……写作主要关心的是设定一个空间，写作主体在这个空间中不断消失"①。写作与死亡密切相关，"写作同牺牲、同生命本身的牺牲联系起来……作品现在获有一种杀戮的权利，它成为杀死其作者的凶手"，此外，我们还发现，"书写和死亡的联系表现为对作者个性的整体抹除，作者在自身和文本之间建立的矛盾和对质删除了他的独特个性标志"。②

这是典型的结构主义式的"人之死"。福柯在此徘徊在结构主义和尼采之间。"人之死"既是结构主义的产物，也是尼采的产物。福柯此时既受到尼采的诱惑，又受到结构主义的影响。在结构主义盛行的 60 年代，几乎所有重要的结构主义理论家都匆忙地致力于"人之死"。罗兰·巴特同样地利用了马拉美来宣称"作者已死"，在他看来，马拉美的主张是，写作不是一种人格行为，在写作中，只有言语活动在表演和嬉戏，写作中不应有自我的位置。一言以蔽之，马拉美的理论就是取消作者，抬举写作。同时，巴特还发现，从语言学上来说，作者仅仅是写作的主语，但这仅仅是空的主语而非有实质深度的个人，因为语言陈述可以自在地运作，语言陈述总能在一个结构轨道内充满活力地运行，根本不需要一个人来驾驭、指导和颐指气使，言语活动完全可以自我消耗。总之，作者被自律的言语活动所吞没。

---

① *Language*，*Counter-Memory*，*Practice*，p. 116.

② *Language*，*Counter-Memory*，*Practice*，p. 117.

在结构主义这里，如果说有一个超验性的东西，有一个决定论的东西，那么，它绝对不是人和主体，它仅仅是语言以及由语言而推衍出来的结构。在这一点上，福柯同他的同时代人是一致的。他在1966年的一次谈话中将自己归属于列维-斯特劳斯和拉康的一代，即远离萨特和梅洛-庞蒂的一代，对系统和结构充满热情的一代。在这个系统和结构中，人不停地消亡，不停地让位于语言。罗兰·巴特借助于文学语言，借助于写作来驱逐人和主体，拉康则是非常典型地依据语言结构来磨灭人文主义至上的主体性。拉康用象征秩序改写了弗洛伊德的俄狄浦斯故事。他的象征秩序，从最狭隘的意义上来说，即一种语言和符号秩序，一种结构主义意义上的语言结构；从广义上而言，象征秩序代表着一种无法逾越的巨大的社会结构，这个社会结构同语言结构具有一种秩序上的对应性。它们是同源、同体、同质的，它们遵循着同一种运转机制。在拉康这里，婴儿一旦走出了镜像期，横亘在他面前的就是象征秩序。在镜像期，婴儿的"自我"形成了，他通过观镜这一行为，获得了自身的实在形象，他开始得以辨认一个整体的自我，而不再将自己想象为一个凌乱的碎片，"我们只能将镜像期理解为全部精神分析意义上的一个认同，也就是说，将认同理解为发生在主体身上的转换，此时，婴儿获取了一个形象"[1]。但是，在镜像期结束的那一刻，婴儿就"同复杂的社会情势连在一起"，"这是这样的一个时刻：通过对他者的欲望，它将全部人类知识转化为中介，又通过他者的合作，它在一个抽象的对等物中结构它的对象，并将'我'转化为这样一种机器：对它而言，每一次本

---

[1]　Lacan，*Ecrits*，Norton，1977，p. 2.

能驱动都构成一次危险"。① 在迈入象征秩序中，本能就应该收敛起来，镜像期中的"我"的无拘无束在象征秩序中就会导致危险，因而，象征秩序剔除了"我"的狂野风格，"我"被迫和他者认同，并在这个象征秩序中遭遇异化。象征秩序，因为它的固定法则和稳固结构，因为它超验而冷漠的惰性，它实际上对刚走出镜像期的欢蹦乱跳的"我"实施一种结构暴力。因此，对镜像期的告别，对语言的习得，实际上是对自由的告别，对自我的告别。这时，婴儿迈入了象征秩序，"'我'被具体对象化了；语言也普遍性地使'我'恢复了主体功能"②。主体得以形成，拉康正是从服从和压抑的角度来谈论主体的，在此，主体不是萨特式的选择性的存在，主体毋宁说是一个囚徒，一个忍辱的囚徒。他既不是现实原则的组织者，也不是知觉意识系统的中心，他不过是结构压力下的一个侥幸的宿命者。如果主体仅仅是结构语言的功能，仅仅是一个哀怨的苟且者，那么，他岂不是一个机械的符号吗？这和福柯的"人之死"有何区别？他不正是福柯所说的那种僵尸吗？"既然语言再次重现于此，人将会返回那种静穆的非存在——在那里，专横的话语整体曾经支撑着他——对此，难道我们不该承认吗？……人在那种碎片化语言的内脏里组构了他自己的形象。"③

福柯在和乔姆斯基关于人性的辩论中否定了那种稳固的人性观念。对乔姆斯基而言，这种稳固的人性观是存在的。乔姆斯基借助于他的转换生成语法理论来证明这点。一个成年人——一个

---

① *Ecrits*，p. 5.

② *Ecrits*，p. 2.

③ *The Order of Things*，p. 386.

说话者——有能力说出他的所想，也有能力理解别人所说的话。无论是他说的话，还是别人对他讲的话，都不是现存的，都具有某种新的创造性成分。面对这种复杂而崭新的语言整体，人们怎样能达到相互理解呢？尤其是对于孩子而言，他所掌握的材料数据极少，但他可以从中推论出复杂、深刻和系统的结论，这又如何解释？孩子学习语言，并没有模仿所有的句子，但他日后却能随心所欲地创造出句子，这又做何解释？乔姆斯基的解释——唯一的解释——是个人的普遍语义结构能力，也就是他从零散、有限的经验中推导出知识的能力，"正因为他从高度组织化和限制性的图式出发，他才能够从零散而贫乏的数据材料一跃为高度组织化的知识"①。乔姆斯基相信，这种获取知识的能力是本能的，"根据部分资料数据得出复杂而高级知识的图式，是人性的一个基本构成方面……这些众多图式，这些天生的组织原则，引导着我们的社会行为、智识行为、个人行为，这即是我的人性概念的所指"②。显然，在此，乔姆斯基相信，作为一个具有特定生物学构造的人，在头脑中事先就可能存在着某种智力结构的规则，某种科学规则。同时，因为这些规则是确定的，人性概念是稳固的，所以，以规则、以人性为基础的社会就务必有一个确定的理想模式，这个社会模式势必以那种稳固的人性为目标，它应最大限度地来实现人性的可能性，这就意味着应消除妨碍人性的一切压制、破坏和限制性要素，应该要求民主、正义、自由、人道主义这些东西。总之，从生物学的固定人性出发，乔姆斯基推论出一系列固定的政治学概念，这些牢固的政治学概念正是以不变人性为基

---

① Arnold I. Davidson（ed.），*Foucault and His Interlocutors*，University of Chicago Press，1997，p. 109.

② *Foucault and His Interlocutors*，p. 109.

础，以对人性的尊重为要旨而建立起来的。

福柯对此不敢苟同。他遵循《词与物》的结论，认为人和人性不是一个本质性的基础概念，而是一个学科和知识捕捉的概念。一门科学所使用的概念不是根据同一标准制定出来的，这些概念既没有相同的功能，也没有相同的类型，它们随着知识和学科的变化而变化，与其说学科或知识以它们为基础，毋宁说，它们以学科和知识为基础，知识不是在它们这里生长的，相反，它们只是一种知识的临时道具，是某种认识论指示器（epistemological indicator）。这些概念的区分、分类和其他功能对科学和知识讨论有影响，但对它们谈论的对象没有影响，也就是说，这些概念只有在话语认知的层面上发挥作用，它们本身并不具有科学性，并不具有指涉对象、指涉事物的客观性，并不具有稳固不变的内涵。"在知识史中，在我看来，人性这一概念主要扮演的是认识论指示器的角色。它指示与神学、生物学、历史相关或相对的某些话语类型。在此，我很难发现一种科学概念。"①

如果人性不像乔姆斯基所认为的那样是一个稳固、客观的科学概念，那么，它就是多义的、偶然的、随机的和稍纵即逝的，对人性的确定也是危险的。因为在不同的社会里有不同的人性观，资产阶级有资产阶级的人性观，无产阶级有无产阶级的人性观，这样，确定人性就变得困难重重。与此相关的是，以尊重客观人性为基础的种种斗争和理论就不再十分可信了，民主、自由、人道主义、公正这些以人性为基础发展起来的概念也不那么确切了，"在我看来，正义概念本身实际上是发明出来的，它作为一个政治权力或经济权力的工具，或者是作为反抗这些权力的武器，在不

---

① *Foucault and His Interlocutors*，p. 110.

同类型的社会中发挥作用。但我觉得，无论如何，正义概念本身在一个阶级社会中是作为被压迫者的要求和辩护而发挥作用的"①。没有绝对的人性概念，也没有绝对的正义概念，即使是战争，"无产阶级对统治阶级发动战争并非因为他们以为这场战争是正义的，而是因为——在历史上第一次——他们想获取权力。只是因为他们颠覆了统治阶级的权力，才认为这场战争是正义的"②。正义只是被"认为"的，也就是被发明出来的，它不是基础，而只是效果。这同福柯的人性观是一致的，人性也是学科和知识发明的，它随着学科和知识的变迁而不停地摇摆动荡。人性不是学科和知识的基础。这样，福柯断然拒斥了以人性为核心而出现的诸多人文主义要求，这些要求——公正、民主、自由——与其说是看重人性，毋宁说是权力的借口和道具。人性，诞生于权力的厮杀和纷争中。

五　知识的自主和回归

"人之死"和知识的自主性是相辅相成的。在福柯这里，人不是知识得以奠定的基础，相反，知识以其自主的滚滚潮流将人卷走。与此同时，知识似乎也斩断了与历史的关联。在《词与物》中，历史隐匿了，《古典时代疯狂史》中那种精确的对历史实践图式的描写也消失了，知识不再与体制、实践、历史、主体，不再与整个社会语境发生联系，它像一个自足的机器那样自我运转。

①　*Foucault and His Interlocutors*，p. 138.
②　*Foucault and His Interlocutors*，p. 136.

知识在其内部，在其学科范围内，在其密封的疆域中自我嬉戏、自我舞蹈、自我扭断、自我衔接。知识不再被还原为历史实践的效应，也不再在历史中寻找动因。知识的动因在于知识的内部，知识具有一种话语的自律性，它可以自我裁决，自我运转，它服从的不是外在的广泛社会结构，它只服从于它内在的形式结构。在《词与物》中，无论是文艺复兴时期的知识型向古典知识型的转变，还是古典知识型向现代知识型的转变，福柯都没有将这种转变的动因和历史关联起来，这种转变——即使是突然的裂变——似乎也是话语内部发生的，它的原因既像是暧昧不明的，又像是敞开在光天化日之下的；既像是仓促的、无理的、令人不解的，又像是及时的、自然的、让人心领神会的。这种转变既黏附了突然性，又黏附了必然性，但无论如何，它没有黏附丝毫的历史性。

剔除历史实践，福柯同《古典时代疯狂史》做绝断的这一姿态只能在当时盛行的结构主义思潮中得到解释。结构主义的一个教条般的法则即是将历史主义和还原论埋葬。结构主义源自语言学，而语言学又是惊人地反历史的，因为语言任凭历史的惊涛骇浪而能岿然不动，它在漫漫历史长河中依然保持着自身固有的稳固性，它对历史的变化毫不敏感。以此为基础，结构主义也相信历史改变不了结构，犹如它改变不了语言一样。结构以其自身的超验性可以大胆地放逐历史，它可以自我运转，自我满足。结构主义的视角就不再光顾到历史深处，尤其不愿将自己解释成历史动因的一个效应。结构主义这种源自语言学的反历史主义倾向在很大程度上是对于正统马克思主义的反拨。正统马克思主义一度主宰了法国知识界，它的信条就是将上层建筑还原为经济基础。在这样的信念下，知识当然是经济体制的反映和产物，知识和话语都应在历史实践、在经济基础那里找到它们的起源和动因。正是这一正统马克思主义信念遭到了结构主义的质疑。这一质疑最主要的代表是阿尔都塞。阿尔都塞用"多元决定论"来取代经济基础和上层建筑的直接对应决定关系。在他看来，上层建筑——当然包括各种各样的知识和话语——并非由经济基础全盘决定，相反，它们的决定因素是多种多样的，而且，这些决定因素并不能直接作用于被决定物。经济基础和上层建筑保持着某种不平衡关系。这样，上层建筑就获有某种程度的自主性，它们可以暂时性地脱离历史实践而获得独立性。阿尔都塞的这种上层建筑的半自主性理论脱离了正统马克思主义的经济决定论，尽管不是完全的决裂——他将经济基础和上层建筑的关系变得松散了——但对有意脱离正统马克思主义的法国知识界来说，仍具有极大的吸引力。阿尔都塞是从马克思主义内部对庸俗决定论发起挑战的，马克思主义之外的知识派别，尤其是那些形式主义色彩浓厚的结构主义者就更加坚决地反对经济决定论了。福柯的《词与物》正是这一背景的产物。在他看来，他的《古典时代疯狂史》和《临床医学的诞生》就是受了正统马克思主义的蛊惑，即相信医学认识论领域受压迫制度的制约，话语领域服从于实践领域。但是——按他的表述——事情并非像他想象的那样。相反，较之实践领域而言，话语更服从于一个时代所特有的认识论领域，话语不是纵向地与深处的历史发生关联，而是横向地与其他话语所共同具有的结构联结，与知识型联结。这样，《词与物》不再将话语、知识、学科，不再将认识论领域置于一个复杂的社会体制之中，不再在历史深处寻求它的变更、动力、衍生和催化。在此，知识在它的内部裂变和爆破。它顽固的惰性或者迸发的激情，它流连的姿态或者跨越的步伐，它的蹒跚或者抖动，它的低语或者长啸，都是知识自身的阵痛或者欢乐。福柯在此强调了历史时段，但这些历史的时段仅仅是知识型裂变的标志，这些历史时段掏空了其全部历史内容，它只是知识型的时间性铭记。这仍然是一种历史写作，但只是一种徒具历史框架的写作，是一种掏空了历史内容的历史写作，是抛弃了风起云涌的历史实践的历史写作，最终，这是一种空洞的历史写作。在另一个层面上，即在知识的历史的层面上，历史性也降至了最低点：知识虽然有一历史时段框架，但这个框架不遵循任何历史逻辑，知识型的转换是无来由的、无预兆的、突然的、反逻辑的。它不具备历史学的惯常推衍特征，这个知识的历史实际上是反历史学的。它不是对来龙去脉——哪怕是剔除了历史实践的来龙去脉——感兴趣，而是对来龙去脉的省略感兴趣，对突变、缺口和断裂感兴趣，这种非历史学的历史，这种巴什拉式的拒斥连续性的历史是《词与物》的一个标志性特征。

对待历史的这种态度实际上是反马克思和反黑格尔的态度，也就是反目的论、反辩证法的态度。在福柯这里，几种知识型不是渐进的、累积式的，它们不具备一个内在的转换重叠过程，不具备一种"扬弃"关系，因而它们是一种绝对的差异关系，一种"知识型"较之另一种"知识型"而言并没有丝毫的优越感，并不抱有更高的宗旨，不具有任何的进步性，不具有更客观的真理性。知识型是"差异性"的，这种差异是尼采意义上的差异，是不涉及逻辑、连续性、目的论、辩证关系的差异，是绝对的差异本身。这种差异是并置的、比肩而立的。

但是，在福柯对知识型做的令人眩惑的华丽分析背后，我们会依然发现某种类似"永恒回归"式的东西。福柯分析了三种知识型：文艺复兴时期的"相似"，古典时期的"表征"，现代时期的知识型（不像对待前两种知识型那样，福柯未对这个知识型做出具体的命名式概括）。对现代时期之后的知识型，福柯语焉不详。尽管如此，这一时期——我们通常称之为后现代时期——的知识型的显著标志是"人之死"，"人"在现代时期出现，在后现代时期死去。这是《词与物》的一个宣判式的论断。在这四种知识型中，我们可能会并非巧合地发现，文艺复兴时期的"相似"知识型和现代知识型具有某种深深的默契，而古典时期的知识型和后现代的知识型也具有一种相近的亲和力，这又是尼采式的"永恒回归"？

文艺复兴的"相似"知识型将解释作为获取知识的核心手法，相似性的世界只能是一个符号世界，获取知识只能是对符号的破译和解释。在文艺复兴时期，符号并非透明的，它不是事物直接的表面性的记号，相反，它本身具有神秘性，有厚度，它像物一样成为模糊世界的一部分。因而，这样的符号有待于解释。这样的符号是一个三维性的（能指、所指以及能指和所指的连接）深度空间，文艺复兴的知识就埋藏在具有相似性的符号内部，埋藏在深度空间之中，最终，这种知识是依赖于解释学的深度知识，是寓言式的深度知识。这种深度的知识形式被古典时期抛弃后，我们发现，在现代时期，它又复现了。尽管不是完全的复现，但现代思想的深度模式是确切无疑的：在以李嘉图、居维叶和葆朴为代表的现代时期，在政治经济学、生物学和语言学领域，知识都以一种深度形式展开。政治经济学不限于对平面式的货币符号交换进行探讨，而是将基础性的劳动作为价值的来源；生物学不满足于对动植物的外在进行描写分类，而是深入动植物的器官构造本身；语言学不是关注词的表面上的线性系列，而是挖掘语言下面的语法规律，挖掘词的内部构造、词的变形规律。在现代时期，知识的目标是纵向挖掘的，是迈向深度的，是对秘密的窥视和发现，对底层的探险，对埋没的真理的执着追问。最终，和文艺复兴一样，知识是解释性的、破译式的，在此，解释学主宰着一切。

这两种知识型——文艺复兴时期和现代时期的知识型——正是因为它们共同具有的深度性而彼此接近，这种深度最明显地体现在语言方面。福柯甚至称 19 世纪的解释学的兴盛是文艺复兴时期的复兴："我们就这样理解了所有的解释技术在 19 世纪如此明显的复兴，这种解释的重现是因为语言恢复了它在文艺复兴时代所具有的谜一样的厚度。"① 语言都有其厚度，都是对知识的秘密的挖掘，都具有一种解释学的技艺，都是层次性的，一言以蔽之，都是深度性的——这就是这两种知识型在跨越了大约一个半世纪的古典时期后奇特地达成的默契。但是，这两种知识型——我们再说一遍，它们不存在着地位和级别上的高低问题——仍具备着足够的差异而致使这种回归并非绝对的同一性的回归。对于现代知识型而言，深度是它的重要标志，但与此同时，各种学科、各种知识还具备有限性和历史性。深度性、有限性和历史性对于现代知识型而言是不可分离的，正是这三者的紧密结合，才导致政治经济学、生物学和语言学有了明确的学科范围，有了固定的对象，有了纯粹经验性的内容；也因为如此，有限的人、有历史性的人才会出现在这三门学科之中；劳动的人、有生命的人、说话的人才会出现在现代时期，人的我思和无思、经验性和超验性才会彼此纠缠。与此相反，文艺复兴时期的知识只有深度性，没有有限性和历史性，这样，所有的学科范围，所有的知识疆域，都

---

① *The Order of Things*，p. 298.

在无限的感应中分崩离析了。知识在同一和差异、感应和反感的嬉戏中，除了具有一种解释的动机外，没有明确的使命。这样，在文艺复兴时期，没有完善的学科，没有固定的法则，没有自觉的求知意愿，没有独特的个性标签，一切都在相似性的冥冥之中运转。文艺复兴时期的知识是一种有深度却混沌的知识，现代时期的知识是有深度也有标界的知识。如果说这二者都是深度知识的话，文艺复兴的深度是神秘主义的深度，现代时期的深度是一种科学主义的深度。就是这种差异性，导致了文艺复兴时期不可能单独而理智地探究人的秘密。对于这个时期而言，人的秘密不无悲剧性地消耗在大千世界的无尽秘密之中。

在这两种深度知识之间横亘着的是表面知识，古典时期的知识是全然不探及深度的表征性知识。我们也可以换一种说法：在两种表面性知识之间，即古典时期的知识和后现代时期的表面知识中间，横亘着的是深度知识，即现代时期的深度知识。表面知识和深度知识就这样轮番替换。如果尼采是现代知识型的掘墓人的话，他同样也是后现代知识型的开拓者，正是在尼采这里，福柯发现："有一种对理想的深度、对意识的深度的批判……尼采揭示了它不过是哲学家的发明。他展现了这种深度如何暗含着屈从、虚伪和假面具。"[1] 对于深度的拒绝和批判，这是尼采的铁律，也是后现代知识的铁律。福柯没有明确指出现代时期之后的知识型特征，他甚至没有使用后现代一词，但是，他在尼采这里，发现了人的终结，也发现了深度的终结。也就是说，在开启未来的尼采这里，在成为未来的道路的尼采这里，不论这个未来以什么命名，它的知识型都是拒绝深度的。这是《词与物》引而未发的结

---

① 福柯：《尼采·弗洛伊德·马克思》，见《尼采的幽灵》，第100页。

论。而事实是，福柯在 60 年代的这种暗示，被后来者广泛而深入地讨论了。这个时期被称为后现代时期（詹姆逊），尼采被称为后现代性的开端（哈贝马斯），而且，后现代知识正是反解释的、表面性的、符号化的、反主体的，它义无反顾地放逐了意义，放弃了对本质和秘密的执着探求，最终，它放弃了现代性的一切含义。

后现代性在和现代性决裂之后的表面性诉求却不无讽刺性地同古典时期的知识型保有一种亲和力。在福柯看来，古典时期的知识是表征性的，也就是说，符号仅仅是物的一个纯粹的标志性符号，它本身掏空了存在的秘密，因此无须解释，符号就是符号，标记就是标记，指示就是指示。这些都发生在表面，都没有隐藏的秘密，没有底层戏剧，没有深度欲望。知识总是在事物的表层搜索、排序、组织：普遍语法关注词的横向系列，自然史处心积虑地描写动植物的外在器官形态构造，财富分析止步于货币与货币之间的符号交换。在古典时期，按照福柯的看法，知识是对于外形（形象）的捕捉和描写，外在性成为知识的目标。形象、外在性、纯粹的符号本身在古典时期受到空前的重视，尽管是出于结构秩序和图表的目的，出于古典时代特有的分类理性目的，但这种重视却顽固地构成了知识的诉求中心，剔除了意义（货币剔除了劳动、语言剔除了规律、器官剔除了功能）的符号压倒性地占据着古典知识型的核心。

福柯对古典知识型的描写，尤其是对于空的符号的描写，十分奇特地同后现代理论相匹配。在后现代理论家这里，符号也剔除了意义，能指和所指的深度模式被拒绝，符号失去了意义的根基后，成为自由漂浮的能指。福柯将古典知识型描写为符号的秩序，知识通过符号以一种秩序表现出来。而在后现代这里——比如在鲍德里亚这里——一切都是驱逐了意义的符号，符号在当前时代快速地繁殖，当代社会是一个"符号制造术"社会，符号不是这个社会的反映，符号仅仅是这个社会本身，是社会的主宰，它成为真实的决定要素。真实的东西不再是那些社会的现存物品，而是有关这些物品的符号模型，是这些物品的形象。就此而言，迪斯尼乐园中的美国符号要比实际的美国更真实。实际上，生活世界中的美国在追逐和模仿迪斯尼乐园中的美国。实物、意义、所指将决定论的地位拱手让给了形象、符号、能指。在当代，在鲍德里亚看来，符号在大出风头。

福柯的古典知识型不也是以符号为主吗？知识都是通过反深度的符号形式表现出来。尽管福柯的古典符号没有鲍德里亚的后现代符号那样威力巨大，但它仍旧是决定性的。而且，二者都排斥了政治经济学，二者都相信，政治经济学是深度模式，政治经济学引入了生产和劳动概念，价值即是以这种生产和劳动为基础。根据鲍德里亚的看法，在现代时期也即在现代资本主义社会中，"交换价值的抽象性取代了符号交换的具体性……从此以后，价值便由政治经济学法则来决定，而且，随着政治经济学系统的扩张，整个世界便按照资本积累的律令变得理性化、功能化"①。这同福柯的观点十分接近，在政治经济学来临之前的古典时代，财富交换是以货币符号进行的，它排除了生产和劳动。只是在现代时期，即政治经济学被引入了劳动和生产之际，这种古典时期的横向的符号交换才完结。劳动成为价格的基础，也成为交换的基础。对于福柯和鲍德里亚而言，政治经济学都意味着一次符号交换的断裂。不过，鲍德里亚期望和预言的是，在今天，政治经济学应当

---

① 道格拉斯·凯尔纳、斯蒂文·贝斯特：《后现代理论》，张志斌译，中央编译出版社 1999 年版，第 147 页。

终结，劳动和生产应当终结，交换应当再一次在符号而不是在劳动的轨道里进行，而这需要一场激进的革命，在这场革命中，"生产、表意、影响、实质、历史等指涉系统，所有这些'真实'内容，这些使符号承受有用的负担、承受重力的内容，已经荡然无存……符号只进行彼此交换，不会与真实相互作用。符号就此获得了解放：它根除了指涉他物的'陈旧'义务，最终变成自由、无动于衷和彻底的非决定论"①。

鲍德里亚的这种"符号政治经济学"——它全然拒绝了马克思的经典政治经济学——是用来描述今天（后现代时期）的知识形态的，然而，它听起来又极像是福柯对古典时代的财富交换进行描述的翻版。福柯在讨论金、银、铜为什么具有表意权力，为什么能成为交换的特殊手段时指出，它们之所以如此，并非因为它们自身蕴含着极高的财富，而仅仅因为它们自身拥有一种与财富、价值无关的"特殊完备性"，"这种完备性不是价格规律的完备性，它取决于它们无穷的表征能力。这些货币坚硬、不易腐烂、生锈；它们可以制成微型碎片，可以以极小体积承载很大的重量；它们容易运送，容易穿孔，所有这些特点使金、银成为各种财富特有的表征手段"。② 在此，金、银这些货币符号就同它们的"真实内容"分离开了，它们也摆脱了它们的陈旧的指涉义务，"不会与真实相互作用"，它们只是在货币符号内部相互作用。

这样，鲍德里亚的后现代的"符号政治经济学"岂不是向福柯的古典时期财富分析的回归？事实上，鲍德里亚也有他的以交换为基础的社会发展三段论：符号交换建构起来的前现代社会，

---

① Jean Baudrillard，*Symbolic Exchange and Death*，Sage Publications，1993，p. 7.

② *The Order of Things*，p. 176.

生产建构起来的现代社会，向符号交换回归的当代（后现代）社会。以生产建构起来的现代社会诞生了马克思主义的政治经济学。这种划分再一次同福柯不谋而合，福柯的古典时期正是符号交换的社会，现代时期正是诞生了政治经济学的生产社会，福柯没有明确指出当代（未来）社会的形态，但显然，当代社会同生产性的现代社会注定要发生激进的断裂。在鲍德里亚那里，政治经济学的创立者和代表人物是马克思，而在福柯那里，这个人物是大卫·李嘉图。不过，在福柯看来，马克思和李嘉图的政治经济学同属于现代知识型，马克思主义和李嘉图的悲观主义并没有发生真正的断裂，马克思主义在现代的知识配置中轻而易举地找到了它的位置，它无意去打扰或修正这个知识型：

> 马克思主义如鱼得水地存活于 19 世纪思想中，也就是说，它不可能在别的地方呼吸，尽管它和"资产阶级"理论相对立，尽管这种对立致使它作为反抗后者的武器而运用激进的历史颠覆规划，但是，这种冲突，这种规划，作为它们的可能性条件，仍旧不能对历史进行重组，它们只是任何考古学可以准确定位的一个事件，这个事件根据同一种模式，可以同时限定 19 世纪的资产阶级经济学和革命经济学。它们的争论激起了几片浪花，荡起了几许涟漪。但这不过是孩子们嬉戏池塘中的风暴。①

这样，李嘉图和马克思的差异微不足道，都是在现代知识型中找到了自己的位置，都是奠基于生产和劳动的经济学，都是深

---

① *The Order of Things*，p. 262.

度的决定论的知识形态，都具有生产的真实性、符号指涉的真实性。就此而言，福柯描述的现代时期——如果以政治经济学来衡量的话——和鲍德里亚描述的生产社会别无区别。在这个深度知识模式构成的社会两侧，则是两种纯粹的表层符号知识，在那里，"货币和符号是悬浮的，生产目标和'需要'是悬浮的，劳动本身也是悬浮的"①。对鲍德里亚来说，"这是劳动的终结，生产的终结，政治经济学的终结，能指/所指辩证法的终结"②。对于福柯来说，则是"人的终结"。

六　考古学和陈述

《词与物》的副标题是"人文科学考古学"，但是，到底什么是考古学？福柯描述知识型的更迭嬗变时令人眼花缭乱，一个知识型同另一个知识型的决裂，一种学科和另一个学科的关联和差异，一种话语和另一种话语的纷争，这使《词与物》像个千变万化的万花筒，"里面装着大量的互不相连的碎片，它揭示了一种图案，但这种图案为偶然性所确定。从一种知识型向另一种知识型的移动，就像转动万花筒并创造一种新图案"③。在对这些知识型、这些图案进行描述时，福柯无法抽身对他的这些描述予以理论总结，而这种元理论的反思尔后却以一种严密的"知识考古学"形式出现。《知识考古学》是一部奇书，它是由一些抽象的理论概念搭砌而成，这些概念由福柯首次发明，它们被他赋予一些全新

---

① *Symbolic Exchange and Death*，p. 7.

② *Symbolic Exchange and Death*，p. 8.

③ 转引自 *The Passion of Michel Foucault*，p. 152。

的意义，这些一个接一个的概念频频闪现，福柯一个接着一个给它们下定义，然后又一个接一个地质疑这些定义。这些概念、这些定义、这些论述，这套考古学本身陷入了一个抽象的旋涡之中。因此，这本书以一种空中楼阁的形式出现，它没有历史，无论是时间意义上的历史还是事件意义上的历史。它也没有引文，它似乎没有一个思想来源，同时也不打算产生一个事后效应，它是剔除了任何支撑、任何语境之后凭空而成的理论大厦。

尽管如此，在这些密密麻麻的概念演绎中，在这多少有些沉闷然而又时时散发着智慧和勇气的论断中，我们还是可以为考古学划出范围，确定边界，描述内容。福柯的考古学——在整个人文科学研究中，也许福柯是唯一将他的工作称为考古学的——是在同思想史的竞争中建立起来的，也可以说，他的考古学正是基于对思想史的不满而确立的。就思想史的普遍形式而言，起源、连续性、总体化，是它的重要主题。思想史有两个功能：它讲述邻近和边缘的历史，也就是说，讲述那些不完整、不严格、尚未有成熟科学形式的知识的历史；与此同时，它是一门有起点、有开端、有源头的学科，是对连续性的描述，对线性发展的重建，它还可以描述彼此不同的领域的交换，各种主题、概念和问题的转移，作品与社会机制和实践的联系。这样，"思想史成为相关性学科，成为对同心圆的描述，这些同心圆把作品圈起来，强调它们，把它们连接起来，并把它们插入所有非其所是的领域"①。思想史的这两种功能决定了它的基本形态：它将那些边缘的、准学科性的零散知识有效地组织起来，使它们获得一个集中的同心圆

---

① Michel Foucault，*The Archaeology of Knowledge*，Pantheon Books，1972，p. 137.

式的思想系统，在这个思想系统中，各种各样的过渡、关联、转换、衔接得到了关注和重视。非哲学到哲学、非科学到科学、非文学到文学之间的过渡被一一描述，它们被连续性捆绑在一起，被一个焦点聚集在一起，被一个主题组织在一起。总之，思想史在零乱之间要找到连续性和总体性。

那么，考古学呢？考古学正好可以以思想史的反面来描述，"考古学的描述正好是对思想史的摒弃，对它的假设和程序的系统性拒绝，它试图实践一种同人们所言的截然不同的历史"[1]。福柯指出思想史和考古学的四个重大区分，正是这些区分，使考古学的原则和特殊性得以确定。（1）思想史将话语作为隐藏了主题和秘密的资料和符号，它要破译这种不透明的符号而抵达话语背后的本质深度；考古学却截然相反，它不是有关深度的阐释学，它描述的对象是话语，也仅仅是话语，即那种剔除了"寓意"的话语容量本身，那种纯粹构成性的话语。（2）与思想史寻求过渡性和连续性不同，考古学致力于话语的特殊性和差异性。思想史注意话语演变的时机和瞬间，注意它缓缓地变化的连续性，而"考古学不想以一种缓慢的渐进步伐从模糊的观念领域步入独特的系统或明晰稳定的科学"[2]。（3）思想史试图寻求话语的社会原因和心理原因，试图将作品的理由和一致性原则归于作者个人，而考古学则断然拒斥了这一点，它反对将作品作为分割话语的单元，也明确地抛弃了创作主体决定论，对考古学而言，话语实践是自主性的，它们自有其类型和规则。（4）思想史信奉还原性原则，试图寻求话语的起源，还原话语被说出时的各种心理情境，各种

---

[1] *The Archaeology of Knowledge*，p. 138.

[2] *The Archaeology of Knowledge*，p. 139.

核心性的背景要素。考古学明确反对这一点，它不愿通过说出的东西去复原，去寻找说出话语的瞬间渊源，它"不是向起源的秘密深处的回归"，而"是对某种话语-对象的系统描述"。① 这样，考古学的基本特征就有了一个大致的轮廓：它限定于话语本身，这种话语既不服从于个人，也没有一个先在的起源。同时，考古学不是一种有关话语的深度解释学，它不是在话语背后寻找意义。在拒斥话语的各种语境的同时，考古学还致力于话语之间的断裂、差异，致力于话语内部的法则和规律。考古学还使话语脱离了主体，使话语脱离了一个外在的焦点性起源，话语本身得以自行其是。在考古学的视野中，各种话语自成一体，它有各自的界线，在每个话语体系中都有自己的规律。考古学还描述这诸多不同话语的关系。这些关系从历史的角度看，就不符合理性目的论，并瓦解进步和发展意识，质疑聚合和进化主题，分化整体性，搅乱线性模式。正是在这种不连续性中，各种话语获有自己的个性特征，它既不将自己整合进总体历史中，同时又分解这种总体历史，分解这种总体历史聚积的空间，考古学展开的是一种扩散的空间、差异的空间、裂变的空间。

福柯赋予考古学这些特征的一个重要前提是对于文献的观念性改变。就一般历史学而言，文献被视作一种语言，人们透过文献想了解过去发生的事件，不仅想"了解这些文献说的是什么，还想了解它们说的是否真实"②。总之，它是想通过文献来还原文献背后的过去，还原那段真实的历史。就这种传统形式的历史学而言，历史遗迹变成文献，文献是对于历史遗迹的记录、书写和

---

① *The Archaeology of Knowledge*，p. 140.
② *The Archaeology of Knowledge*，p. 6.

再现。对文献的使用就是为了恢复和发现这种曾经存在但在今天已经远逝的历史遗迹。但是，对于文献的这种观点发生了改变——这种改变是福柯的考古学设想的基本前提和背景——即，文献不是对于历史遗迹的记录，相反，文献本身成为遗迹，成为历史事件，具有物质性的历史事件。因此，问题不再是文献说了什么，而是：文献为什么这样说。在此，文献本身是一个必须研究的对象，它从记录的中介身份中解放出来。这样，围绕着文献，人们不再去处心积虑地挖掘它的所指而忽视它本身的物质性，人们将文献作为对象，研究它的内部，确定它的单位，测定它的成分，对它进行组织、分割、分配、安排，力图发现它的规律，发现它所处的位置，发现它的存在条件，它和其他文献的关系。文献失去了它的解释学的工具价值，而成为需要解释的对象。对待文献的这种态度正是考古学的态度。这种态度的核心即是：不是透过和穿越文献的物质性去寻找文献的所指，而仅仅局限于文献的物质性本身，局限于它的内部，它的存在条件，它和其他文献的关系。总之，对于考古学而言，文献不是一个纵深的载体，而是在一个平面系统中占据着某一个特定位置的话语事件。

对于福柯而言，有关话语的重要问题就不再是这样的：它讲了什么？它说出了什么？它的寓意是什么？而是这样的问题：它的特殊存在性是什么？它为什么出现于此？它的位置感何在？它和其他话语有何关联？如果依此提问的话，我们可以对福柯《词与物》中的论述，尤其是对"知识型"的论述，抱有豁然之感。福柯在《词与物》中将各种各样的知识形式和话语事件关联起来。对他来说，政治经济学、语文学和生物学（以及别的学科）讲述的"什么"，它们的所指和"寓意"并不重要——尽管福柯也不时地涉及它们，但这种涉及只是为他的另一层用意服务——重要的是，这些学科、这些话语事件到底具有一种什么样的关系。福柯全力以赴地描述这些学科、知识和话语体系所具有的关联性，不论这种关联性是什么，它们必须有一种关联性。与此同时，福柯还致力于揭示这些话语体系为什么会出现于某个时刻、某个地点，它们占据着什么样的位置。比如，政治经济学为什么会出现在 19 世纪末？为什么李嘉图在那个时刻，在那个位置创立了政治经济学？李嘉图的政治经济学和葆朴的语文学为什么会同时出现，它们有什么样的关联？此外，政治经济学、语文学以及居维叶的生物学这些话语体系的内部有什么规律，有什么层次，有什么限度？在同一个平面内，它们为何产生？这些都是《词与物》的核心问题，也就是，一种知识、学科、一套话语事件，为什么会出现于那个时间、那个地点？为什么会占据那个位置？福柯并不想透过这些知识和话语去发现一个历史。相反，这些知识和话语本身就是活生生的历史，就是遗迹，就是事件。话语不是媒介，而是事件。历史的构成部分就是这些话语事件。话语在隔离和关联的双重性中存在：同所指的隔离，同其他话语的关联。

但是，这种关联并非指的连续性，也许恰恰相反，话语之间的关联性正是排斥性和差异性。也就是说，话语之间的差异性才构成关联性。从纵向而言，话语之间的断裂性构成了关联性。比如，古典时期的财富分析和 19 世纪的政治经济学、普遍语法和语文学、自然史和生物学，它们并不具有连续性，这些话语体系是断裂的。不无悖论的是，它们的关联性内容正是排斥性，它们的关系是断裂关系，在此，没有过渡，没有悄悄的舒缓衔接，没有辩证的扬弃，没有蝉蛹般的静静蜕变。

这样一种话语分析显然需要一些方法前提。这里的话语是自主的，它既反感解释学的所指探求，也对主体决定论不屑一顾，因此，它当然会排斥解释学和主体决定论经常诉诸的单元范畴，会抛弃思想史研究所运用的单元范畴。对于后者而言，它们常运用的范畴是：传统、影响、心态、精神、主题、风格等等。这些范畴显然同思想史探求的内在旨趣相关。思想史承认这些范畴，它以这些范畴进行概念游戏，在这些范畴上劳作、施压和想象。这既成为思想史研究的工具，也成为它的目标。在这些范畴中，既可窥见思想史信奉的连续性，也可窥见它的主题学欲望，同时，它们还预设了主体的决定性功能，这一切都同福柯考古学的话语分析背道而驰。因此，考古学势必对这些范畴概念进行质疑，它只有放弃这些概念，才能放弃解释学和主体决定论，放弃思想史和连续性。对福柯而言，思想史的这些概念并非不证自明的，它们只是人为建构的结果。福柯意在指出，我们曾经心安理得的这些概念，我们信奉不疑的这些概念——比如作品、书籍这些稳固的单位整体概念——其实都是发明的，因而也并非不可动摇的，对福柯而言，他接受这些概念，"是为了让它们受到怀疑；是为了打乱它们，然后看看它们是否能合法地重组，是否能建立另一些概念群；是为了在一个更普遍的空间中取代这些旧概念，这个空间驱散了这些概念的表面上的熟悉性，并有可能建立有关概念的某种理论"①。

考古学将思想史的概念范畴束之高阁，它为了从话语本身——而非主体——探寻话语形成的规律而重新确定了与话语分析相关的概念：陈述（statement）。什么是陈述呢？这也许是福柯发明的最晦涩的概念，在《知识考古学》中，福柯眼花缭乱，煞费苦心地对它做了界定，但后来很快将它抛弃得一干二净。福

---

① *The Archaeology of Knowledge*，p. 26.

柯是用否定的方式来界定陈述的：他不说陈述是什么，而只说陈述不是什么。首先，陈述不是话语的基本单位，它不是命题。命题属于推理，受逻辑规则支配，从逻辑而言的同一个命题——福柯的例子是"没人听见"和"确实没人听见"——从话语的角度看，却不是同等的陈述，陈述不能由逻辑规则来界定。同样，陈述也不是句子。句子受制于语法规则，而陈述不能由语法规则来决定。一个方程式或代数定律，一本账簿，一张图表，一条增长曲线，在福柯看来都可能是陈述，而这些都与语法无关。最后，陈述也不是言语行为，因为要完成一个言语行为，往往需要一些不同的格式或者相互独立的句子，而且在一个言语行为中通常不止一个陈述，将言语行为和陈述等同对应起来也是经不起检验的。这样，陈述不仅不能被看作话语的原子单位要素，它也不能从逻辑的角度（命题），从语法的角度（句子），从分析的角度（言语行为）去下定义，这些角度都无法囊括陈述的特性。实际上，陈述不是一种确定和独特的单位形态，"它既不指向一个单一标准，也不是有同一材料内容的单位"。以一种定义的方式为陈述划定范围、标明对象、测定成分都是徒劳的，陈述并没有一个同质性的对象内容来确定它的身份，"陈述不是一个结构（就是说，诸可变化要素之间的关系群，它可以促使无限多的具体模式出现）"①。也就是说，它甚至不是对某些相似性要素的命名，在陈述的名义下，找不到某类相似性要素的聚合。而无论句子还是命题，马上可以让人想到一些具有共同形态的类型物。

实际上，如果我们记得考古学家是反解释学的话，我们就可以比较容易地接近福柯的陈述概念了。陈述也是反解释和反定义

---

① *The Archaeology of Knowledge*，p. 86.

的。福柯的考古学对于文献的态度是，不去质问它说了什么，而是关心它为什么这么说。同样，福柯的话语分析也不是挖掘话语背后的所指，而是试图质疑：话语为什么出现于此处而不是别的地方？对于陈述——引入陈述概念正是为考古学和话语分析而服务的——而言，同样的态度再一次出现：陈述的意义、定义和所指是什么无关紧要，它不是一个有确切定义的单位，不是一个有明确所指的集合体。陈述被福柯运用，仅仅是使它作为话语分析的工具。正是经由陈述，话语分析才得以进行，有关话语的问题才得以解决，这样，陈述仅仅是充作工具的功能。只有从功能这个角度，我们才能接近陈述。陈述不是一种存在形态，而是一种功能形态。对陈述的恰当问题就不应该是：它是什么？而应该是：它起什么作用？它不是对"什么"（what）的回答，而是对"如何"（how）的回答，它不服从于解释学，只服从于考古学。在考古学的视野中，陈述、文献、话语与其说它们背后存在着秘密，不如说它们只是一个系统范围中的位置。这也是解释学和考古学的重大区分。对解释学而言，陈述、文献、话语永远是需要解释的符号，是蕴藏着深刻秘密的不透明媒介。对考古学而言，陈述、文献、话语是不需要深度解释的事件，它们有自身的体积和容量。它们的问题是：它们是怎样建构的？它们与别的陈述、文献和话语是什么样的关系？它们发挥什么作用？

这样，要确定陈述，就是要确定陈述的功能，就是说，应描述"它的具体实践、条件，制约它的规则和它运作于其中的场域"①。至于它本身是什么，并没有确切的定义和答案。福柯描述了陈述的四种功能，这些功能的共同特征正是反对对陈述进行深

---

① *The Archaeology of Knowledge*，p. 87.

度解释学式的探询，陈述绝对不是解释学意义上的符号体系，陈述置于空间中，但它本身并不包含需要解释的空间，也可以说，陈述是话语空间中的一个对象，它"进入多样的网络中，多样的运用场域中，它甘愿被转换，被改变。它被整合进某些操作和某些策略中，至此，它的同一性要么保持，要么被抹去"①。陈述在一个空间范围中腾挪施展，但它自身内部范围内并不需要腾挪施展，从某种意义上可以说，陈述只与其外部发生关系，与周围发生关系。

陈述有四种功能。（1）陈述与陈述所表达的东西之间的关系不是确定的对应关系，不是能指和所指所通常具有的那种对应关系。这就是它和句子、命题的重要区分所在。后两者的特性符合能指/所指的解释模型。"任何陈述，不管人们把它想象得多么简单，都不把句子的词所表明的某个个体或特殊对象作为它的对应物。"② 这样，不要从陈述的内部，从陈述所包含的词语，从陈述的语义上去寻找指涉物。如果说陈述有对应物的话，这种对应物也应在陈述的周边去寻找，从陈述所在的区域去寻找，从陈述出现于其中的范围总体去寻找。陈述面对的不是一个语义对应物，它参照的不是"事物""事实""现实性"或存在者。它的参照物是这些存在者的存在规则，是它们的可能性法则。"陈述的参照系构成了地点、条件、出现的场域，构成了一种区分性要求：将个体、客体、事物的状态同陈述自身使之运作起来的关系区分开来。"③ 陈述的层面既非句子的语法层面，也非命题的逻辑层面，它是恰好可能使句子和命题、语法和逻辑得以形成的层面。因此，

---

① *The Archaeology of Knowledge*，p. 105.
② *The Archaeology of Knowledge*，p. 91.
③ *The Archaeology of Knowledge*，p. 91.

它不需要形成分析，也不需要语义分析，它需要对陈述和差异性空间进行分析。正是陈述使空间中的各种差异显现出来。（2）陈述的主体不是我们通常认为的作者，不是书写陈述或口头陈述的发出者，不是陈述的根源或起点，也不是对陈述语词进行排列的有意义的意图。总之，应放弃将陈述的生产者理解为陈述主体这样一种企图。实际上，陈述主体是一个特定和空白的位置，"它实际上可以由不同的个体填充；但是，这个位置不是一劳永逸地被确定，被贯穿和保留在某个文本、书籍和作品的行文之中，相反，它在变化——毋宁说它如此地具有可变性，因而既能在几个句子中保持不变，也能随每个句子而变化"①。也就是说，没有确切而稳固的陈述主体，陈述的主体和陈述的关系，不是作者和他所说的话之间的关系，而是一种位置关系，也就是说，个体能够和应该占据一个什么样的位置才能成为陈述的主体。在此，陈述既不归结于任何"我思"，也不归结于使它成为可能的先验主体，同时，它也不归结于产生它的时代精神。（3）陈述不能在隔离状况下发挥作用，也就是说，它只能在一个关联性范围内运作。这是陈述不同于句子和命题的又一特点，对后两者而言，只要有一种物质载体，有它们自身的组成要素，就可以判断它们是不是句子，是不是命题。也就是说句子和命题能否成立，就可以从这些单独的要素构成，从它们的组织方式上去判断和辨认，而不需要去参阅、借助别的句子和命题。它们和其他句子、命题的关联性并非它们的必需条件。而对于陈述来说，必须有一个邻近的空间。"如果没有一个活动着的邻近空间，人们就不能将句子转换成陈述。

---

① *The Archaeology of Knowledge*, p. 95.

一个陈述总有一些被其他陈述所充斥的边界。"① 陈述都是具体的，没有普遍的、自由的、中性的、独立的陈述，"陈述总是属于一个系列或一个整体，它总是在众多的陈述群中扮演一个角色，它既从它们那里获得支撑，也同它们区分开来：它总是陈述网络中的一部分……没有一个陈述不以别的陈述为前提，没有一个陈述的周围没有一个共存领域"②。（4）陈述必须具有某种物质存在，陈述如果没有物质性，比如说，没有声音，没有符号，没有痕迹，我们还能谈论陈述吗？陈述总是经物质性给定的，它需要物质性。这种物质性的陈述为人们所生产、所操纵、所使用，它并非一劳永逸的。这种以物质性出现的陈述在流通，在被使用，也在消失，"陈述许诺或者阻碍实现某种欲望，服务或者抵制某些利益，参与挑战和争斗，最后成为一种占用或竞赛的主题"③。

确定了陈述的四种功能，我们立即就会明白，福柯绝非将陈述视作高于音素、低于文本的语言单位。陈述不是句子，不是命题，不是言语行为，尽管它有时也以句子和命题的形式出现。陈述往往以各种各样的单位形式（语言单位、图表、曲线图、符号系统等）出现，它让这些单位同别的单位，同别的陈述，同某个空间中的其他对象关联起来，而并不从纵向的角度为这些单位赋予"意义"。在福柯这里，陈述总是指向它所在的空间内的其他对象，它没有一个原初式的起源主体，不受制于一个"我思"，同样，它也不自我封闭，不让自己划定界线，它也不固定自己的同一性，而是在它所在的空间内变动不居。在此，福柯对陈述的界

---

① *The Archaeology of Knowledge*，p. 97.
② *The Archaeology of Knowledge*，p. 99.
③ *The Archaeology of Knowledge*，p. 105.

定的最根本出发点是反解释学，也就是，无论如何，不要像对待需要释义的句子和命题那样对待陈述，既不要从逻辑上，也不要从语法上来分析陈述。陈述不需要语义和语法解释，它存在于一个空间内，陈述的"意义"仅仅在于它在这个空间内和其他陈述、其他对象的关系，也就是陈述存在的条件、它的功能范围。如果说，解释学的方向是纵向和深度的话，那么，考古学——它从陈述着手——就是横向的、表面的，陈述就为这样的考古学目标服务，它关心的是它的周围，关心它的表面连接、它和其他陈述的变迁游戏。

福柯苦心设计的陈述理论是为考古学的话语分析服务的，那么，到底什么是话语，陈述与话语分析怎样才能协调起来？实际上，福柯的话语概念以陈述为基础，这个话语不是语言学家以句子为基础建立起来的，它就不是结构主义者眼中的话语；也不是逻辑学家在命题的基础上建立的，它就不是解释学家眼中的话语。对福柯而言，话语就是陈述整体，是隶属于同一的构成系统的陈述整体，因此，话语分析就是对陈述进行分析。对陈述的分析绝对不是对陈述的"隐含意义"的分析——那是解释学式的分析，对陈述进行分析"并不是质疑已说出来的东西还隐藏着什么，它们'真正'要说的东西是什么"[1]，相反，它考虑的是陈述的存在方式、这种存在对陈述来说意味着什么。对陈述的分析只关注语言的事实，而绝对不问它们还隐含着什么，它们还有什么神秘的意义。福柯就此断言，他不相信有什么隐含陈述。

在福柯看来，话语构成的分析就是对陈述的描述，对陈述整体和陈述群的描述，这些陈述群既非由语法关系在句子的层次上

[1]　*The Archaeology of Knowledge*，p. 109.

连接起来，亦非由逻辑关系在命题的层次上连接起来，也不是由心理关系在表达上连接起来。陈述群仅仅在陈述的层次上连接起来，陈述的连接方式就表现在陈述的功能上，也可以说，陈述的功能实现了陈述的连接，它的功能就服务于这种连接。因此，陈述群之间的连接就同它的四种功能一致：它需要区分性的参照，需要任何个体都可以填充的主体位置，需要连接的空间，需要物质性。话语分析就是对陈述群这种连接方式的分析，它的核心和基础全都建立在陈述的功能和特性上，可以说，陈述的功能原则决定了话语分析的一切，这正是福柯为了话语分析而引入陈述这一概念的根本原因。陈述的描述和话语构成的分析，这二者之间的关系，按福柯的说法，是同心圆的关系。话语分析充分而完全地体现了陈述理论的特征。反之亦然。陈述分析和话语分析是相辅相成的关系。"一个陈述属于一个话语构成就像一个句子属于一个文本，一个命题属于一个演绎整体一样。"[1]

　　陈述和话语构成的分析就是考古学的最基本的着眼点。福柯讨论了陈述分析所应遵循的方向和原则。这也是考古学的基石。这里至关重要的是稀少性（Rarity）原则。何谓稀少性？在福柯这里，稀少性是针对总体性和连续性而提出来的。对于那些现象学家或解释学家而言，总体性和连续性是他们的律令。而考古学家则只注重稀少性。对解释学家而言，他们的话语概念和文本概念总是饱和的：这些话语和文本总是相信，它们说出了一切，说出了事物的丰富多样性，而且，那些细微的、不同的、各具特点的差异要素实际上是一个时代的共通意义的不同体现，这些不同成分实际上是某个总体性的表现，在此，总体性吸纳了一切差异

---

[1] *The Archaeology of Knowledge*，p. 116.

性，单一的所指意义将丰富多样的能指吞没。这种总体性观念——它与陈述的稀少性截然相反——表现在历史研究上，就是我们常常看到的那种总体性历史：历史中所有那些边缘的、歧异的、细微的要素实际上在某一个大的时代背景下和主流精神是一致的，它们被包裹、被吞并在这种主流精神中，是这种主流精神的体现形式。用语言学的术语来说，在解释学家这里，不同的能指汇聚在单一的所指这里，差异性汇聚成同一性，因而，这些能指是一致的、有连续关联性的、同质性的、具有同一使命的。在此，"同这个单一的所指相比，表意素是过剩的"[①]。对于考古学而言，这一切都被颠倒过来。考古学正是用稀少性代替了总体性。稀少性的基本原则是，说出的东西永远不是全部。陈述根本没有讲出全部的事实，它不向总体性的核心汇聚，也不将自己托付给那个单一的意义所指。陈述无法道出一个时代的总体性，在陈述这里，有大量的东西遗漏了，亏空了，略去了。陈述的稀少性原则就是强调语言表达的不充分原则、亏空原则。陈述相信，它讲述的仅仅是局部事实，因而它总是欠缺的。陈述和陈述、话语和话语之间并没有被一个总体性的单一意义统辖起来，因而它们彼此没有内在的关联和一致性，与其说它们是彼此连续的，毋宁说它们是断裂的、隔离的，与其说是它们充分地表达了同一个所指意义，毋宁说它们是欠缺的、亏空的，它们没有说出全部的意义。稀少性是总体性和连续性的反面。

陈述的这种稀少性原则决定了话语构成不是一个丰满的躯体，不是一个层层相接、环环相扣、有内在逻辑的总体，相反，话语

---

① *The Archaeology of Knowledge*，p. 118.

构成"是对沟壑、空无、空缺、界线和分割的分配"①。陈述之间
存在着隔离的界线，话语之间也存在着隔离的界线。单个陈述和
话语因而在某个空间中有了自己的位置。对陈述进行分析，就是
要发现它占据着一个什么样的位置，这个位置在话语系统中如何
测定、如何分类、如何区分，陈述同其他的陈述存在着一种什么
样的位置关系。总之，对陈述进行分析就是对它的位置感的分析，
而不要循着解释学的路径去挖掘陈述说出来和没有说出来的东西
是什么，陈述的下面还潜藏着什么，陈述在说出什么时又排斥和
抑制了什么，也不要试图将陈述纳入一个具有共同意义的大文本
中去，不要将陈述归属于这个文本，视作这个文本的意义体现。
也就是说，不要将陈述视作一个需要破译的透明或晦暗的载体。
相反，要把陈述视为事件，视为人们想占有、转换、复制、保留、
转让的事件。"人们使正建立的网络适应它，并赋予它一个在机制
中的地位。"② 这样，考古学家就不是在陈述内部对陈述进行释
义，而是从陈述的位置感着手，研究陈述的外在性（Exteriority）。

外在性同稀少性一样是陈述的重要原则。如果说稀少性是针
对总体性而言，那么，外在性针对的是内在性，针对的是先验基
础。一般而言，历史描述总是沿着外在性和内在性的对立展开的，
外在性最终总要回到内在性，它只是内在性的表现和派生物，内
在性是外在性的秘密和种子。外在性在起源处，在隐秘的深处，
在核心地带总是发现内在性的显赫而威严的存在。就一般历史学
而言，在历史的外表、历史的各种散布事件、历史的纷争事实下，
总有一个更严肃、更秘密、更基本、更接近起源的内在历史，这

---

① *The Archaeology of Knowledge*，p. 119.
② *The Archaeology of Knowledge*，p. 120.

些历史的外在事件，总是受制于这些隐藏而缄默的更真实的历史内核。历史学总是要在外在性中找出内在根源。而考古学的陈述分析、陈述的外在性原则则毅然抛弃了内在性，抛弃内在性的起源，内在性的第一决定功能、基础作用、派生能力。陈述只注重于自身的外在性，只注重自身外在的扩散、分配、连接、隔离，它决不将自己系于一个内在的统一体和核心从而消除自身和别的陈述的差异性。通过破除内在性和外在性的反复循环，陈述分析的目光就会停留在陈述的稀少性方面，停留在陈述省略、空缺、亏空、断裂的外在形式方面，停留在陈述的外在性物质自身方面。陈述的这种外在性原则要求人们不再将陈述视作某种事物的表面痕迹、某种内在性的支配结果，而是要求人们将其看作自律的领域范围。同时，陈述的领域范围没有个别的主体，也没有集体意识在支配和主宰它，它没有决定性的起源，因此，这个陈述领域是个匿名的领域，"陈述的分析因而是在不参照我思的情况下进行的"①。

陈述分析的第三个特征是它的累积性（accumulation）。在陈述分析这里，稀少性替代了总体性，外在性替代了先验基础，那么，累积则替代了起源的探寻。陈述的累积性要求我们不再追究陈述源于何时、何地，我们没有必要去追寻、追溯陈述诞生的瞬间和黎明。陈述是偶然保存下来的。它常常被遗忘，且以一种沉睡的方式存活于世。陈述分析的功能，不是将文本从它们的现时沉睡中唤醒，而是通过它们的沉睡来追踪它们。也就是说，不要去澄清，也不可能澄清陈述的最初诞生源头。陈述被保存下来是通过一些载体和一些物质技术条件，也就是，它是以一种残余物的方式保存下来的。对陈述的分析，不应该通过这种残留物去追

---

① *The Archaeology of Knowledge*，p. 122.

溯起源，而应该限于这种残留物中，限于这种残留方式中，即它的应用、实践、转换和改变中，总之，"陈述和话语构成应当使自己摆脱广泛而固执的回归形象，它们并不宣称要超越某种跌落、潜伏、省略、覆盖、徘徊的时刻而返回起源的瞬间"①。

稀少性、外在性、累积性构成了陈述的基本特征。福柯这样对陈述做了概括：

> 不要将陈述群描绘为一个封闭的、剩余的意义总体，而应描绘为一个残缺的碎片形象，不要将陈述群同内在的意图、思想、主体相关，而应同扩散的外在性相关。描绘一个陈述群，不是为了重新发现它起源的瞬间和踪迹，而是要发现它特殊的累积形式。它当然也不是要暴露某种解释，发现某个基础，释放某些结构行为，它既不取决于理性，也不信奉目的论。它要建立一种我所甘愿称作的**实证性**（positivity）。分析一种话语构成因而就是在陈述的层面上，在陈述独特的实证性形式的层面上来讨论语词的形成。概而言之，它即是确定话语的实证性类型。如果使用稀少性分析替代总体性寻求，用外在性的关系描述替代超验基础主题，用累积分析替代起源的追溯，那么，他就是实证主义者。②

福柯坦承自己就是这样的实证主义者。这样的实证主义者——我们也可以说，这样的考古学家——将三种思想潮流作为自己的对手：解释学、结构主义和人文主义。福柯将自己和它们

---

① *The Archaeology of Knowledge*，pp. 124 – 125.
② *The Archaeology of Knowledge*，p. 125.

区分开来。对于解释学而言，不论是老派的施莱尔马赫、狄尔泰式的解释学，还是当时影响巨大的海德格尔式的解释学，都相信某种深层解释。海德格尔抛弃了胡塞尔的先验主体，也抛弃了胡塞尔现象学的先验主体和世界的对立的本质主义构想。对于他来说，主体不是超然于世界之外的，人的存在内在于世界，是在世界之中的存在。我们是主体仅仅因为我们存在于世界之中，并和他人、世界实际相关。这样，人的存在就有一个基本结构。人就是要在这种存在结构中领会和理解自身，而不是走出这种结构之外来超然地对待世界和自身。因此，领会人的存在也就是领会人在日常状态中的存在方式。实际上，海德格尔将存在论视为对存在意义的澄清。当他如下这样说的时候，不论他宣称他的"存在"是怎样摆脱形而上学的，也仍旧留有形而上学的问题残渣："任何存在论，如果它未首先充分地澄清存在的意义并把澄清存在的意义理解为自己的基本任务，那么，无论它具有多么丰富多么紧凑的范畴体系，归根到底它仍然是盲目的，并背离了它最本己的意图。"① 在此，"澄清存在的意义"是典型的深层解释学模型，尽管海德格尔赋予他的存在以特殊意义，尽管他费尽心机地摆脱了胡塞尔的先验主体，但是，这种问题方式和思维方式，按照德里达的说法，仍旧同形而上学摆脱不了干系。只要是去寻找意义，不论是什么样的意义，都留有形而上学痕迹。

事实上，福柯的考古学也是明确反对意义的澄清和搜索的，陈述不是命题这一论断宣布了同解释学的决裂。陈述不是命题即意味着它并不说出什么和肯定什么，它并不澄清什么，也不敞开

---

① 海德格尔：《存在与时间》，陈嘉映、王庆节译，生活·读书·新知三联书店1987年，第15页。

什么。它不为所指和确定意义所主宰，也就是说，我们不要从解释学的眼光、从意义论的眼光去打量陈述，同样，由陈述组成的话语构成同样是反解释学的。"考古学不将话语当作文献，当作他物的记号，当作透明的要素……考古学不是解释性的学科，它不寻求另一种隐藏更深的话语，它拒绝成为寓意的。"① 海德格尔式的"存在"绝对不是福柯所谓的陈述，他的存在解释学也绝非福柯的话语考古学。

同样，考古学也不是结构主义的。对于结构主义来说，法则和秩序是决定性的律令，结构的各个要素都根据一定的法则组织起来，它绝非断裂和无组织。实际上，在罗兰·巴特那里，无论是话语还是文本，都是以句子，即以语法关系为基础的句子为最初雏形的，一个话语或者一个文本，都是扩大了的句子，它们遵循着语法规则。文本或者话语的结构，都同语法规则有关，同某种封闭的秩序有关，同总体性和连续性有关。福柯否认自己的陈述是句子，他也否认了陈述是根据语法组织而成的，实际上，陈述根本没有以语法作基础，几个完全无关的随意的字母排列在一起也可能成为陈述。如果陈述与语法无关，如果陈述内部并不遵循某种连续性和普遍性的形式化过程，那么，考古学就绝对不是结构主义的。因为考古学的原则充分地体现在陈述的功能方面，考古学的视野就是陈述的视野。陈述不仅仅不是结构的，它也不是完全和饱满的，它并不沿着一条语法轨道畅游。相反，它充满着断裂、欠缺、亏空、缝隙。正是陈述的稀少性使考古学和结构主义分道扬镳。尽管如此，二者在反解释学方面还是一致的，二者都不致力于深层意义的探询，都不将自己拴系于所指的探讨，

---

① *The Archaeology of Knowledge*，pp. 138–139.

不过，对结构主义来说，形式化的语法探究是它不倦的目标，而这又恰恰是考古学弃之如敝屣的。

考古学的第三个矛头所指是主体中心论的人文主义。在这方面，它依然同结构主义没有太大分歧。福柯在《知识考古学》中反复地强调，陈述并没有一个生产性主体，它完全是匿名的、自治的，它绝不参照"我思"来运转。这样，话语与主体无关，或者说，主体与话语的惯常关系——主体、作者生产了话语——被颠倒过来，主体不是话语的起源，相反，它弥散在话语之中。这一反主体性论点出现在《知识考古学》中毫不奇怪，因为在此之前，在《词与物》中，福柯就已宣布了人之死，在《何谓作者》中，福柯也明确表明，主体和人消耗在能指的无限运作中。

如果说，主体中心论式的人文主义已遭到接二连三的抨击的话，那么，解释学和结构主义此时尚处于流行之中。因此，福柯在《知识考古学》中同结构主义有意保持距离就显得特别引人注目。福柯创造了一系列新的概念来代替那些旧有的语言和文本分析概念，同时也代替这些旧概念所体现的学说。作者、作品、书籍、句子、主题、结构、风格这些老式概念全被抛弃了，在福柯这里，这些概念导致了某种陈腐的分析和描写思维，它们并不那么可信，并不那么自然而然，并不像人们所想象的那样能心安理得地接受它们，福柯动摇了这些概念在人们心中根深蒂固的状态。"我们应指出，它们并非自然而然的，而是某种建构的结果，建构的规则应当被揭露，它的合法性应被验证。"[1] 福柯提出来的新概念——话语的形成、实证性、文献、陈述、话语实践——正是对那些老概念的质疑，它们表明了他的勃勃雄心，即用考古学来取

---

[1]　*The Archaeology of Knowledge*，p. 25.

代正盛行的结构主义和解释学。可以在方法论的意义上来看待考古学，即一种不同于结构主义方法和解释学方法的考古学方法，这种考古学方法试图同那两种方法竞争，抛弃那两种方法，瓦解以前各种各样的文本分析和语言分析思维。福柯大胆而蛮横地摧毁了传统和流行的分析模式，将它们束之高阁，取而代之的是他的考古学，一套拥有全新概念的分析手段的考古学，这也是德勒兹称他为"一位新型档案员"的原因。

反解释学、反结构主义、反主体中心论的人文主义实际上也是德里达的学术意志。福柯陈述的"稀少性"和"外在性"概念被德里达以外一种方式表达出来，德里达同样反对总体性和先验基础，他不断地以结构主义所蕴含的总体性作为靶子。在他看来，有两种对于解释和结构的论述，"第一种试图解释，梦想解释某种摆脱了符号的秩序和嬉戏（play）的本源或真理，这种本源和真理如同流放者，它存活于必要的解释中。第二种不再追寻本源，而是肯定嬉戏，并试图超越人和人文主义"[①]。第一种正是结构主义的代表列维-斯特劳斯所向往的，德里达将这种寻求中心，寻求规则和总体性的结构主义称为"新人文主义的激情"。他想摆脱的正是这种激情，而转向第二种论述，即尼采式的对嬉戏的论述。在嬉戏过程中，充分而完全的在场坍毁了，"嬉戏总是在场（presence）和缺席（absence）的嬉戏"。嬉戏领域排除了总体性的可能，排除了中心和本源主宰的可能。在这个领域，总体性和在场都为缺席所搅扰，正是缺席，导致完全在场的失效，导致了总体性链条的毁灭性脱落。德里达的这种"缺席"功能同福柯的"稀少性"十分接近，二者都是对逻辑性、连续性和总体性所进行

---

① *Writing and Difference*，p. 292.

的激进骚扰，二者都反对解释学式的在场式再现。对于福柯而言，稀少性意味着陈述的亏空、欠缺与不饱和原则，即陈述无法再现所有的事实，相对于所指本身而言，陈述的能指形态总是稀少性的。对于德里达而言，缺席意味着能指对所指的再现实际上是无法完成的。无论是稀少性还是缺席，都意味着能指和所指的完全再现关系失效，都意味着表层和深层蕴含着的阐释性关系这一信念失效，都意味着一个封闭而自满的总体性失效。

就考古学的理论方向而言，它并不是孤独的。在反解释学、反结构主义和反人文主义的旗帜下，福柯和德里达（以及写出《S/Z》的罗兰·巴特）站在了一起。区别在于，德里达的解构主义是在一个巨大的哲学机制内部产生的。德里达同广泛的哲学家和哲学著述对话，他在这些哲学家中呼吸，他对他们进行阐发、解读，在他们的文本中反复出入，同他们不断地商讨、争执并不时对他们进行纠偏。可以说，德里达的理论正是以对别的理论家进行阐释的方式出现的。这些理论家包括卢梭、尼采、胡塞尔、海德格尔、列维纳斯、列维-斯特劳斯等等。这些哲学家都在德里达的理论和文本中留下了无法抹擦的痕迹。德里达数十年的著述正是在同他们的反复辩驳中形成的，实际上，他也是这些哲学家中的一员，如果说，这些哲学家都有或多或少的反形而上学倾向的话，那么，德里达就是这个反形而上学哲学链条的最后一环，他是形而上学的终结者。他的著述——他的哲学文本、他的理论形态——内在于这个反形而上学的哲学阵营。

完全可以说知识考古学理论是反形而上学的。但是，福柯的这种考古学似乎外在于这个哲学阵营，至少在著述和理论形态上是这样的。在《知识考古学》中，没有任何的哲学辩驳，没有哲学上的考证、推理和支撑，也没有哲学家的名字，没有哲学史的遗产，甚至没有哲学的惯常概念。这是摆脱了哲学史的哲学，这是从空中搭建的哲学舞台。这个哲学舞台的道具是一些平常的字词：陈述、档案、话语、考古。这些哲学视野顾及不到的概念被福柯引入了他独一无二的哲学机制中——《知识考古学》也许是福柯最具有哲学气质的著述。福柯赋予这些概念以独特的定义，使它们成为这个考古学理论的有机要素。无疑，陈述是这个考古学理论的基石。福柯的所有这些概念，他的考古学理论基石，与哲学史毫不沾边，与哲学家毫不沾边。这些概念也不同于德里达的那些发明出来的概念。德里达创造概念（如延异），而福柯则将平常的概念赋予新意，他挪用概念。二者的另一个重大区别在于德里达几十年来的最重要著述都集中在解构论的旗帜下，他对此津津乐道而又事无巨细，他的文本是解构论在不同领域下的扩展、延伸、渗透，解构论所向披靡地驰骋于各个领域，他的众多文本可以找到一个焦点，这使他的解构论影响巨大。而在福柯这里，考古学理论——我们再重申一遍，它在哲学方向上和解构论区别不大——不过是他某个特定时期内的思考产物，他很快放弃了这种理论，并对它表示不屑。的确，考古学理论从哲学的角度而言影响不及解构论，这既由于它的空中楼阁性质——它甩掉了所有的哲学语境，让人们无从着手，也由于福柯自身对它的轻视——他后来既没有对此详加阐述，也没有表现出热衷态度。而且很快，福柯就修正了他的这一理论。

七 话语的控制

在法兰西学院就职演讲（《话语的秩序》）中，福柯放弃了话语的自律性，他重新给话语提出的论断是："在每一个社会中，话语的生产是根据一定数量的程序而被控制、选择、组织和再分配的。这些程序的功能就在于消除话语的力量和危险，处理偶然事件，避开它沉重而恐怖的物质性。"①

话语现在不是自生自灭的，它受到社会程序的制约，而这些程序中最为人所知的是排斥程序，排斥（exclusion）最主要的表现方式就是禁止（prohibition）。禁止这一程序十分显著，也就是说，有一些话语是被允许出现的，而另一些话语则是不让出现的，人们并不能随心所欲地谈论什么：有些对象被禁止谈论，有些仪式被禁止谈论，有些特殊主体也被禁止谈论，"这些禁令彼此关联、强化和补充，组成一个复杂网络，并不断地修正"。福柯指出，这个网络编织得最紧密的地方，也就是说，受到最为严格的控制和禁止的话语领域是：性和政治。因为对性和政治的讨论绝非中性的，它们同欲望和权力有关。对欲望的谈论本身就是欲望的对象，对政治的谈论本身同样是政治的对象，这，就是这些谈论，这些与性和政治有关的话语被禁止的原因。

还有一种与此不同的排斥原则，这一原则即《古典时代疯狂史》所揭露的理性和疯癫之间的区分。这种排斥是以区分和歧视的形式出现的。在中世纪，在古典时代，甚至在现代时期，疯人的话语总是和理性话语区分开来，疯人的话语长期被视为无效的、不重要的、不值得倾听的，因为它们和理性话语不同，因为它们被理性话语区分出去。这种区分导致了排斥，因为这种区分，疯人话语就被视为噪音，视为没有意义的声音，最终被视作不存在

---

① Foucault，"The Discourse on Language"（《论语言的话语》），此文作为附录收入 The Archaeology of Knowledge，p. 216。英文题目同法文题目 "L'ordre du discours"（《话语的秩序》）不一致。

的。即使在现代时期，医生开始倾听疯人话语，这种倾听仍然不是理性话语和疯人话语的坦诚交流，这种倾听具有某种等级上的差异性。对于倾听者而言，他充满警觉，他是在倾听一个危险的他者，无论倾听与否，疯人话语总是在和理性话语的区分中被排斥出去。

福柯所说的第三种排斥程序是真理和谬误的对立，也就是真理对于谬误的约束和排斥。表面上看来，真理对于谬误的排斥不同于理性对疯癫的排斥，因为后一种排斥方式是暴力的，受到体制的支撑，且在体制中不断发展变化。但是，实际上，当我们如此发问："贯穿于我们话语中，在我们的历史中存活了如此之久的真理意志到底是什么，现在是什么"时，我们会发现真理意志（will to truth）同样受到体制的支撑，同样在历史中不断变化，真理话语在历史中也被反复修正，它以一种可变性方式前行，"它同其他排斥系统一样，依赖于体制的支撑"①。教学法、书籍系统、图书馆、出版物在强化和支撑真理，社会运用知识的方式，挖掘、分配、划分知识的方式同样在支撑真理，真理并不内在于话语形式中，它纯粹是一种话语构成。它同社会体制，同历史，也因此同体制和历史中的权力密切相关。就此，福柯相信，"如此依赖于体制支撑和配置的真理意志，常常会向其他形式的话语施加一种压力，一种约束的权力"②。也就是说，这样一种真理意志最终会产生排斥效果。但是，真理的排斥，最为人们所不觉知，它较之前两种排斥原则而言，更为隐蔽，同时，它现在也是最庞大、最长期、最广泛的排斥原则。福柯指出，只有他心目中的那少数几

---

① *The Archaeology of Knowledge*，p. 219.
② *The Archaeology of Knowledge*，p. 219.

个英雄意识到真理的危险，在人们用真理界定疯癫，使禁律合法化的时候，这几个英雄、尼采、阿尔托、巴塔耶都在重塑真理意志，质疑真理。

这三种话语排斥——对性和政治的禁忌，理性话语对疯癫话语的区分和歧视，真理对谬误的约束和抑制——都是从话语外部实施的，也就是说都是借助于体制和历史实施的，借助于权力和欲望实施的。这就同考古学拉开了距离，福柯在此引人注目地将权力的楔子打入了话语中，这为他下一步的谱系学转变埋下了伏笔。与此同时，福柯还指出了另一类话语控制和分配原则。这是从话语内部开始的内部原则。这些原则与第一类相反，它们发生在话语内部，从内部对话语进行分类、分配、排序。内部原则首当其冲的是评论。福柯的意思是，社会总有一些主导叙事，这些主导叙事一再被讲述、重述和演变，它们被谈论，无限地谈论，将来还会再谈论下去，这样一些话语包括宗教和法律文本、文学文本，甚至一些科学文本。这些主导叙事文本同它们的评论文本之间的裂隙并非那么稳固和绝对。实际上，基础和始创性文本同评论、复述性文本的位置常常是变迁的，"大量的主要文本模糊了、消失了，而评论有时占据着前者的位置"。尽管如此，尽管占据主要位置的对象发生了变化，尽管主要文本和评论文本不断地改变身份，但是评论功能始终存在，主导文本和评论文本的区分原则和等级原则始终存在。对主导文本而言，人们赋予它丰富和隐藏的意义，这使它可以被广泛评述。对评述文本而言，它必须说出文本中沉默的东西，"它应当第一次说出已被说过的东西，并应不倦地重复未曾说出的东西"，评论可以说出主导文本之外的东西，但必须以谈论文本本身为条件，这即是福柯所说的话语内部的评论原则。内部控制的另一原则是冲淡原则。冲淡原则即是作者原则，这一原则也是从内部要求话语类型化，作者被认为是话语的统一性来源和连贯性焦点，话语应按照作者的统一性身份聚集，文本中潜藏的意义也只有在作者那里找到证据，作品应同作者的生平和创作历史相关，作者是这样的人："他将统一性、连贯性和现实的相关性植入令人困惑的虚构语言中。"①

　　这两种内部控制原则都是对于偶然性的限制，都要驯服偶然。评论原则是根据重复和同一性的形式来限制，评论文本总是要对主导文本进行重复；作者原则则是根据个人性的形式来限制，话语的偶然性都要在作者那里遭到裁剪。除了这两种内部控制原则之外，福柯还指出了第三种内部控制原则，即学科原则。学科原则没有评论原则和作者原则那么严格，它的限制松散得多，因为学科是一个无名的系统，它的领域、方法、命题、规则等构成一个宽泛的综合。在学科中，各种话语可以被运用，也可以变迁，可以创造，可以置换。因为一门学科并非全由真理性陈述组成，甚至并非由连贯性和系统性的陈述组成，它可以由真理和谬误——激发真理的谬误——交织而成，这一切，都使得学科对话语的限制不那么僵硬，不那么死板。但是，这种灵活的限制又并非没有疆界，学科原则依然有它的禁忌，有它的排斥，有它的复杂和苛刻的要求，话语或者命题要进入这个学科，必须满足它的要求，而这正是学科原则对于话语的限制性分类。"学科构成了话语生产中的控制系统，它通过对规则的永恒激发这种同一性形式，固定了它的边界。"②

　　除了外部控制、内部控制外，福柯还指出了第三种控制话语

---

① *The Archaeology of Knowledge*，p. 222.

② *The Archaeology of Knowledge*，p. 224.

的原则，这种控制并非直接针对话语本身，而是针对说话主体的。也就是说，有一种话语可以对所有人开放，但有一种话语只能对部分说话主体开放。说话主体有时被禁止进入某种话语领域，也就是说，话语受说话主体的影响，它有其特定的应用条件，它是在一个复杂的限制系统中流通，它的流通、交换受仪规的影响。"仪规确定了说话者所应具备的资格（他在对话、质询和诵读中，应该占据什么位置，发出哪一类声音）"，"仪规决定了个人的特性和说话者的特定角色"。① 除此之外，有些话语只在某个特殊的团体中存在，也只在这个团体中被写作、流传、理解和扩散，这包括一些信条（doctrine）原则，这一原则使个人遵从某种信条话语而排斥另一种话语，这种话语只在具有同一信念的人中传播。除此之外，像教育制度等社会性也构成话语限制原则。福柯将话语仪规、话语社团、信条原则和社会性并称为一类话语控制原则，这类原则不同于话语的内部控制和外部控制原则，它只是对说话者类型的控制，是对话语应用条件的控制，是对话语进行流通、交换、传播的控制，它们的共同特点是"将说话者分配在不同类型的话语中，又将那些话语类型挪用到某些主体类型中"②。

这三种类型的话语控制原则在哲学中都有所表现。福柯提到了哲学中的真理意志、基础性主体、原初经验和话语的普遍中介等观念，这些都从不同的方面对话语进行支配。这些观念，福柯在《知识考古学》中已一一进行了抨击。它们仅仅将话语分别作为写作、阅读和交流的行为，"这种交流、写作、阅读只涉及符号而已，话语在将自己置于能指的支配时，它的实在性已自我取

---

① *The Archaeology of Knowledge*，p. 225.
② *The Archaeology of Knowledge*，p. 227.

消"①。福柯将这种种对于话语的控制、禁律和阻碍称作一种巨大的语言恐惧症，它们为话语的暴力、危险、混乱、好战性而深感恐惧，为话语的事件性而感到恐惧，这就是文明社会对于话语的态度，它也构成了福柯的研究起点。福柯不仅仅是要抹除对话语的恐惧，最重要的是要批判性地揭示那种种控制话语的观点，对真理意志表示质疑，恢复话语作为事件的特性，并最终使话语摆脱能指的专制。

这些任务在《知识考古学》中都已完成，对陈述和话语所做的考古学分析已表明了福柯的一些基本原则，如断裂原则、特殊性原则、外在性原则、逆向原则等，这些都是将话语从陈腐的教条中，从传统的观念中，最终是从各种各样的控制模式中解脱出来。如果说《知识考古学》着力于制定一种全新的话语分析模式，着力于为这一考古学圈定范围、提出概念、界定对象、标出程序，那么，《话语的秩序》则既是对此的一个补充，也是一个深化，它进一步解释了话语考古学的必要性——话语为什么要进行一种不同于传统观念的考古学分析。如果说在《知识考古学》那里，话语分析尚显得突兀，话语的自足性理由还显得单薄，传统的话语观念的压抑性尚未暴露，那么，《话语的秩序》迂回地解答了这些问题。它提出了话语的一般特征，在漫漫历史中，话语总是以各种各样的方式被控制、被禁止、被分配、被排斥、被抽空，被无休止地制度化。正是这种制度化，以及制度化背后隐藏的恐惧，构成了考古学的前提。考古学如果说有摧毁性的话，摧毁的就是对话语形形色色的制度化，摧毁的就是那种对话语的分配、控制和禁止的形式。实际上，《话语的秩序》揭露出来的话语控制模式

①　*The Archaeology of Knowledge*，p. 228.

还远远多于考古学所要摧毁的东西。考古学实证性的三个重要原则，稀少性、外在性、累积性，只是对部分的话语控制模式，尤其是对哲学和史学中最常见的话语控制模式进行了针对性的摧毁，它们摧毁的是哲学和史学中的总体性、内在性和连续性原则，这些原则属于哪一种话语控制模式？它们可能遵循作者原则（内在性），可能遵循学科原则（总体性），也可能是众多原则的综合（连续性）。如果说存在着福柯所说的三种话语控制类型的话，考古学针对的主要是内部控制原则。外部控制原则和话语的应用控制原则，考古学则甚少涉及。这是考古学的特点，也是它的局限。

于是，一种更为全面的、针对话语外部控制的分析出现了，福柯似乎要将这种分析作为考古学分析的替代或者深化，这种分析分成两组，即福柯所说的批判分析和谱系分析。这两种分析相互关联，相互交替，相互补充和支撑。对批判分析来说，它"意在确定各种排斥、限制和占有形式"，应该表明，"它们是怎样形成的？迎合哪一种需要？如何被修正和置换？它们有效地实施了什么限制？在何种程度上，它们受影响？"而谱系分析则表明，"话语原则是如何借助、不顾或通过哪些限制系统而形成的，每一个的特定标准是什么，它们的出现、发展、演变的条件又是什么？"[①] 对于批判分析，我们并不陌生，福柯在《古典时代疯狂史》中运用的就是批判分析，在此，疯癫是怎样形成的，它的形成迎合哪一种需要，疯癫又是如何被修正和置换的等等，这些批判分析的手段和目标，在那里得到了完全的揭示。但是，谱系分析却是全新的，它研究话语系列和话语规律的形成，这种话语系列的形成与限制系统有关，话语形成可能在控制界线之内，可能

---

① *The Archaeology of Knowledge*，pp. 231 - 232.

在它之外，甚至可能在它的两端，正是存在着限制，才可能形成话语，因而，它与批判分析不可分离。在福柯看来，批判分析更多的是考虑对话语的控制，谱系分析考虑的是与这种控制相关的话语形成，而这二者实际上是一种支持和支撑的关系。它们研究的对象并无不同，只是着重点和视角有异。

但是，为什么要将批判分析和谱系分析分开呢？事实上，马上我们就会看到，福柯至关重要的谱系学将这二者包容胶合起来，并增添了新的内容。在谱系学那里，与其说是话语受到了控制，话语系列的规律涌现出来，毋宁说是历史受到了控制，历史形成的规律得到了揭发。《知识考古学》《话语的秩序》《尼采·谱系学·历史》这三个重要文本构成了一种隐含而递进的重要关系。《知识考古学》进行的是话语分析，在此，话语摆脱了争斗、控制、权力，摆脱了一切的历史化制度，话语是自治的，它在它的领域中尽情嬉戏。但在《话语的秩序》中，福柯抛弃了话语的自治性特点，他发现了控制话语的若干原则和规律，话语在诸种控制系统中被分类、选择、抑制，话语的形成是在控制系统中的形成，它受到各种制度的挤压和生产。这里，纯粹围于话语自治领域的考古学设想动摇了，话语自我保持的边界被拆毁了，各种力量和控制纷至沓来，话语被它们撕扯、配置、排序和组织。在《尼采·谱系学·历史》中，这种控制得到进一步的阐发，《话语的秩序》中的若干主题——如真理意志的排斥原则、禁律原则——被再一次强调。但是，这里不再有话语了，或者说，历史概念取代了话语概念。这些控制、权力、争斗、禁律现在投入历史中而不是投入话语中，现在是在历史中而不是话语中布满着纷争。这样一来，谱系学岂不是对考古学的取代？《话语的秩序》对考古学是一次改造，《尼采·谱系学·历史》是对《话语的秩序》

的改造，这种双重改造岂不是让谱系学和考古学完全分道扬镳？确实，这里存在着二次分离，但绝非激进而粗暴的分离，它们存在着断裂，但只是有限度的断裂，是自主性话语（考古学）和非自主性话语的断裂，是话语和历史的断裂，是形式化和历史化的断裂。之所以是有限度的断裂，是因为在一些至关重要的地方，谱系学向考古学无保留地回归，这些是这三个文本的共同批判对象：总体性、再现性、连续性和主体性。对它们的批判，既贯穿于考古学的话语中，也贯穿于谱系学的历史中，对它们的批判，也是考古学和谱系学的内在连贯性所在，是福柯同法国六七十年代知识分子的亲缘关系之所在，也是福柯常常被视作后现代思想家的原因之所在。

第三章　权力/身体

一　谱系学和身体

　　在《古典时代疯狂史》中，尼采的影响几乎贯穿始终。这不仅仅因为最后的尼采是个疯人，他以疯人的言辞向理性发出抵抗的呐喊。最主要的是，《古典时代疯狂史》同《论道德的谱系》具有结构上的呼应性——《论道德的谱系》在福柯的重要著述中都是一个显赫的参照物。可以将福柯的"疯癫"和"文明"的竞争关系理解成尼采的"恶"和"善"的竞争关系，二者都是一种相对性关系，都是一种既依存又排斥的关系。对尼采而言，善的确立总是以将恶踩在地下为前提，善和恶在进行无休止的争斗。在福柯这里，理性和疯癫的关系也是彼此参照的，但是，相对于尼采的善恶关系的不稳定性而言，理性和疯癫的关系更加牢靠，理性基本上能将疯癫控制在手中，疯癫听命于理性的摆布，它既可能被理性放逐，也可能被理性拘押，同时还可能被理性进行道德和医学上的双重审判。而疯癫基本上是沉默的，只是在少数几个人那里发出愤慨的吼声。理性和疯癫存在着支配性的权力关系，这一点同善和恶间的权力关系是一致的。尽管福柯没有明确地在《古典时代疯狂史》中讨论权力，但这一权力主题无疑已经蕴含其中。

但在接下来的《词与物》和《知识考古学》中，尼采式的权力主题不仅没有得到挖掘和延伸，反而消失了。福柯在《词与物》中将人学埋葬时诉诸的是尼采，他利用尼采的上帝之死来宣判"人之死"，这里对尼采的运用同样不是权力主题。《词与物》局限于一种中性的学科知识探讨，局限于知识、话语自足的起承转合乃至断裂，局限于知识本身的构成规律、组织层次、排序法则。在此，人文科学自足地运作，似乎不存在外在的权力来驱使它、动摇它、抑制它或催化它。"人之死"是知识内在发展的要求，是作为学科对象，作为学科的主导诉求的"人"之死。在此，权力主题退隐了。而在《知识考古学》中，不仅仅权力主题退隐了，连尼采都有些模糊了，他仅以一种隐约的方式存在。福柯只是在提到起源研究时，将尼采和那些要试图寻求固定起源的旧历史学家对立起来，指责这些旧历史学家将尼采置于连续性的历史主题中。当然，也可以说，考古学的反人文主义思想来自尼采，反起源探索的思想来自尼采，但是，权力主题在考古学理论中消失了。当福柯驰骋于他的陈述、话语、文献、考古分析概念中时，尤其是当福柯提到话语的自律、话语体系的内在描述、话语和话语之间的位置关系时，实际上，他完全沉浸于考古学谋划的形式方面，而与权力全然无涉。

福柯的考古学理论尽管一再否定它和结构主义的关系——确实，考古学和结构主义存在着实质性的区别——但是，二者的形式化倾向是一致的，就是说，二者都不关心社会实践对话语或文本的影响，都将话语和文本从浓厚的历史性中解脱出来。对结构主义而言，话语受制于语法；对考古学而言，话语和陈述受制于档案，受制于某种先验知识。但是，很快，福柯不满意于话语自主理论，在《话语的秩序》中，他再一次回到《古典时代疯狂史》的语境，他将话语和权力再次关联起来，话语的形式和现实化同某些外在的控制和排斥原则有关。疯癫的形成不是始自内部，而是始自外部的理性，始自某种体制化的社会实践、某种权力技术。如果说，权力是尼采的重要主题的话，在《话语的秩序》中，尼采又重新显著地回来了，这次对尼采的回归对福柯来说是决定性的。以权力为中心的谱系学开始接替以话语和知识为中心的考古学。谱系学和考古学相区分，但同时又是它的深化补充，它不是同考古学的原则一刀两断，而是采纳了考古学的要义，同时，又将权力注入考古学中，将社会制度、实践的楔子钉入考古学中。要明确福柯的谱系学，明确谱系学和考古学的差异，最主要的是要明确福柯的权力概念，明确插入考古学的权力概念，明确这种无法定义、难以明确的权力概念。

什么是权力？福柯没有给他的权力下一个确切的定义，但是，他的权力概念显然来自尼采，他承认，"正是尼采才将权力关系确定为哲学话语的共同焦点，而对马克思来说，这个焦点是生产关系。尼采是个权力哲学家，他着手思考权力，但这样做时又不将自己局限于政治理论中"。福柯表示，对尼采表示敬意的唯一方式就是"恰当地去运用它，改变它，使它低吟或抗议，如果有人评论说我对尼采是否忠诚，那绝对是无趣的"①。福柯正是利用和改变了尼采的权力概念。那么，尼采的权力到底是什么呢？

正如福柯所言，尼采的权力概念绝不仅仅是政治学的，不应

---

① Michel Foucault, *Power/Knowledge*, Pantheon Books, 1980, pp. 53 - 54.

该将他的权力视作统治阶级，国家或君主所拥有的财产，权力关系也绝不仅仅是统治阶级和国家机器对被统治阶级和臣民的支配性压抑，它并不意味着一方对另一方的监禁、压迫、否定和阻挡。对尼采来说，权力是唯名论的，它是对事物的复杂冲突形式的策略性命名，他的权力意志实际上就是力与力的能动关系。当尼采说世界就是权力意志时，"他使我们的注意力离开物质、主体和事物，而将这种注意力转向这些物质间的关系"①。权力不是物质，它就是这种物质间关系的命名，因而它绝非单一的、一维的。在尼采看来，权力有两种性质：引力和驱力，统治力和臣属力，施力和受力，力是多元的、复数的，是诸力之关系以及这种关系的嬉戏。能动的、原初的、征服的、支配的力和反动的、次要的、适应的和调节的力相互缠绕和争斗。这两种力在质和量上都存在根本和绝对的差异。这两种力的争斗就是物质间的关系。在尼采这里，权力意志就包含着力的差异关系。世界就是力的差异关系："这个世界是，一个力的怪物，无始无终"，"这是权力意志的世界，此外一切皆无"。② 尼采的权力并不施加于一个客体对象，它并不是对一个外物所施加的暴力，应该始终将权力置于权力关系中来理解，也就是说，权力针对的总是另一种权力，权力总是在权力的场域中嬉戏，所有的权力总是要和另一种截然相反的性质的权力交锋，权力既不是某个组织或主体的财产，它也不设定一个外在的他者目标，权力只在其内部自足地发展，它自我充实、丰富、提升、欢笑，它的对抗也是权力内部的对抗，而非同权力外的实在物的对抗。各种各样的形式就是在权力的对抗中产生的，

① 《尼采的幽灵》，第 179 页。
② 尼采：《权力意志》，张念东、凌素心译，中央编译出版社 2000 年版，第 7 页。

权力的对抗生产了形式，"一切形式皆是权力的复合"①。

在尼采那里，善和恶等道德形式正是权力争斗所产生的，是权力争斗的形式后果。在尼采这里，权力在先，事物及其形式不过是它的效果。当尼采将世界视作权力意志，视作权力的血腥争斗时，他实际上动摇了各种各样的本质主义观点，动摇了各种各样的起源论、本体论和再现论。事物及其形式并没有一个自然的根基，没有一粒最初的种子，没有一个静态、稳固而单一的基石，没有一个蓓蕾式的本质。相反，在通常被视为起源的地方，则充斥着权力的偶然争斗，在福柯看来，这就是尼采谱系学的要旨。"它反对理想意义和无限目的论的元历史展开，它反对有关起源的研究。"②尼采并不严肃地对待起源，起源既不是高贵的、珍稀的，也不是真理之所在。所谓真理，同样是学者们的仇恨和狂热争斗而产生出来的。在起源问题上，谱系学和形而上学是针锋相对的，对后者而言，事物总是会沿着一条逻辑的线索上溯至它诞生的源头，上溯到它的青春期，它的神谱和天启般的秘密。事物和源头之间毫无分叉、毫无断裂、毫无波折。它们的关系就像种子和大树的关系，就是连续性的关系。

但是，谱系学呢？与其说谱系学是追究起源（Ursprung），不如说它试图勾勒出来源（Herkunft）。谱系学对来源的探讨，"是要驻足于细枝末节，驻足于开端的偶然性；要专注于它们微不足道的邪恶；要倾心于观看它们在面具打碎后以另一副面目的涌现；决不羞于到它们所在之外去寻找它们：通过'挖掘卑微—基础'，使它们有机会从迷宫中走出，那儿并没有什么真理将它们置于卵

---

①　德勒兹：《哲学与权力的谈判》，刘汉全译，商务印书馆2000年版，第133页。

②　福柯：《尼采·谱系学·历史》，见《福柯集》，第146页。

翼之下"①。谱系学就是要抛弃形而上学的连续性，它看重断层、裂缝和偶然性，它不试图寻求种的进化之类的东西，相反，它要确定细微偏差，确定错误，确定细节知识，它要将异质性的东西聚拢，将纷繁的事件集结，将统一的东西打碎，将禁忌的东西触动，将稳定的东西搅毁，将历史插曲和散落的东西重新收拾起来。谱系学反对连续性的起源论，它也反对观念、价值和沉思的优先性。尼采的问题是，为什么要赋予沉思、意识和精神生活以至高无上的价值？为什么要把它们作为必须遵从的某些起源性存在？在他看来，沉思冥想者不过是些没有欲望和胃口的弱者，一些病痛者和忧郁者，一些乏力的悲观主义者。只有这些人才能成为思想家和预言家。较之沉思而言，尼采更愿意将身体作为来源的处所，在身体上可以发现过去事件的烙印。这些事件的烙印，它们的连接、倾轧、分离、争斗、冲突都刻写在身体上，而不是刻写于语言和观念中，在谱系学这里，身体就是铭写事件的平面，身体和历史连接在一起，它是来源的处所。

尼采的谱系学拒绝研究起源，他有时用 Herkunft，有时用 Entstehung。而 Entstehung 意指出现（emergence），即事物涌现的那一刻，出现的这一刻"产生于权力的纠结状态。Entstehung 分析应该揭示权力的活动、相互斗争方式，与环境相对抗的搏斗，以及为避免退化获得新生所做的努力——自我分化"②。在尼采的谱系学这里，Entstehung 实际上承认奴役体系，承认偶然的统治活动，承认两种权力的对抗和挣扎，"出现"实际上是两种权力争斗的舞台，它"是展开和隔绝它们的空间，是传递它们之间相互

---

① 《福柯集》，第 150 页。
② 《福柯集》，第 153 页。

威胁、叫嚣的虚空"，它就是权力的对峙场所和舞台，这个"舞台上演的戏剧总是千篇一律的：统治者和被统治者反复上演的戏剧。一部分人对另一部分人的统治，这就是价值分歧的开始；一个阶级对另一个阶级的统治，这就是自由观念的萌生；人们对生存必需东西的攫取，给它们加上原本没有的持存，或者说粗暴地将它们相互同化，这就是逻辑的创造"①。而规则不过是统治者的游戏，它不是平息暴力而是满足暴力和导演暴力，它是用"鲜血浇灌"的，法律和规则并不是对战争的和平替代，它不过是一种暴力对另一种暴力的置换，一种统治向另一种统治的过渡，而人性在此过渡中并未改变，就此而言，规则和律法同战争一样屈从于人的意愿，服务于某些人的意志，"它自身是空洞、野蛮、无目的的"。

谱系学研究来源和出现，它和人们通常所说的历史学存在根本的区别。谱系学反对那种形而上学的历史观，即那种以绝对性为基础的历史学，这样的历史学坚信历史是一个连续性的封闭整体，它将一切归结于人类主体的决定作用，用和谐来取代历史的冲突，用绝对性来抹去相对性，用稳定性来排斥可变性，用连续性来压制断裂性，"用末世论的眼光展望未来的历史。这种历史学家的历史赋予自己超时间的支点，试图以启示录的客观态度评估一切，而根子在于它设定永恒真理、不死灵魂和自我同一的意识"。相反，谱系学的目光"必须成为一种区别、分布、散播间距和边缘，并使它们发生作用的犀利的目光——一种解散性目光，它能解散自身，能消解那种被认为统治着历史的人类存在的统一

---

① 《福柯集》，第 154 页。

性"①。谱系学信奉变化，它在所有那些绝对性历史学所认为永恒的东西中都植入变化，对谱系学而言，情感是变化的，本能是变化的，身体是变化的，身体不仅仅服从生理规律，它同样有它的历史性和可变性。"人没有任何固定的足以理解他人和区别他人的东西——甚至他的身体。"无论是历史还是身体都不再有稳定性了，不再有基础和连续性了，历史中的特殊事件也不再是为历史目的论和因果论服务的，它不再安逸地植入这个连续性链条中，相反，这些事件自有其特殊性、剧烈性。事件只是一种对立的力量之间的关系，这种力量不遵循必然性也不遵循目的论，"它只顺应斗争的偶然性"。对于谱系学而言，事件的偶然性摧毁了历史学的稳定性和一成不变的意向性，最终摧毁了历史学基于各种各样目的论所设立的原初坐标。

谱系学同形而上学的历史观的另一些区别是：前者将历史的目光更多地投向身体，投向下面，投向神经系统、营养和消化系统，投向野蛮、纷乱、衰落和底层；而后者相反，它将目光投向遥远、高贵的东西，投向崇高的时代、优雅的形式、抽象的观念。谱系学家要恢复身体以及身体的物质性，恢复它们的本来面目和自身强度，恢复它们自己的历史痕迹和历史效果；而传统历史学家则将身体，将身体的泛滥，将底面和下面，将衰微和动荡置于一旁，它们只是仰望伟大而崇高的历史高处，仰望能抵达彼岸的显明线索。谱系学和传统历史学的另一个区别在于，谱系学从不宣称自己对于历史的观察是客观、公允、全面和不偏不倚的，他决不将自己的观察位置、时刻、激情、意愿隐匿起来，相反，他要暴露它们，相信它们，肯定它们，承认它们，强化它们，这样，

---

① 《福柯集》，第156页。

谱系学家坦然地承认自己是透视性的，而历史也自然地成为一种透视知识。与此相反，历史学家要把这一切，他的位置、立场、意愿和背景隐匿起来，他要使自己保持客观、纯洁、中性的位置，并相信，只有在这样的情况下，历史才能是真实的，是真理的再现。

福柯将谱系学同传统历史学——按他的说法，即柏拉图式的历史学——在三个方面对立起来。谱系学根据反讽和戏仿来对现实性进行破坏性的使用，而历史学的目的则是回忆、确认和肯定。对谱系学家来说，历史是一场盛大的假面舞会，但他们不是去拒斥它，而是将其夸大，将其发挥至极点，让这种假面舞会成为一次盛大的狂欢，最终让它轰然倒塌。而历史学家则将这种假面和装扮视作历史的真实，将它们确定下来，让它们变为历久弥新的历史知识。谱系学和历史学的另一个对照是：谱系学是要分解历史的同一性，而历史学则要保持这种同一性。但是，"这种脆弱的，我们竭力在面具下确保和聚合的同一性，本身不过是个可笑的模仿，它本身是复数的，内部有无数的灵魂争吵不休；各种体系杂陈交错，相互倾轧"①。谱系学和历史学的最后一个对照是：谱系学相信历史的认知主体是有偏见的，主体获得的知识并非一尘不染，并非符合理性要求和真理要求。历史中的知识意志扎根于本能，扎根于经验，扎根于狂暴的本性，而这同传统历史学的真理意向针锋相对。在传统历史学这里，真理意向的基础正是认知主体的纯粹性和客观性，如果瓦解了认知主体，瓦解了它的客观性，那么，真理的意图也将土崩瓦解。

福柯勾勒了尼采的谱系学特征，他借用尼采的谱系学奠定了

---

① 《福柯集》，第163页。

他后期研究的基础,《尼采·谱系学·历史》堪称他的一个至关重要的理论宣言。尼采的谱系学集中表现在他的最具连贯性的文本《论道德的谱系》中,在这部著作中,起源始终为来源所取代,如果说本源是一个静止的稳如磐石的单一东西,那么来源则由差异网络构成。谱系学相信,来源千头万绪,决不能还原到某个"一"上,就道德的谱系而言,道德并不是从一个固定点衍化而来,它并没有一个牢靠的凭据,它一开始就充满着争斗。善和恶上演着一场竞争戏剧,它们在一个差异空间内狂欢。异质性的狂欢,这正是谱系学的来源特征,这些异质性的路线永远是分散的,永远不能归于同一,这是谱系学的律令。在尼采那里,善和恶从来不是依据同一标准制定的,它们也从来不是静态的、各就其位的,它们不是从同一个模子中滋生出来的一对稳定对偶。相反,善和恶在漫漫的历史中永不停息地厮杀、翻滚、换位,永不停息地进行着权力嬉戏。

在此,我们看到谱系学和考古学的同异。谱系学和考古学都是对历史形式的探讨,而且都是对总体历史和同一性历史的摈弃,都是对连续性的摈弃,都是要激发历史中的差异性,都要将异质性保存下来。在反对目的论的历史观方面,二者是一脉相承的。但是,二者的对象不同,决定了它们的一系列重大差异。考古学的对象是话语,也就是各种各样的文献形式、知识形式、文本形式和陈述形式,考古学实际上是话语史的考古学,它全神贯注于话语,始终将话语作为关注的对象,它研究话语的规律,试图说明话语和历史的关系,它提出来的根本问题是:话语和历史是怎样的关系?话语是历史的再现吗?话语史是连续性和同质性的历史吗?话语和历史的关系就表现在这两个方面:考古学既拒绝将话语作为历史的再现,同时,它也拒绝将话语(实践)史看成连续性的历史。考古学谈论的历史主要是话语形式的历史，它包括各种各样学科、知识、认识论的历史。在考古学这里，一切都以话语为中心来对待，所有批判的出发点都围绕话语而展开。福柯批判目的论，是因为人们相信话语是连续性的；批判总体性，是因为人们相信话语是饱和而充分的；批判主体中心论，是因为人们相信主体主宰了话语；批判再现论，是因为人们相信话语能再现历史；批判起源论，是因为人们相信可以找到话语的源头。考古学对于传统分析模式的批判，全部是在话语这个研究领域中展开的。福柯将话语从各种各样的流俗观点中解放出来，从再现论、目的论和"我思"论的神话中解放出来，最终是从巨大的形而上学陷阱中解放出来。它变成自主性的、有自身规律和独特性的体系。

我们看到，谱系学的批判靶子和考古学的毫无二致。福柯甚至在《知识考古学》和《尼采·谱系学·历史》这两个文本中用了大量同样的关键性词语。谱系学同样诉诸断裂、差异，同样对主体、连续性、总体性、目的论深感厌倦。但是，话语及话语理论则引人注目地退隐了。如果说考古学始终是围绕着话语实践的，那么，谱系学围绕的对象则是历史。谱系学批判主体，是因为旧历史学相信主体可以毫无偏见地获得历史的真理；批判连续性和总体性，是因为旧历史学相信历史就是连续性的、合目的论的；批判起源论，是因为旧历史学相信历史有一个固定而单一的起源。如果说，考古学涉及历史的话，它也是涉及知识、学科和话语的历史；而谱系学涉及的则是普遍的历史，它是有关历史和历史学的理论，它探讨历史的源头、历史的一般特征、历史的普遍现象和常见规律，它同样是一种历史学，是研究事物谱系的历史学，不过是与传统历史学，与形而上学支配下的历史学决裂的历史学，是一种全新的历史学，是激发局部知识和破碎知识的历史学。

考古学和谱系学都强调历史的断裂特征。但是，对于话语史（考古学）而言，这种断裂的原因并不明朗，因为话语是自治的，它不受外来环境的干预，这种断裂是突然的、莫名其妙的，因而带有神秘主义色彩。而谱系学则强调了断裂的某个动因，这是因为它将权力和身体引入对历史的探讨中，如果谱系学不仅仅是考古学的补充和深化，而且在福柯那里最终是对考古学的取代的话，那就是因为它关注到了身体和权力在历史中的动因功能。

在谱系学中，福柯特别地提到身体的独特个性：身体是来源的处所，历史事件纷纷展示在身体上，它们的冲突和对抗都铭写在身体上，可以在身体上面发现过去事件的烙印。这表明，身体是研究来源的谱系学的一个重要对象，谱系学势必将目光投向身体，投向它的"神经系统、营养和消化系统、能量"。这也是福柯说谱系学与其说接近哲学，不如说接近医学的原因。谱系学关注身体，将身体作为探讨的对象，作为来源的处所，这就和主体论哲学决裂了。后者不是将身体而是将意识作为出发点，主体总是意味着有意识的主体，在主体论这里，身体仅仅作为一个无关紧要的因素，作为一个空洞的皮囊，被全然抹去了，主体论相信的是意识、灵魂、我思的决定功能，历史事件应该在这些方面，在主体方面寻找根源，历史的眼光总要穿透身体而抵达灵魂的深处。对主体论而言，意识和灵魂既是高贵的，也是决定性的；既是出发点，也是归宿。但福柯则通过尼采将身体安置于出发点和归宿之处。历史的变迁可以在身体上找到痕迹，它在身体上刻下烙印，身体既是对"我思""意识"的消解，又是对历史事件的铭写。历史和身体的环接正是谱系学家的致力之处。

这一论点至关重要，它全面地体现在《规训与惩罚》中，在那里，福柯寻找到了一种有关身体的"权力技术学"和"政治经济学"，惩罚总是涉及身体，不论是血腥的惩罚，还是"仁慈"的惩罚。惩罚的对象总是身体，而身体则相应地刻写了惩罚的痕迹。身体的可利用性、可驯服性，它们如何被安排、如何被征服、如何被塑造、如何被训练，都是由某种政治、经济、权力来实施的，都是由历史事件来实施的，都是由一种惩罚制度来实施的。身体反射了这种惩罚，那么，"我们能以身体史为背景来撰写这种惩罚史吗？"① 福柯关注的正是这种"身体政治"（body politic），即将惩罚技术置于身体政治的历史中。福柯的结论是，惩罚和监狱属于一种涉及身体的政治技术学。他就是要将身体和惩罚环接起来，从而透过身体来展示惩罚史，展示谱系学家的惩罚史。

身体的可变性是某种身体史和惩罚史的前提。如果身体稳如磐石，固定不变，那还存在着一种丰富而多变的身体史吗？同样，惩罚或者所有其他的针对它的权力还有效吗？它还能展示和不断地铭写历史吗？在谱系学家这里，身体是可塑性的、可锻造的，"我们总认为，身体只服从生理规律，无历史可言，这又错了。身体处于流变过程中，它顺应于工作、休息、庆祝的不同节奏，它会因药物、饮食习惯和道德律等所有这一切而中毒，它自我阻抗"② 正是这种身体的可变性，使惩罚有了场所和机会，使惩罚得以产生效果，使惩罚能调用手段，实施技艺，运用策略，从而对身体进行改造、处置和驯服。身体的可变性预示了历史的可变性。

在福柯这里，身体的可变性不是来自身体内部的某种能量，

① 《规训与惩罚》，第27页。
② 《福柯集》，第157页。

不是出自身体自身的冲动，也不是身体的某种主动性生理变化。身体的可塑性全然来自外部，来自身体之外的种种事件和权力，这正是福柯所说的身体是铭写事件的场所的原因。事件使得身体这一场所不断地转换、变化、改观和重组。在事件的包围中，身体完全是被动的、驯服的。福柯没有提到身体内部的抵抗能量，没有提到力比多的庆贺本能，没有提到身体中洋溢的动物精神。相反，在他看来，身体也直接卷入某种政治领域；"权力关系直接控制它，干预它，给它打上标记，训练它，折磨它，强迫它完成某些任务、某些仪式和发出某些信号"[①]。这是对身体的政治干预。还有一种对身体的经济使用，这两种对身体的干预使用交织起来，使得"身体基本上是作为一种生产力而受到权力和支配关系的干预"。在此，身体只能是一种被控制和被征服的对象，它受到各种控制形式的支配，受到福柯所称的"身体的政治技术学"的控制，在这种无所不在的施加于身体的权力干预中，身体既丧失了它的自主性，也丧失了它的稳定性。在权力的谋略、调度和巧妙的运作中，身体在被动地变化，它的可塑性也一览无余。在被锻造时，身体当然也会记录权力施加于它的痕迹。"我们可以在它上面发现过去事件的烙印"。

福柯将身体视作被动性的，这是为了更有效地表明他的权力的主动性。如果说身体只是一个等待判决的对象，那么，权力则是一个主动而积极的生产者，身体和权力展示了被动和主动的对偶关系。福柯对身体的这种被动性态度同德勒兹的理论逆向而行。在德勒兹那里，身体更多的是一种积极和主动的东西，是一种不可遏制的能量，是以力比多为核心的力量之流，而这些在福柯的

---

① 《规训与惩罚》，第27页。

身体中几乎都被隐去了，福柯过于迅速地将身体和身体外的政治经济学连接起来，身体似乎只有在和权力发生关系时才存在，他没有考虑到身体内部的能量，没有考虑到本能，没有考虑到尼采式的意志。而尼采的"权力意志"概念，正是福柯和德勒兹在身体方面的分水岭。这两个人都是当代最伟大的尼采信徒，但是在运用尼采时——他们尤其看重尼采的身体理论——却有着不完全相同的理论动机和趣味。

尼采是第一个将身体提到哲学显著位置的哲学家，在他那里，身体几乎是对西方形而上学的一个毁灭性炸弹。在西方形而上学那里，身体与意识是一个典范式的二元对立，在这个对立中，身体长期处于被抑制的地位，它既在这种二元对立中被抑制，也在西方的哲学传统中被抑制。无论是柏拉图，还是笛卡尔，都将意识视作优先性的，而主体的核心内容要素正是意识和"我思"，形而上学的出发点是意识和主体，而不是身体。但是，从尼采开始，哲学将身体纳入了自己的视野。尼采对意识展开了激烈的批判，他感慨万千地说："哲学不谈身体，这就扭曲了感觉的概念，沾染了现存逻辑学的所有毛病。""身体乃是比陈旧的灵魂更令人惊异的思想"，"对身体的信仰始终胜于对精神的信仰"，因此，我们的原则是，"要以身体为准绳"。① 但是，长期以来，存在着一个根本错误，即将"意识设定为标准"②，但意识是什么？灵魂是什么？精神是什么？它们不过是些发明，只有身体是实实在在的，力贯注于身体之内，它们是一体式的，它们一起跳跃、欢腾、舞蹈。尼采让身体自足地运转起来，让万事万物遭受身体的检测，

① 《权力意志》，第37、38页。
② 《权力意志》，第183页。

是身体而非意识成为行动的凭据和基础。尼采从身体的角度"重新审视一切，将历史、艺术和理性都作为身体弃取的动态产物"①，世界不再与身体无关，世界正是身体的透视性解释，是身体和权力意志的产品。

尼采从身体的角度衡量世界，而福柯则是想通过身体来展示世界。二人都将身体置于一个显著的位置，但是，在尼采这里，身体是主动而积极的对世界的评估和测量，而福柯的身体则是被动而驯服的对世界的铭写。这个差异的原因是：尼采将身体视作权力意志本身，是一种自我反复扩充的能量，而福柯没有将身体内部的能量，将身体内部的力加以考虑，因而，他也没有考虑到身体的外溢、生成和主动之力，也就没有考虑到身体的积极性和主动性。尼采的身体则充斥着积极的、活跃的、自我升腾的力量，他正是要将这种肯定的力量激活，这也是他标榜的价值所在：强健、有力、充盈、高扬、攀升。身体就为这种强健的力所驱动，为自己的扩大再生产所驱动，为自己的空间膨胀而驱动，为自己的主宰能量而驱动。这是"超人"的身体，是尼采理想和渴望的身体，这个身体的本质是反复地增强身体，是力的反复攀升。身体及其内部的力可以对世界做出解释和评估，它可以是世界的起源性解释，它取代了笛卡尔式的主体位置。在尼采这里，形而上学的一切颠倒过来，主体、意识、灵魂是身体的产物和发明，真理、逻辑同样是它的发明。总之，力贯穿于其中的身体是世界的基础和准绳。

由于福柯的身体缺乏这种力，它也就没有这种抱负和能力。尽管他分享了尼采的"身体的可变性"观点，尽管他承认身体的

---

① 《尼采的幽灵》，第 393 页。

内在性不是单纯的统一整体，不是一个坚实牢固的磐石，但是，他的"身体的可变性"是由外在权力施予的，而尼采的"可变性"则是身体内部的力所引发的，身体内部有一种能量在涌动、翻滚。如果说，尼采的身体就是权力意志的话，那么，在权力意志这一点上，对尼采的更切实的运用不是福柯，而是德勒兹。同样，正是这种运用尼采的差异，使福柯和德勒兹表现出了不同的哲学形态。

德勒兹和尼采一样，将身体视作力的能量。尼采的那种永不停息的自我充实的权力意志，被德勒兹改造为欲望机器。德勒兹的欲望概念来自尼采的身体和权力意志概念。同身体一样，尼采的权力意志就是力的主动而积极的扩充，就是无止境的扩大再生产，就是反复增强和扩充力的领域。这样，根据权力意志引发而来的欲望概念，就同弗洛伊德和拉康的欲望概念截然相反。无论是弗洛伊德还是拉康，都将欲望理解为一种缺失，即由于欲望对象的缺失而导致的一种心理状态，也就是说，欲望的对象不在了，主体因为这种不在而产生了欲望，这样，欲望就从缺失这个角度得以解释。欲望的本质，它的核心之处，就是缺失，对象的缺失。但是，德勒兹指出，这种传统的欲望逻辑从一开始就是完全错误的。这一错误导致的另一个后果是，有些人——比如康德——认为欲望是"生产"性的，欲望会主动地创造一个对象，创造一个不现实的、虚幻的、错乱的对象，创造一个心理现实，"欲望内在地生产一个想象的对象，将它用作现实的替身，这样，似乎'所有真正的对象背后都有一个梦幻的对象'，或者说所有真正的生产背后都有一个精神的生产一样"[1]。这样一种"欲望生产心理现

---

[1] Gilles Deleuze and Félix Guattari, *Anti-Oedipus*, University of Minnesota Press, 1983, pp. 25 - 26.

实"的观点，在德勒兹看来，依然是将欲望的本质理解为缺失，因为只有对象缺失，欲望才会产生一个假的心理现实，才会产生一种"替代性"的现实，这种"生产"的前提仍然是欲望对象的缺失，它甚至强化了缺失，因而，这个观点仍然为"缺失本质"所主宰。

德勒兹将欲望视作生产，但欲望不是生产心理现实和虚幻现实，"如果欲望生产，它的产品就是真的。如果欲望是生产性的，它只有在现实世界中才是生产性的，而且只能生产现实"①。在德勒兹看来，欲望并非缺失性的，它不缺少对象，不缺少任何事物，欲望并非类似于一台机器，它就是一台机器本身，它的生产是一种现实的工业生产。如果说欲望真有什么缺失的话，那么，它缺失的恰恰是主体，欲望的主体。欲望没有主体，它只是在现实的王国里不倦地生产，它生产现实，欲望生产使任何现实都变得可能，它就是而且仅仅是社会生产本身，反过来也可以说，社会生产也即欲望生产。现实是欲望的最终产品，是作为无意识自动生产的欲望的结果。在欲望和现实社会领域之间，没有中介，没有升华，没有再现，没有变形，欲望直接生产了现实，欲望直接投入现实中。这个没有主体的欲望，它的客观存在即它的自在和自身的现实，作为一个机器，它永远在投资，永远能量充沛，流动不已，它永远在寻求连接和展现，寻求与别的欲望机器的连接。

我们看到，这个欲望机器正是对于尼采的权力意志的重写。权力意志，正如德勒兹一再解释的，它是多重的力的关系，而力也永远同别的力发生关系，"因为力的本质就是与其他诸力相关；

---

① *Anti-Oedipus*，p. 26.

并且在这个相关关系中，力才获得它的本质，或说它的质"①。而尼采探索的权力意志中的那种力是肯定、积极和主动的，也就是说，是生产性的，这种力在不停地同否定和消极的力较量、争斗、竞赛。尼采在反复地鼓励最为强健的权力意志，鼓励它的自我扩充性、自我再生产能力、伸张过程，鼓励它的无止境的迸发和生产。这种强健而主动的权力意志在形态上和品质上不是和德勒兹的欲望机器十分相像吗？二者都是不间断地流动的，都是主动的、生产性的，都没有一个固定而明确的主体，都自我反复地强化。欲望机器生产了现实，而权力意志则造就了某种形式。现实是欲望的后果，而形式是权力意志中的力的复合后果。"简言之，我们可以这么说，当德勒兹挪用尼采时，权力意志就转化为欲望机器，尼采的生物主义就变成德勒兹的机械主义，尼采的'一切都是权力意志'变成德勒兹的'一切都是欲望'；尼采肯定强健的权力意志变成德勒兹肯定欲望生产。"②

德勒兹正是从尼采的权力意志哲学中发展出它的欲望哲学。就权力意志是永不停息的外溢式的扩大再生产而言，欲望也在永不停息地创造、流动、生产。德勒兹从欲望的角度，从欲望的领域化（territorialization）和解域化（deterritorialization）的角度对资本主义和现代性做出解释。对德勒兹（和加塔利）而言，资本主义是对欲望的再编码、对欲望的领域化。它将欲望进行引导、控制、封锁。资本主义政体的设置都是为了阻碍欲望之流，但是，欲望，由于其流动性和生产性，它试图对一切的编码制度，对一切的领域封锁进行摧毁。德勒兹（和加塔利）将这种摧毁资本主

---

① 德勒兹：《解读尼采》，张唤民译，百花文艺出版社 2000 年版，第 35 页。
② 《尼采的幽灵》，第 182 页。

义总体性的欲望诉诸一种"无器官的身体"（body without organ）①，这个身体摆脱了组织，摆脱了受缚状态，摆脱了社会性的关联，它成为一种无羁绊、自由、放任、破碎的身体，这个身体抵制机器生产，只有它才能对资本主义进行解域化，才能冲破封闭的禁忌系统，才能逃逸出各种机制、权威和专政，毫无疑问，"无器官的身体"是一个生成性和可变性的身体，是一个反结构性的身体，是一个没有稳固形象的身体，是一个非有机性和解域化的身体。如果欲望机器使我们成为一个有机体的话，"无器官的身体就拒斥欲望机器"②。

显然，这个"无器官的身体"同福柯的身体具有逆向性。福柯的身体令人感到绝望，它永远是静默而被动的，它处在各种权力的摆布和操纵下而听天由命，它被塑造、被生产、被改换、被操纵，如果说"无器官的身体"具有某种抵抗性的话，福柯的身体则只有一种反射性。这里，我们会发现，福柯的身体概念同他的主体概念具有极大的近似性，或者说，在某种意义上，这两个概念具有大面积的重叠色彩，在福柯 70 年代的著作中，主体和身体甚至是等义的。

福柯是在《古典时代疯狂史》中首次涉及身体的。但是，他没有对身体做出专门的论述，但是我们还是可以看出他对身体的态度。在 17 世纪，对于疯人的禁闭实际上是对于身体的禁闭，也就是说，社会的组织和管理是一种身体性的管理，它把身体束缚起来，让身体中的狂野能量驯服。但是，在 19 世纪，身体的管制

---

① "无器官的身体"这个术语来自安托南·阿尔托。阿尔托这样写道："身体就是身体/它完全就是它自身/它不需要器官/身体从来不是一个有机体/有机体是身体的敌人。"见 *Anti-Oedipus*，p. 9。

② *Anti-Oedipus*，p. 9.

不是首要的，19世纪的精神病院对于疯人的驯化主要不是通过身体手段，而是通过内心的方式进行的，也就是，管制的顺利实施是让疯人发现自己的内疚感和羞愧感，正是内疚感让疯人承认和意识到自己的过失并最终驯服下来。在此，福柯将身体的惩罚和内心的惩罚区分开来，对于惩罚而言，身体和内心是两种手段、两种层面、两种形态。身体和内心处在不同的位置。福柯在这里依照传统的模式将身体和内心对立起来，同时，他也暗示了身体中的狂暴能量——尽管这种狂暴能量是以疯癫和兽性的形式爆发的。在此，可以认为，这种身体观同德勒兹（和加塔利）的身体观有着依稀的呼应。如果说福柯让疯癫恢复了它的凄厉呼喊的话，德勒兹则鼓吹精神分裂症者，将他们称作资本主义的欲望英雄。精神分裂让自我（ego）坍毁，而听凭本我和欲望对秩序的狂暴冲击。在福柯的笔下，精神病院野蛮地将疯癫禁闭起来，在德勒兹的笔下，精神分裂则无所顾忌地冲破了这种禁闭。这几乎就是一种因果关系，福柯疯癫史的考察几乎构成了德勒兹《反俄狄浦斯》的一个隐秘前提。而这一切的共同基础——无论是福柯，还是德勒兹——正是这样一种身体观：身体充斥着欲望、能量和意志，或者说，它就是欲望、能量和意志本身。福柯表明了这种欲望和能量是怎样遭到禁闭的，而德勒兹则表明了这种欲望和能量是怎样摧毁这种禁闭的。

但是，在《知识考古学》和《词与物》中，由于放弃了尼采的意志哲学，《古典时代疯狂史》所隐含的身体概念消失了，而主体概念出现了。福柯的主体概念同大多数后结构主义者一样，是反人文主义的。福柯宣称人死了，也就是说基础性的起决定作用的主体死了，而且，他一再强调，人和主体的概念都是学科建构起来的知识。这样的"人"和这样的"主体"，有其历史性，因而它并不具有起决定和基础作用的永久合法性，相反，主体不过是某种知识和话语的结果和产物。福柯的考古学的重要特征之一就是放弃主体的奠基功能，他反复强调，"陈述"一定要放弃对"我思"的参照。福柯这一时期对于主体的理解同样可以在尼采那里找到根源。尼采在《论道德的谱系》中说："一定量的力相当于同等量的欲念、意志、作为，更确切地说，力不是别的，正是这种欲念、意志、作为本身，只有在语言的迷惑下（理性语言对事物的表述是僵死的，是彻底的谬误），这种力才会显示为其他，因为语言把所有的作为都理解和错解为受制于一个作为着的'主体'，正像常人把闪电和闪电的光分开，把后者看成一个主体的行动、作为并且称其为闪电一样，常人的道德也把力和它的表现形式分离开来，似乎在强者的背后还有一个中立的基础，强力的表现与否和这个中立的基础毫无关系。可事实上并没有这样的基础；在作为、行动、过程背后并没有一个'存在'；'行动者'只是被想象附加给行动的——行动就是一切。"[1] 这段话预示了福柯的众多论题，对基础性主体的批判首当其冲。"行动者"或主体只不过是被想象的，行动的基础也是被想象的，福柯说主体是被知识建构的，尼采说主体是语言混淆的结果，二人都相信，主体不具有决定性的奠基功能，相反，它们恰恰是某种话语的产物。在《词与物》和《知识考古学》中，福柯采纳了这样的主体概念，他极力批判了主体对历史的统辖功能、主体对陈述的决定功能、主体对话语的奠基功能。在《尼采·谱系学·历史》这篇宣言式的论文的结尾，福柯宣称，要用"认识之志所特有的不公正"来摧毁那个形而上学的认识主体。

---

[1] 《论道德的谱系》，第 28 页。

实际上，在《规训与惩罚》中，形而上学的认识主体确实被摧毁了，取而代之的是身体，或者说，主体不再具有决定性了，它和身体一样不过是权力的产物，在这个相同的臣服的意义上，主体和身体是同义的。"认识主体、认识对象和认识模态应该被视为权力—知识的这些基本连带关系及其历史变化的众多效应，总之，不是认识主体的活动产生某种有助于权力或反抗权力的知识体系。相反，权力—知识，贯穿权力—知识和构成权力—知识的发展变化和矛盾斗争，决定了知识的形式及其可能的领域。"① 知识是权力的产物，主体是权力的产物，身体是权力的产物。主体和身体一样遭到权力的干预，那么，这个权力到底是什么？它来自何处，它怎样发挥作用，它的魔力何在？臣服性的主体在法国的后结构主义者中十分流行，福柯的这个臣服主体是在一种什么样的权力干预下臣服的？他和其他人——拉康、阿尔都塞、德里达——的主体概念完全一致吗？这些主体遵从同一种臣服途径吗？这些问题的所有答案都聚集于权力上面。

在《词与物》中，与其说主体是臣服的，不如说主体是虚构的，是学科创造和发明的，这样的主体有他存在的历史契机，当然也有他消亡的历史瞬间。而在《知识考古学》中，这个被发明的主体与其说是臣服了，不如说是被放逐了，或者更准确地说，福柯已经指出了他的虚构性，因而对那种想象性的奠基性的主体就可以置之不理。福柯大胆而果断地抬高了陈述和话语的自主性，这正是因为他的眼中根本没有那种决定性的主体概念。他在《知识考古学》中反复地申明，那种笛卡尔式的"我思"、那种决定论式的主体、那种内在的基础性的作者主体根本不存在，也根本无

① 《规训与惩罚》，第30页。

须考虑。这种对主体的轻蔑姿态，既是对《词与物》的虚构主体的回应，也是这种观点的考古学方法论实践。但是，在《规训与惩罚》中，放逐的主体又回来了，当然这个主体不是人文主义意义上的主体，不是奠基性的主体，不是有决定功能的主体。这个主体的归来，带着一丝羞涩、一种被动、一种委屈、一种无可奈何，也就是说，这个主体是被动、臣服、委曲求全的主体，用福柯的话说，是"驯服的身体"。这个主体的低姿态的归来，是福柯放弃形式化的一个结果，在《词与物》和《知识考古学》时期——这常常被认为是福柯的考古学时期——福柯放弃了他早期对历史、体制和政治的关注，在某种意义上，也放弃了对历史中各种微分权力和边缘人群的关注。《规训与惩罚》在某种意义上跨越了考古学阶段，而径直接续了《古典时代疯狂史》的传统，在这里，争斗、排斥、控制、冲突、惩罚又一次浮现于历史中，与之相应的是，历史中的人群，不论是疯子，还是罪犯，都在这种争斗和控制中获得了自己的主体身份，主体，不论是哪种性质的主体，总是要在历史的布景中星星点点般地闪耀。哪里有历史，哪里就有主体；哪里有权力，哪里就有主体。

在此——我们再一次强调——主体和身体具有同质性，他们都应该在权力的参照和干预下获得理解，他们都是通过权力获得了自己的意义。这样，我们可以将《规训与惩罚》时期福柯的主体同他的同代人的主体区分开来。与福柯的主体概念差异最明显的是拉康的主体。拉康的主体也是臣服性的——在这一点上，二人并没有差异——但拉康的主体是在语言结构的压力下形成的，也就是说，拉康的主体身份的获得是参照语言的。婴儿只有迈进语言的门槛，遭到语言的洗礼，遭到类似语言结构的俄狄浦斯结构，他才从婴儿的自我身份转化为主体身份，而这种主体恰恰是以对语言结构的屈从取得的。获得主体性的瞬间，也就是遭受语言异化的瞬间，在拉康这里，主体性和屈从性同时发生。但是，这种屈从性不是来自福柯式的权力，而是来自一种结构性的语言。

较之拉康而言，阿尔都塞的主体概念更接近于福柯的主体。在阿尔都塞那里，主体是由意识形态国家机器质询而成，主体也务必在意识形态国家机器的作用下形成。阿尔都塞的意识形态国家机器与压抑、强制性的国家机器相对，后者包括警察、法庭等，他们通常以暴力的方式迫使人民依照标准行事，采用的方式是粗鲁的、毫无掩饰的暴力监管。意识形态国家机器不是这种强制性的暴力机器，它们意指家庭、教育、语言、媒介等，这些意识形态机器乔装打扮，它们通常采用至少表面上公正的形式，宣称平等地对待每一个个体，它们把自己扮演成中立者，进而谋求社会的普遍共识，设置社会标准，让这些标准自然化，让它们成为人们的常识、定论和成见。这些意识形态国家机器日复一日地反复运转，它们设置的标准在这种运转中逐渐落实、定型和稳固了。结果，阿尔都塞让我们相信，人们都按照这些意识形态国家机器所设置的标准思考和行动。事实上，这些标准是值得质疑的，在它们所宣称的公正性和中立性的下面，总是无可避免地潜伏着统治阶级的利益倾向。但是，尽管如此，意识形态国家机器设置的这些自然化标准和常识构造了主体，主体正是依据意识形态机器而行动，而成形，而获得身份，主体是由文化、由意识形态生产和造就的，意识形态构造了主体，构造了他的世界观，构造了他的自我、他的身份，甚至他的无意识。人们总是认为能自主而不偏不倚地观察、认识、看待他置身于其中的世界，但是，阿尔都塞坚持认为，人们的观察和认识已经受到了意识形态的摆布和主宰，正是意识形态决定了人们的观察、认识，决定了人们对待现实世界的方式、态度、视角，因而，严格说来，人们同现实世界的关系永远只是一种想象性关系，这种想象性关系正是由意识形态造成的。就此而言，意识形态无处不在，无往不胜，个体几乎没有摆脱它的可能性，同时，由于个体对于它的遵循和心甘情愿的臣服，他也就此获得了他的主体性，主体性因为都是通过意识形态而生产的，个体和个体之间就存在着关联性、近似性，主体也就容易获得一种统一的目的感和身份感。

意识形态生产的主体同福柯的主体有诸多近似之处。首先，二者都不是奠基性和决定性的，相反，他们都是结果和产品，都是被动的产物，都是某种衍生物和对象，都是臣服性的。另外，阿尔都塞和福柯都摆脱了结构语言学的影响，他们都在强调社会和历史对主体的建构，而不是将主体置放于结构语言学的陷阱中。对于受索绪尔影响的结构主义流派而言，主体几乎无一例外地落入语言结构的陷阱中而被完全吞噬，被一个巨大的结构黑洞所吞噬。但是，阿尔都塞和福柯不是将无情而冷漠的语言视作主体的造就者和生产者，相反，他们将社会和历史作为建构者和生产者，而且，这个建构和生产过程是动态的、持续的、反复的，是处在历史之中，同时还持续一段历史的。他们对于主体的另一个近似看法是对于主体共有的悲观态度：主体完全是被动的，他没有抵抗的可能性和机会，主体的被生产是无法避免的，他的臣服性是彻底的，这样，抵制不可能，逃避不可能，被动主体的形成是注定的事实，也是铁定的事实，在主体和它的生产者之间，没有抗争，没有空间，没有周旋的余地，没有嬉戏的舞台。

尽管阿尔都塞和福柯在主体理论上分享了诸多共通点，但依然掩盖不了他们的巨大差异，这种差异正是权力和意识形态国家机器的差异，这是两个截然不同的概念，正是这两个概念的差异导致了他们的理论分野，这种差异也决定了二者在主体是如何生产出来的这一关键点上的分歧。对于阿尔都塞来说，主体是意识形态构造的；对于福柯来说，主体是由权力生产的。阿尔都塞并没有过多地涉及权力，与此同时，将权力同国家机器区分开来也是福柯理论中焦点所在，福柯独特的权力探讨，正是为了使意识形态阐释失效，使其被排斥在社会理论视野之外，被排斥在政治学之外，在福柯这里，马克思主义传统——无论是经济功能，还是意识形态功能——丧失了它的至尊地位。

二　惩罚的结构和实践

福柯是在惩罚的历史中来讨论权力的。他的权力概念同历史中的一个特定惩罚形式——规训——密切相关。如同对疯癫的处理一样，福柯将惩罚也分为几个不同的历史时期。在法国大革命之前，肉体惩罚十分盛行，而且，肉体惩罚通常采用酷刑形式，在《规训与惩罚》的开篇，福柯就展现了一幅阴森恐怖、惊心动魄的酷刑场面。弑君者达米安被送到格列夫广场。那里将搭起行刑台，用烧红的铁钳撕开他的胸膛和四肢上的肉，用硫黄烧焦他持着弑君凶器的右手，再将熔化的铅汁、沸滚的松香、蜡和硫黄浇入撕裂的伤口。然后四马分肢，最后焚尸扬灰。在福柯看来，大革命之前的这种酷刑，并非法律体系忘乎所以的非理性冲动，相反，它是一种精心计算的仪式，是有规则的制造痛苦差异的手段，它包含着一整套的"权力经济学"。首先，酷刑仪式可以使犯人的罪行暴露于世，可以使他成为自己罪行的宣告者。同时，这也是昭示真理的时刻，犯人在正义的真理面前，必须撕开和放弃他罪恶的面纱从而公开忏悔，总之，在这种酷刑中，"肉体一再产生或复制犯罪的真相"，并且，"被告是用自己的人身来承担这种罪行、支撑惩罚的运作并用最醒目的方式展现惩罚的效果"。①

除了罪行的展示和惩罚外，酷刑也是一种权力的展示，是君主权力的展示。它是两面性的：从罪犯的角度而言，它是昭示罪行及应受的惩罚；从君主的角度而言，它是重建一时受到伤害的君权，是强调权力及其对罪犯固有的优势，在这种酷刑中，君主"抓住犯人的肉体，展示它如何被打上印记、被殴打、被摧毁"②。福柯将这种严峻酷刑称作一种恐怖活动，也就是说，君主通过对罪犯肉体的施暴使人们意识到君主的无限存在，"公开处决并不是重建正义，而是重振权力"。不仅如此，福柯还发现，这种公开处决的酷刑除了具有法律性质外，还具有明显的军事意义。公开处决仪式类似于一部军事机器：有巡逻队、弓箭手、禁卫军、步兵，当然，还有刽子手以及血淋淋的屠杀，所有这些，都使得公开处决具有军事性质，它是君主的物质力量和武装力量的逼真展现。在此，君主既表现为司法首领，还表现为军事首领；公开处决既表现为胜利，还表现为战争；刽子手既表现为执法者，也表现为战士。在此，酷刑是对犯罪的残暴施加的更为残暴的惩罚，它是用残暴来克服残暴，用恐怖来消灭恐怖，用血腥来洗刷血腥，"清洗罪恶的残暴用无限的权力组织了毁灭邪恶的仪式"。总之，在公开处决的酷刑中，权力在运作、显现、炫耀。"这种权力不仅毫不犹豫地直接施加于肉体上，而且还因自身的有形显现而得到赞扬和加强。这种权力表明自己是一种武装的权力，其维持秩序的功

---

① 《规训与惩罚》，第51页。
② 《规训与惩罚》，第53页。

能并非与战争功能毫无关联。这种权力将法律和义务视为人身束缚,凡违反者均为犯罪,均应受到报复。凡不服从这种权力的行为就是敌对行为,就是造反的最初迹象,在原则上,无异于进入内战状态。这种权力无法说明它为什么要推行贯彻法律,但是应该展示谁是它的敌人并向他们显示自己释放出来的可怕力量,这种权力在没有持续性监督的情况下力图用其独特的场面来恢复自己的效应。这种权力正是通过将自己展示为'至上权力'而获得新的能量。"①

福柯提及的这种权力指的是特定的君主权力,而不是他着力推出和阐发的"微观权力"。要指出的是,福柯将这种君主权力和他精心描述的权力一再地做了区分,他甚至反复地说,权力不是某个组织、某个个人或国家的财产,当然,它也不是君主的财产,君主的权力不过是通常意义上的权力,它具有镇压、排斥、否定的功能,它是武装性、报复性和惩罚性的。但是,福柯所特指的权力,恰恰不是否定性的,"我们不应再从消极方面来描述权力的影响,如把它说成是'排斥'、'压制'、'审查'、'分离'、'掩饰'、'隐瞒'的,实际上,权力能够生产"②。这样的权力就不是定罪、报复、惩罚的"可怕能量",也不是那种无坚不摧的"至上权力",因此,福柯在此描述的君主权力同他所特指的权力——福柯的重要思想之一——截然不同,或者说,这种权力也正是福柯要批驳和矫正的权力观。

实际上,这种君主权力对罪犯肉体所施加的酷刑在慢慢地弱化,惩罚体制被重新配置,改革方案纷至沓来,"人道"的呼声越

① 《规训与惩罚》,第 62 页。
② 《规训与惩罚》,第 218 页。

来越强。福柯发现了这一变化：作为一种公共景观的酷刑消失了。但是，这种残暴的酷刑——实际上它并不以残暴为耻——为什么逐渐消失？为什么被更为"人道"的惩罚所取代？福柯给出了这个变化的一个主要原因，也就是这种公开处决的酷刑本身中所内含的一个因素：民众。在所有的公开处决中，民众是个主要角色，他们是这个仪式的必需品和结构性要素，没有民众，公开处决就无法达到以儆效尤的目的，无法达到警戒和震慑的目的。但是，"民众的角色是多义的"，民众被召集来观看处决，是对罪犯的侮辱，罪犯也可能成为民众的一个攻击目标，此时，民众的角色、身份和立场同君主相似，他们也是类似于君主的次要的报复者和惩罚者，君主鼓励民众的吆喝和攻击，且将此作为忠诚的表示。但是，福柯指出，民众在为刽子手的血腥喝彩时，他们也同样听到一无所有的罪犯无所顾忌的对法律和君主、宗教和上帝的咒骂，罪犯绝望而歇斯底里的咒骂。而这恰好将君主的惩戒目的颠倒过来，民众同样也可能为这种咒骂喝彩，他们内心的叛乱在这种咒骂中得到激发和宣泄。因此，本来是被召集来对之进行恫吓的民众，却可能拒斥和回击这种惩罚的权力，"这些处决仪式本来只应显示君主的威慑力量，但却有一个狂欢节的侧面：法律被颠覆，权威受嘲弄，罪犯变成英雄，荣辱颠倒。与犯人的眼泪和呼喊一样，鼓励也会引起对法律的冒犯"[①]。因此，在公开处决的最后瞬间，有可能出现一种暴力方向的逆转，也就是说，公开处决并不能完全吓倒民众，相反，它可能煽动民众对法律的再次践踏，这样，改革家们的呼声和担心就出现了：应废弃这种公开处决的酷刑。国家权力的这种"政治担忧"是废除公开处决的一个重要因

----

① 《规训与惩罚》，第66页。

素。这种担忧同"人道"式的恻隐之心一道，阻止了酷刑的肆意泛滥。公开处决因为它的专横、野蛮、暴虐、报复而让人们既觉得可耻，也觉得危险。

因此，另一种惩罚——绝非公开处决式的酷刑——势在必行。在18世纪后半期，改革者们主张，惩罚应该放弃报复，它应该将"人"和"人性"作为刑法干预的目标和改造的对象，它要求惩罚应该"人道"，应有适当的尺度，而不是给罪犯制造无限的肉体痛苦进而毁灭罪犯肉体本身。为此，司法和惩罚出现了变化，改革者们将批判的矛头直指造成酷刑的君主的"至上权力"，他们要重新建立另一种新的惩罚权力结构，这种新的权力结构旨在监督和改造人们的日常行为、身份、活动，它可以应付和干预突然的变化，它追求精细和周密的司法、刑法测定。为了使这种权力结构更为有效，它必须"分布得更加合理，既不过分集中于若干有特权的点上，又不要过分地分散成相互对立的机构。权力应该分布在能够在任何地方运作的性质相同的电路中，以连贯的方式，直至作用于社会体的最小粒子。刑法的改革应该被读解为一种重新安排惩罚权力的策略，其原则是使之产生更稳定、更有效、更持久、更具体的效果"[①]。因此，需要改革的与其说是统治者的残暴，不如说是旧有的权力体制和结构；需要改革的与其说是酷刑，不如说是这种酷刑的泛滥根源。而这种新的权力结构的目的就不是消灭罪犯的肉体，而是改造罪犯的肉体；不是惩罚得更严厉些，而是惩罚得更有效一些；不是一种镇压，而是一种调教和干预；不是猛烈而致命的一击，而是有规则的控制功能；不是事后的残酷报复，而是有目的、有计划的测定和矫正。在此，惩罚不是朝

———————————

① 《规训与惩罚》，第89页。

着终结和否定的轨道滑行，而是沿着调教、驯化和干预的方向前进。这样，惩罚的技术一定会"更规范、更精巧、更具有普遍性"，而惩罚权力则必然地"更深地嵌入社会本身"。

改革者对于惩罚的构想就不是直接使用残暴的方式针对着肉体。根据福柯的看法，改革者采用的是权力的表象（representation）技术学。这种表象技术学的方案是，"把精神当作可供铭写的物体表面；通过控制思想来征服肉体；把表象分析确定为肉体政治学的一个原则"①。也就是说，惩罚不应是一种事后的报复，而应该是一种事先的针对大脑的警告，惩罚应作用于灵魂，而不是肉体。这种表象的惩罚权力对此深信不疑："最坚固的帝国的不可动摇的基础就建立在大脑的软纤维组织上。"为此，改革者们将一切行为编码，让这些行为符号化，让人们意识到犯罪的得不偿失，让犯罪的冲动受到阻碍，让犯罪的兴趣变得索然，让犯罪的目击者受到灵魂的震慑，让犯罪感变为痛苦和羞耻的记忆。总之，惩罚的权力以符号学为工具，它在人们的灵魂上施以打击，在人们的脑海中传播着符号的游戏，最终摧毁着人们的犯罪意志，制约着人们的犯罪本能。改革者们实际上建立了一个无处不在的针对灵魂的惩罚之城，"它作为景观、符号和活动而无处不在。它像一本打开的书，随时可以阅读。它通过不断地对公民头脑反复灌输符码而运作。它通过在犯罪观念前设置障碍来消除犯罪，如塞尔万所说的，它对大脑的软组织无形地但徒劳地施加影响。这种贯通整个社会网络的惩罚权力将在每一点上起作用"②。而这就是改革者们力图废除酷刑后提出的一种温和的惩罚方式，即不是针对着肉

① 《规训与惩罚》，第113页。
② 《规训与惩罚》，第145页。

体而是针对着灵魂的惩罚方式，福柯称为"符号-技术"的惩罚方式。

但是，还存在着一种惩罚技术，它出现于 18 世纪晚期，并在那时与君主惩罚、"符号-技术"惩罚鼎足而立，并最终取代了后两者。这即是制度化的惩罚，它采用的形式是教养所和监狱，它全然不同于君主权力的酷刑惩罚，但它和改革者的"符号—技术"惩罚分享着某些共同点：二者在功能上都是防止性的，而不是报复性的；在时间上都是面向未来的，而不是针对过去的；在目标上都是改造性的，而不是消灭性的。也就是说，这两种惩罚的权力技术都是防止未来犯罪的发生，并且致力于矫正犯罪中的邪恶念头，重新帮犯人恢复善良的正义，而不是像君主惩罚那样，以恐怖对付恐怖，以残忍对付残忍，以罪恶对付罪恶。但是，这两种惩罚技术也有明显的差异，正是这种差异，才是福柯所致力的要点，这种差异，也是现代惩罚技术——教养所和监狱——的基本特征。

这种根本性的差异是，"符号—技术"的惩罚权力针对的是灵魂，而教养所的惩罚权力针对的是肉体。不过，这种肉体不再是遭君主权力反复折磨和施加痛苦的肉体，这种肉体是被操纵、训练、创造和发明的肉体，它是被驯服的肉体，它被一种精心计算的强制力所控制，它成为权力的对象和目标。福柯发现，在 17 世纪的古典时代，人体就被操纵、塑造、驾驭、使用、改造，它被零碎地处理和把握，被一种微分权力细致而微妙地控制和监督，这种权力不粗暴，也不残忍，却耐心地反复地作用于人体的各个部位，最终使人体按照它的意愿发生改变，"人体在变得更有用时也变得更顺从，或者因更顺从而变得更有用。当时正在形成一种强制人体的政策，一种对人体的各种因素、姿势和行为的精心操纵。人体正进入一种探究它、打碎它和重新编排它的权力机制"①。

这种针对人体的"微分权力",这种权力的"微观物理学",慢慢地从各个进程中汇聚起来,从17世纪开始,它向整个社会领域渗透,向学校、医院、军队、工厂中渗透,福柯将这种权力称作规训权力。它拥有细腻而多样的技术,且易于传播,它针对着细节,纠缠细节,在细节上下功夫,使细节成为权力的支点,而规训(纪律)在对细节施展权力时,也施展着一整套技术、方法、知识、描述、方案和数据,"而且,毫无疑问,正是从这些细枝末叶中产生了现代人道主义意义上的人"②。福柯详尽地分析了规训人体的种种技术。首先,要将规训对象的空间隔离和封闭起来,只有这样,才能保证纪律的顺利实施,校园、兵营和工厂都是类似的封闭空间,此外,这种空间还应井然有序,应恰当地布置和分配,应便于解析,从而能更好地被了解、监督、驾驭和使用,"它既允许对个别特征作描述,又允许对既定的复杂事物加以整理"③,"空间的分配最终是一种分格权力"。除了对空间要精心安排外,规训权力对人体活动做了精心的设定,它在时间上严格限制,对每个动作、每个行为、每个过程都有严格的时间表,对人体的姿态也反复地操练,规训权力不放过身体的任何一个部位,从而使身体变为一个机器、一个工具,"这是一种操练的肉体,而不是理论物理学的肉体,是一种被权威操纵的肉体,而不是洋溢着动物精神的肉体,是一种受到有益训练的肉体,而不是理性机

---

① 《规训与惩罚》,第156页。
② 《规训与惩罚》,第160页。
③ 《规训与惩罚》,第169页。

器的肉体"①。规训权力针对着身体的细节姿态，同时，它也能控制个人的时间，调节时间、身体和精力的关系，它确保在一定的时间内取得最大的利润，也力图抓住时间的每一个片段而不至于让它白白浪费，规训要积攒、节约、控制和最大限度地使用时间，"权力被明确地作用于时间"。最后，规训权力还致力于将个体协调起来，将单个力量组织起来，使单个肉体同其他肉体相结合，从而获得更大的力量、更高的效率。这种最佳组合，即是靠纪律（规训）来完成的，"它的组合成效高于其基本构成力量的总和"。总之，可以说，"规训从它所控制的肉体中创造出四种个体，更准确地说是一种具有四种特点的个体：单元性（由空间分配方法所造成），有机性（通过对活动的编码），创造性（通过对时间的积累），组合性（通过力量的组合）。而且，它还使用四种技术：制定图表，规定活动，实施操练，为了达到力量的组合而安排'战术'"②。

如果说，肉体都被规训权力顺利地驾驭，上述的规训实践都得以成功，这些规训权力的要求、内容、计划和目的都得以实现，其训练功能得以完成，那么，这种训练到底借助于什么手段？或者说这种规训实践——它造就了个人——是依据什么来完成的？我们看到了规训权力造成的效应，但是，这种机制是怎样运作的？它的成功取决于哪些手段？这种针对肉体的权力到底在哪些方面同君主权力截然不同？福柯指出，规训权力不是君主的那种耀武扬威的淫威权力，而是"谦恭而多疑的权力，是一种精心计算的，

---

① 《规训与惩罚》，第175页。
② 《规训与惩罚》，第188页。

持久的运作机制"①，它的实施手段极其简单：层级监视、规范化裁决和检查。

首先来看监视。福柯发现，权力都通过严格的监视来实施，"任何一个目光都将成为权力整体运作的一部分"，在军营，在学校，在工厂，在医院，都存在着监视点，这些机构和建筑都一目了然，其中心点可以照亮一切，同时也汇聚一切，这个中心点"应该是一只洞察一切的眼睛，又是一个所有的目光都转向这里的中心"。在此，监视技巧被广泛运用，建筑的设计不是从外部被观看的，而是便于对内部进行观看。通过监视和观看，个人被对象化，被观察，被记录，被铭写，而且，这种监视是持续的、分层的、切实的，它构成一种"复杂的，自动的和匿名的权力"。这种监视权力覆盖着整个机构和空间，它是这个机构的构成部分，它在没完没了地发挥作用，它既不掩饰，又保持沉默，它既显得呆板，从不变换，又极其警觉，从不漏掉任何细节。它在这个机制中固执而坚定地存在着，似乎没有起源，也没有终结，它玩弄着一种关系游戏，在监视者和被监视者之间持续地发挥效应。因此，监视权力不存在主语，它不是一个占有物，不是一个可转让的财产，这个自动、固执而匿名的权力是一种微妙的非肉体性的"物理"权力——它遵循的只是中性的光学和力学法则。另一种规训权力的手段是规范化裁决。"在一切规训系统的核心都有一个小型处罚机制。它享有某种司法特权，有自己的法律、自己规定的罪行、特殊的审判形式。纪律确定了一种'内部处罚'。"② 这种"内部处罚"是在重大法律视而不见的地方实施，它也是一种微观

---

① 《规训与惩罚》，第 193 页。
② 《规训与惩罚》，第 201 页。

处罚制度,在兵营、工厂、学校广为实行。它的处罚对象包括时间、行为、活动、言语、身体和性等方面的不合规范和出格行为。对这些不合规范的行为做的处罚可以使规训(纪律)保持着严格的尺度、适当的标准、整齐的压力,可以使规训的对象纳入一个齐一的整体中,并确定不同的界线,划分整体的范围,"在规训机构中无所不在,无时不在的无休止惩戒具有比较、区分、排列、同化、排斥的功能。总之,它具有规范功能",规范化在古典时代末期也成为重要的规训权力手段,它既要求对象的同一性,但因为在它的实践中,对象所固有的差距、层次和不同水准会展露出来,所以,在强求一致性时,规范化也测定着差异性。

最后一种规训权力的手段是检查。检查将监视和规范化裁决这两种规训技术结合起来。它既是一种监视的目光,又试图在这种目光中寻求规范化裁决、定性、分类。通过检查,个人被对象化了,他成为可见物,同时,在这种对象化中,他也被征服、被认识,他成为知识的对象,也成为权力介入的对象。权力醒目地驻扎在将个人对象化的检查中,在这种检查仪式中,存在着一套完整的权力类型和知识类型。学校的考试、医院的巡视、军队的检阅都是同一种检查机制,在这种检查机制中,"一种知识形成类型与一种权力行使方式联系起来"。但是,检查机制中蕴含的权力是隐匿的,它并不张牙舞爪地现身,也不像旧式的君主权力那样绝对、牢靠和气势汹汹,这里的权力并没有一个确定的可见性身影,它甚至没有一个权力符号,它的发挥、施展只是在将对象客体化的过程中完成的。在这一过程中,"被规训的人经常被看见和能够随时被看见这一事实,使他们总是处于受支配地位",而权力则总是通过"整理编排对象来显示自己的权势",权力不再回溯到一个君主式的起源和所有者,如果说这种权力真有一种施展形式的话，它也不是表现为炫耀和夸张的暴力，而只是表现为一种检查机制中固有的凝视。福柯指出，检查将人进行对象化控制，除了对人进行监视外，它同样将人置于书写网络中，置入文件的陷阱中，"这些文件俘获了人们，限定了人们。检查的程序总是同时伴有一个集中登记和文件汇聚的制度，一种'书写权力'作为规训机制的一个必要部分建立起来"①。这样的结果便是，一系列有关规训个体的符码形成了，这些符码，这些有关个人的档案、资料、文牍将被规训的个人变为"个案"，也变为知识的对象，变为权力的支点。个人终于被详细地记载、书写、登录、描述了，同时，他也被观察、被看见、被监视，这就是检查机制中的权力施展，它也是一种控制和支配。

福柯对这种规训权力的手段——监视、规范化裁决和检查——的描述，蕴藏着他的重大主题。他想说的是，这种规训机制的出现，标明了历史的重大转折，"标志着个人化政治轴心被颠倒的时代"，转折表现在权力的施展方式和施展对象上。在封建制度中，只有在君主或较高权势者那里，才有一种被记录的个人化形式，也就是说，只有位尊者和权势者才被铭写，被文牍和档案所包围，被言辞和书籍所追逐。这种被铭写实际上是荣誉和地位的表现。一般民众是匿名的，他们处在书写之外，处于档案和典籍之外，这是一个目光所不及的混沌区域。但是，福柯强调说，这一切颠倒过来了，在某种意义上，现在是民众而非君主被书写系统所包围和分类，并不停地被监视，被规范化，被检查，这一切表明，权力发生了变化，它不再表现为与君主相关的盛大的仪式、纪念性的碑文和布满光环的家谱，相反，它的技巧是监视、

① 《规训与惩罚》，第212—213页。

规范化裁决和检查，此时，"一种新的权力技巧和一种新的肉体政治解剖学被应用"。这种权力技巧正是福柯所谓的"规训"社会的权力特征，这种权力将个人对象化，它在对个人进行监视、规范化裁决和检查时，生产了关于个人的知识，因此，这样一种规训的权力具有生产性，福柯在此创造性地断言，权力能够生产，"它生产现实，生产对象的领域和真理的仪式，个人及从他身上所获得的知识都属于这种生产"①，这里，我们再一次看到，福柯所谓的知识并不是中性而纯洁的，它只是权力的结果和产品，而权力也非君主式的那种居高临下、所向披靡的自上而下的镇压暴力。

为了更有效地说明这种权力特点及规训社会的特征，福柯选择了一个著名的意象——这也可能是福柯最有影响的意象——边沁的环形监狱。福柯有意地将这个环形监狱的运作机制和权力机制视作规训社会的一个生动缩影，也就是说，规训社会正是一个放大的更趋完善的环形监狱，它的控制、它的监视、它的持续性、它的神奇的权力效应都内在于环形监狱机制中。边沁的环形监狱是这样组成的：四周由环形建筑连为一体，这个环形建筑内部被隔开，分成很多单人小囚室，每个囚室有两个窗户，一个朝内，一个朝外；在环形监狱的中央，耸立着一个瞭望塔，瞭望塔有一个大窗户，里面有一名监视者，监视者透过这个窗户，通过逆光效果，对四周环形监狱的每个囚室进行观察和监视。这每个小囚室可被随时观望，每个囚犯随时都被监视，然而囚犯却无法看到监视者本人，只能看到宏大的瞭望塔。囚犯处处可见，而监视者却是隐匿的。这样，"在环形边缘，人彻底被观看，但不能观看；

---

① 《规训与惩罚》，第218页。

在中心瞭望塔，人能观看一切，但不会被观看到"①。

这就造成了一系列的效应和后果。首先，监视的权力是持续的、自动的、长久的，哪怕在监视停止时，它的权力运作也是如此，因为囚犯确切地知道有一种监视权力有可能针对着他，但他决不知道这种权力什么时候遗漏了他，这样，他只能长久而持续地处在被监视状态，而监视权力则利用这种建筑形式自动地发挥作用。与此同时，这种监视权力是非个性化的，它不是依赖于某个要人来实施，而是依赖于这种建筑机制，这种环形监视结构本身，这种光线、目光和身体的关系配置和安排来完成的。也就是说，权力内在于一种机制，而不束缚于某个主体，实际上，任何一个主体，只要利用这个机制，都可以产生权力效应。这表明，权力是依赖机制而发挥效用的，它是这种机制的内在成分，它是匿名的，也是非人格化和非主体化的。此外，这种匿名的权力，也是高度经济的和节省的，它抛弃了厚重的铁镣、大锁，也抛弃了庞大的管理机制和成本，它既简单又有效，它用一种虚构的关系实践一种具体而真实的征服，用一种简单的形式实践一种庞杂而持久的控制，用一个无足轻重的人物实践一种严肃而有效的监视，这是利用最低成本来获得最大效应的权力图式："它是自动施展的，毫不喧哗，它形成一种连锁效果的机制。除了建筑学和几何学外，它不使用任何物质手段却能直接对个人发生作用。它造成'精神对精神的权力'。……这是一种从权力中'史无前例地大量'获得'一种重大而崭新的统治手段'的方法，'其优越性在于它能给予被认为适合应用它的任何机构以极大的力量'。"②

---

① 《规训与惩罚》，第 226 页。
② 《规训与惩罚》，第 231—232 页。

　　既然如此，福柯断定，这种权力图式注定要渗透到整个社会机制之中，"它的使命就是变成一种普遍功能"，它在政治和社会领域中也注定会一通百通。福柯相信，环形监狱这种固有的权力运作机制——福柯称之为全景敞视权力——是规训社会最常见的权力机制。它是监督式的，但同样也是生产性的；它是控制式的，但同样也是增强性的。它同君主的粗暴的、针对肉体的否定权力在物理上和方向上都是截然对立的。君主权力是消灭性和抹擦性的，而规训式的全景敞视权力则有另外的目的：它要产生效用，它要让它的对象变得有用、有效，它的规训和监视是有目的、有意图、有方向的改造；规训权力应该生产，而不是消灭，这是它的运转方向：规训朝向生产的一面进行。或者说，规训的目的是生产。具体地说，是使社会力量得到增强，"增加生产，发展经济，传播教育，提高公共道德水准"。

　　福柯相信，全景敞视权力的这种轻便、有效、迅速的规训机制在17—18世纪逐渐扩展、渗透和覆盖到整个社会机制中，这就形成了所谓的规训社会。规训社会就是一个监视社会，在此，人们无时无刻不处在全景敞视机器中，受到这种机器的干预、改造。福柯将规训社会视作一种全新的社会形态，这种社会同古代社会形态截然不同，同君主制社会也不同。在古代存在一些庙宇、剧场、竞技场等公共建筑，人们常常在此表演、聚集、歌舞、庆贺，举行场面宏大的公共仪式，此时，所有的能量在瞬间聚集，人们在刹那间融为一体，这时的特征是，"大批的人群能够观看到少数对象"，但是，现代社会的机制恰恰颠倒过来，"少数人甚至一个人能够在瞬间看到一大群人"。[1] 相对于古代社会的公共性而言，

---

[1] 《规训与惩罚》，第243页。

我们近代形成的规训社会不是展示性的，而是监视性的，福柯用监视来勾勒规训社会的特征。同样，这个规训社会也不是君主式的，在君主制下，权力在君主手中残暴而血腥，而这里的秩序和统治是依赖于惩罚和杀戮来保证的，君主制的"公开处决是宗教法庭支配下的一种程序的逻辑顶点"，但"把个人置于'观察'之下的做法则是浸透了规训方法和检查程序的司法的自然延伸，因此，对于下述情况，即具有正规的编年资料、实行强制劳动、具有监视与登记机构以及继续执行并扩大法官职能、维持正常状态的专家的分格式监狱，变成现代的刑罚手段，难道还有什么可惊异的吗？对于监狱与工厂、学校、兵营和医院彼此相像，难道值得大惊小怪吗？"①

三　规训社会

这岂不是在暗示，当代社会正是一个巨型监狱？监狱是什么？在福柯这里，监狱在功能上，在目的、手段、意图和性质上都同工厂、医院、兵营接近，它们之间并没有实质的差异：都是对肉体施加压力，使它们得以改造，从而变得驯服、有用。它们的差异不过是程度上的差异，监狱的规训不过更加彻底而严厉，它更为全面、更为有效而绝对，它"最大限度地强化了在其他规训机制中也能看到的各种做法。它应该是能够最强有力地迫使邪恶者洗心革面的机制"。只有在监狱中，边沁的全景敞视主义才能得到完美的表现，而在工厂、医院、兵营、学校等规训机构中，这种

——————

① 《规训与惩罚》，第 254—255 页。

全景敞视主义只是部分地不完全地表现出来。就监狱而言，监视和观察是其基本职能，它既能针对个人，又能统观全局；既可将犯人隔离，又能让他们保持可见性；既能建立关于他们的档案、知识，又能通过劳动矫正他们的过失、邪恶；既能使他们的身体从属于有规律的节奏活动，又能培养他们驯服和守纪律的习惯。在监狱中，劳动是犯人的主要活动，但监狱不是生产产品的工厂，它的价值不在于它能生产经济产品，而在于它通过劳动本身对人体机制施加影响，如果非要说它有经济效益的话，"那么这是因为它按照工业社会的一般规范制造出机械化的个人"，监狱"按其本性应该是一台机器，犯人-工人既是它的部件，又是它的产品"，福柯大胆地断言："这是在制造机器人，也是在制造无产阶级。"①显然，这个机器人或者无产阶级是驯服的而不是叛乱的，是有用的而不再是闲杂的。监狱中的劳动最终使这样一种生产性的权力关系得以建立，一种令个人务必遵循的生产模式得以建立。

这样看来，监狱实际上是一种生产性的规训机器，它是规训技术的集大成者。让我们再回到18世纪后半期，福柯为我们描绘了那时三种并置的惩罚形式：君主的酷刑、表象-符号所实施的灵魂操纵、规训机器的身体控制。这三种形式在惩罚的历史关头竞争徘徊。显然，监狱不是君主制的结果，也不是人道主义改革者要求对灵魂实施操纵的结果，只能说，监狱是对身体的规训技术的结果，也是规训技术的完善、深化，是它的乌托邦式的实践和满足，是规训技术集大成的标本。福柯认定1840年1月22日梅特莱农场开始使用的这一天为监狱的确切诞生日，就是因为在梅特莱那里可以发现最常使用规训手段的"修道院、监狱、学校、

---

① 《规训与惩罚》，第272页。

兵团"，在这里可以发现家庭模式、军队模式、工厂模式、学校模式，这些模式的复合就可以有效地进行"训练"，在训练的同时不停地观察，最终，既生产关于个人的知识，也生产驯顺而能干的肉体。这是监狱的特征，这不也是规训社会的特征吗？关键是，这样的监狱不是孤立的，而是成群的，它既是规训社会的一个浓缩隐喻，同时它又和其他的规训机构一道组成一个"监狱群岛"，而"监狱群岛"就不再是隐喻了，它是活生生的、具体的规训现象。在这个群岛中，监狱的惩罚性慢慢退化了，但它的规训和纪律却保留下来。我们看看福柯开列的某些"监狱群岛"的名单：慈善团体、道德改良协会、工人住宅区与集体宿舍、儿童收容所、孤儿院，当然，学校、工厂等就不言而喻了。这些机构"是用于减轻痛苦，治疗创伤和给予慰藉的，因此表面上与监狱迥然有异，但它们同监狱一样，却往往行使着一种致力于规范化的权力"①。福柯最后抑制不住地表达了他的态度，也可以说是他对规训社会的态度："居心叵测的怜悯、不可公开的残酷伎俩、鸡零狗碎的小花招、精心计算的方法以及技术与'科学'等等的形成。所有这一切都是为了制造出受规训的个人。这种处于中心位置的并被统一起来的人性是复杂的权力关系的效果和工具，是受制于多种监禁机制的肉体和力量，是本身就包含着这种战略的诸种因素的话语的对象，在这种人性中，我们应该能听到隐约传来的战斗厮杀声。"②

又是对尼采的呼应。尽管《规训与惩罚》并没有出现福柯常提到的哲学家和诗人的名字，但尼采在此像幽灵一样浮现出来。

---

① 《规训与惩罚》，第 353 页。
② 《规训与惩罚》，第 354 页。

人性不是静止的、固定的，人性是动态地产生的，是争斗的结果，这是典型的尼采式答案。同样，人是被生产出来的，这一点可以看作对《词与物》的回应。在《词与物》中，人是而且也仅仅是一种知识形式，是由学科想象、配置和生产的，是学科捕捉和造就的对象。在《规训与惩罚》中，人也有一种知识形式，但他不仅仅是一种知识形式，它还是权力锻造的对象，如果说人有一种知识形式，有一种科学的话，这种科学和知识受制于权力的规训，受制于规训权力的某种特定技艺，它是这种权力技艺造就的知识，也就是说，意在规训的一种方式——对人的记录、书写、整理、存档、编码，对人的各种文字描写——这些构成了人的科学和知识，这些科学和知识是在规训中形成的，是为了更好、更牢靠地实施规训，知识既是规训的方法，也是规训的附加产品。人是被生产出来的，这一论断既在《词与物》的结尾，也在《规训与惩罚》的结尾醒目地存在着，由于前者着重的是知识史，所以在那里，人是由知识生产出来的，而后者着重于惩罚史，因此在此处，人是被权力生产出来的。《规训与惩罚》从另一个角度嫁接了《词与物》的一个重要主题。

　　当然，嫁接的不仅仅是这一个主题。它还嫁接了《词与物》和《古典时代疯狂史》中的历史分期。如果说，福柯的写作真的如他所言是变换面孔的话，那么，有一副面孔，他持之以恒，这即是，他总是将历史分为三部曲：疯癫史、知识（认识）史、惩罚史都被划分为三个阶段，而且，几乎总是在相同的历史时刻，疯癫、知识和惩罚都发生了一次根本性的变化。我们发现，18世纪末19世纪初这一时段对福柯来说是决定性的，在这一时期，欧洲各国纷纷废除了旧的法律，新的刑事司法时代开始了，最重要的是，传统的在断头台上要求碎尸万段的严厉酷刑消失了，彻底的规训机制——监狱——出现了。同样，还是在这时，对疯人的严酷禁闭遭到了愤怒的谴责，更为"人道"的和"慈善"的精神病院出现了。监狱和精神病院，这两个不那么"残酷"的机制在福柯这里几乎是同时出现的，如果说，这两个机构都是人道主义的象征的话，那么，《词与物》似乎旨在说明，这是因为正是在19世纪之初，"人"被发现了，某种人类中心论的知识形式出现了，它的旨意是人道主义。这岂不可以视作监狱和精神病院出现的认识论前提？有了对人的一种全新认识，难道就不会对人有一种新的处置？

从历史的角度而言——如果我们将这三本书视作历史著作的话——18、19世纪之交在福柯这里是一个分水岭，即古典时期和现代时期的分水岭。在这个时期，古典时期的表征知识型崩溃，现代知识型出现。在抛弃了符号的表征空间后，人成为所有知识的基础，同时，他也成为各种知识构想和认识的对象，人文科学出现了，人被突出，哲学、知识、认识论和真理应该围绕着人而苦苦寻觅，人既是基础和凭据，也是对象和知识，这就是19世纪初现代知识型带来的震撼。那么，相应地，对疯癫和罪犯的态度将发生变化。既然人是基础和凭据，那么，对人施加的暴行——无论是对疯癫的残酷管制，还是对罪犯的肉体折磨——就是丑陋的，它们都是对"人性"的蔑视和不尊重，都是对中心性和基础性的人道主义的背叛，它们同新近的"人的发现"逆向而行。监狱和精神病院放弃了肉体折磨和残酷的囚禁，正是由于对"人"和"人性"的尊重，正是因为这种新的康德以来的"人类学"的逻辑结果（也是它的一种具体社会实践形式）。

但是，这种"人道主义"的实践真的是一种进步吗？从事教养和改造实践的监狱真的比五马分尸的酷刑更具有同情心吗？被规训的身体比被肢解的身体更人道吗？同对《古典时代疯狂史》中的精神病院一样，福柯对监狱的态度也是厌恶的。在监狱，罪犯和精神病院的疯人一样，要反复地受到良心的自我谴责，罪犯被隔离在一个密封的空间里，孤独地忏悔，越是孤独，他越要忏悔；越忏悔，他的罪责越深，这样又加剧他的忏悔。忏悔、罪责、孤独相依为伴，相互强化。这样，惩罚就变成一种良心和道德的惩罚，"这是一种深刻的征服，而不是一种表面的驯服"。在图克和皮内尔的精神病院里，我们早就看到了疯人因为巨大的内疚而满腔痛苦的形象，这一次，在监狱中，在"人道主义"的改造中，我们依然看到了内心的苦苦折磨。这就是将犯人恢复为社会正常人的途径？犯人和疯人，这些偏离了社会轨道的群体，总是要诉诸内心的自我惩罚？福柯再一次在这两本书中保持了他的自我默契。如果说有什么不同的话，那就是早期的福柯将疯人视为对社会规范的诗意抗议，他为疯癫呼喊，让疯癫呼喊；而现在，抗议的激情消退了，在这部惩罚史中，罪犯本身是沉默的，福柯似乎为了与之保持共鸣，他也变得冷静、严峻、无情，却是前所未有地充满犀利的无情。

人无论在身体上还是在心灵上都逐渐成为规训社会的囚徒。福柯对惩罚做的谱系学研究表明，人的这种被权力无情地规训的后果不是与生俱来的，它存在于一个历史过程中，存在于各种各样的权力演变中，现代人的面孔是由两个世纪以来的规训技术所造就的，他们的驯服、标准化、纪律意识和反复的悔恨及内疚只是近代以来形成的。在古代，人们也许并没有悔恨之意，没有约束之感，甚至在酷刑中，犯人还能大声而放肆地咒骂。福柯的语调明显地表明，在酷刑和规训式的改造之间，他愿意选择酷刑。因为酷刑针对的是有活力的身体，有原始天性的灵魂；而规训改造在某种意义上使原始的身体能量、使那种游牧般的放荡不羁的灵魂被禁锢住了。这是《规训与惩罚》的一个典型的尼采式问题，也是福柯和德勒兹共通的问题，这一问题在《论道德的谱系》第二章中由尼采率先提出，福柯和德勒兹都做出了回应。

在《论道德的谱系》中，尼采对"内疚"和"意识"做了谱系学研究，他将"内疚"视作一种痼疾，正是因为内疚使那些半野兽般的人们被永远地锁入了社会和太平的囹圄。本来，人们是无所禁忌的、野蛮的、自由的。人们无论是杀戮还是破坏，都不会遭受良心的自我谴责。人们在这些活动中，都深感自然，都任凭本能的驱使，但是，有一天，这些不定型的、无拘无束的民众被关进一个紧促的模子。他们面对着一个新的世界，在这个世界中，有两样东西出现了，它们让民众驯服：有一些本能无法向外自由地宣泄了，"它们被迫思想、推断、划算、联结因果"，这些本能只好转向自身，转向内部，尼采称为灵魂的东西的出现，那些原先无所顾忌的"野蛮的、自由的、漫游着的人的所有那些本能都转而反对人自己……由于被禁锢在一种压抑的狭窄天地和道德规范中，人开始不耐烦地蹂躏自己，迫害自己，撕咬自己，吓唬自己，虐待自己，就像一只要被人'驯服'的野兽，在它的牢笼里用它的身体猛撞栏杆"。[1] 这就是内疚、忏悔和良心上的折磨的起源和表现。在福柯的监狱和精神病院中，到处都是这种虐待自己的民众，更广泛地说，在规训社会这个监狱群岛中，人们不都是在自我折磨吗？这正是福柯最有力的叩问。

除了内心的自我囚禁外，还有"国家"的囚禁，"最早的'国家'就是作为一个可怕的暴君，作为一个残酷镇压、毫无顾忌的

---

[1] 《论道德的谱系》，第 63 页。

机器而问世、而发展的，这个过程一直发展到民众和半野兽们不仅被揉捏，被驯服，而且已经定了型"[1]。尼采认为存在着一个强悍的种族，他们征服了漫游的人群，然后造就形式，推行形式，"他们在哪儿去玩，哪儿就会有新的东西兴起，这新的东西就是一个活生生的统治形体，它的各个机件和功能都是泾渭分明并且相互联系的，其中不能容纳任何不是早先从整体获取意义的东西"[2]。这就是国家的兴起和它的最基本的结构特征。福柯提到的"规训"不就是它的"机件"和"功能"吗？"规训"不也是"泾渭分明并相互联系的"吗？在很大程度上，《规训与惩罚》是对尼采的上述话语的再写和引申。

规训就是造就形式和推行形式，漫游的人群被监狱关闭起来，游牧思维被内心忏悔所取代，本能冲动被权力反复地揉捏和驯服，这即是尼采和福柯所分享的共同观点。对于福柯来说，这是一场无法避免的灾难，福柯相信，这几乎是一个不可逆的事实，是一个无法冲破的模式，因为身体被完全驯服，主体在某种意义上等同于驯服的身体，抵抗几乎是不可能的，福柯的分析让人感到，规训社会是毫无破绽的，它太紧凑，太严密，太规范，太完善，人们不太可能摆脱它的魔咒，只能完全被动地陷入铁板一块的统治性中。福柯的冷漠也表明，这是一个完全没有诗意豁口的地方，是一个比精神病院更阴森的场所，如果说疯癫还会借助荷尔德林、阿尔托、尼采的呐喊偶尔现身的话，那么，在规训社会的监狱群岛中，听不到任何的叛逆声音，这里没有屠刀，没有血腥，甚至没有蛮横的镣铐，却有冰冷冷的机器，有无形的制约，有无处不

---

① 《论道德的谱系》，第 64 页。
② 《论道德的谱系》，第 65 页。

在的制度和规范。这里没有暴力而血腥的报复，却有持久、连续、自动的监禁；这里没有恐怖能量的巅峰迸发，却有一种耐心、麻木、从不放松的无情控制。总之，这里既没有噪音，也没有美学，只有刻板和机器，只有无声的控制和驯服。在生产人性的厮杀中，权力的征服也悄无声息。

这确是一种无声的权力，它和呼啸而来的暴君权力不同，福柯的权力概念不是一成不变的，也不是本质主义和绝对主义的。即使在《规训与惩罚》中，福柯也在多种意义上使用权力，暴君权力和规训权力就是两种截然不同的权力，前者是镇压的、否定的、消灭的，后者是生产的、肯定的、滋生的；前者来势汹汹，后者悄然而至；前者粗鲁而莽撞，后者微观而细腻；前者充满报复的快感，后者充满改造的满足；前者短暂、急促、猛烈，后者长期、平稳、冷静；前者志在消除叛逆和邪恶，后者志在改造叛逆和邪恶；前者将非规范性的东西抹除，后者将非规范性的东西矫正。这就是两种权力形态的差异。如果说，从权力的角度——而非从政治经济的角度——来描绘社会形态的话，那么，显然，这就是两种社会形态——暴君社会和规训社会——的差异。

而福柯正是从权力的角度来描述社会形态的。这本书之所以被福柯高度看重，也许是因为他从一个独特的角度提出了某种独创性的社会理论。社会理论——它的发展、形态、结构、内部动力——在福柯这里翻开了新的一页。这绝对是一部独特性的著作。在福柯之前，有马克思的社会理论，有韦伯和法兰克福学派的社会理论，有自由主义的社会理论，而福柯却全然地将它们抛在一边，他从权力入手，创造性地将现代社会描述为规训社会。这个规训社会理论最令人惊讶之处就在于，它是一个完全没有前人开拓的领域，是一个凭空滋长出来的领域，是一个没有大师指引

（《规训与惩罚》很少提及大师的名字）的领域。人们可以对现代社会做出各种各样的诊断、描述和分析，但福柯的工作却是前无古人的，是没有谱系学的，如果非要为福柯的工作找一点启示性（具体来源）的话，那仅仅是尼采的寥寥数语。

福柯社会理论的基石是权力，这就同马克思主义的历史唯物主义迥然有别。在福柯这里，如果说《古典时代疯狂史》只是揭示西方文明的一个特有的理性/疯癫维度，《词与物》揭示西方文明的知识/认识论维度，《临床医学的诞生》揭示医学/认识论维度的话，那么，《规训与惩罚》的意图和愿望要宽泛得多，它绝不仅仅局限于监狱和惩罚。福柯一再将监狱视作规训社会的一个隐喻，福柯的意图是通过惩罚和权力来描述某种一般社会形态的缘起、发展和成形，因而，这可以看作一般性和普遍性的社会理论，在这种社会理论中，可以折射出福柯在其他著作中分别考证的独特的历史维度。认识论、疯癫、医学的历史发展在这部社会理论史中能够发现呼应、共鸣、回声。局部性的东西和一般性的东西可以相互解释、印证。事实上，就社会发展理论而言，福柯的几部著作的差异并没有人们想象的那么大，在《古典时代疯狂史》的精神病院中，疯人一再遭受内疚的折磨而陷入巨大的良心谴责中，并非巧合的是，在同一时期的监狱中，罪犯被隔离起来深深地忏悔；在《临床医学的诞生》中，古典时期的表征知识型在医学中的表现是分类医学，在惩罚领域中的表现则是符号-表象的惩罚技艺；《词与物》断言，在现代时期，"人"出现了，人文科学出现了，而《规训与惩罚》再一次对此做了具体的呼应性论证：规训权力生产了"人"、"人"的知识和人的科学。福柯先前对历史的各个维度所做的庞大的研究和思考，在《规训与惩罚》中都得到了回应和折射。

如果说《规训与惩罚》代表了福柯的一般社会理论的话，那么，它和马克思历史唯物主义有何区别呢？事实上，福柯将权力作为社会理论的基石，正是围绕着权力的运作机制，庞大的社会组织才得以建立和发展起来。整个社会结构盘根错节般地缠绕在权力上面。权力的性质、形态和机制变了，社会结构就随之发生变化，君主制有君主的独特镇压权力，古典时期有针对灵魂的符号-惩罚权力，现代时期则是针对身体的规训权力。也可以反过来说，否定性的镇压权力构成了君主制社会的基本结构，诉诸灵魂的符号-惩罚权力构成了古典时期的社会结构，而规训权力则构成了现代时期的普遍社会结构。权力是社会形态最根本的基石，社会，它的数不胜数的表象、形态、能指，它的无法估算的规模、尺度、范围，最终都可以浓缩和还原到权力的基石这一点上，权力是它们最后的归宿，也是它们最终的根源。权力发生了变化，整个社会组织也随之发生变化。

但是，马克思主义不是将社会发展变化的动因归结于权力，而是归结于劳动。对马克思而言，生产方式理论是解释社会发展理论的唯一钥匙。劳动和生产力发生了变化，生产关系随之发生变化，整个社会结构和社会形态发生变化。在福柯将权力置放于社会理论的基石这个位置上，马克思置放的是生产力。同样，各种各样的社会表象和社会形态都可以在生产力和生产方式上找到根源，它们是生产方式的投射。就此而言，现代监狱，按照马克思的理论，它充其量只是生产方式的附属产品，是生产方式发展到一定阶段的一个附加结果，它是一个事实，但绝非具有巨大反射性的事实，它远远没有福柯赋予它的那样多的意义和那么大的重要性。但对福柯而言，监狱绝对不仅仅是一个附属性的次要现象，因为它体现了现代权力的最根本的规训特征，监狱就是这个普遍社会形态的一个生动隐喻，它囊括了这个社会的精华成分，社会就是一个在规模上放大、在程度上减弱的监狱，只有在监狱这里，纷繁的社会本身才能找到一个焦点、一个醒目的结构图、一个微缩的严酷模型。但是，马克思决不会将监狱视作现代社会形态的浓缩，对他来说，监狱和其他的社会机构一样，是顺应生产方式的变化而发展成形的，无论是它的诞生还是它的消亡，其基本原因都是它对生产力的促进或者阻碍。监狱的动力在于生产力。而且，马克思决不会像福柯那样专注于监狱内部的机制本身，对福柯来说，监狱的意义就在于它内部的权力机制；对马克思来说，监狱的意义在于它外部的生产方式。

如果说，马克思和福柯都将社会形态还原至某一个基石，那么，这是不是也意味着，他们的社会理论模型都具有深层结构色彩？如果都从某一基石出发，然后去建构庞大的社会形态大厦，那么，这是不是意味着，他们的社会理论都具有本质主义色彩？如果将福柯的权力与马克思的生产力做一番比较，我们发现，他们的理论模型——不仅仅是理论的解释性内容——也存在着根本不同。

首先，我们发现，福柯的"权力"本身并不是一个本质主义概念，甚至难以为它下一个确切的定义。权力是什么？福柯说："权力不是一个机制，不是一个结构，也不是我们拥有的某种力量；它只是人们为特定社会中复杂的战略情势所使用的名字。"[①]权力应该被理解为多重的力的关系，不应该从一个中心、从某个最基本的始发处去寻找权力的源头，权力也不是某个集团、某个

---

① Michel Foucault, *The Will to Knowledge*, *The History of Sexuality*, Volume 1, Penguin Books, 1990, p. 93.

主体的所有物。相反，权力存在于各处、存在于任何的差异性关系中，"权力无处不在，这并不因为它有特权将一切笼罩在它战无不胜的整体中，而是因为它每时每刻、无处不在地被生产出来，甚至在所有关系中被生产出来，权力无处不在，并非因为它涵括一切，而是因为它来自四面八方"①。福柯明确地抛弃了那种自上而下的压抑、笼罩、涵括、包裹性的国王权力，那种支配性、主宰性和统治性的权力。权力永远存在于关系中，也可以说，权力永远是关系中的权力。它随时随地产生于不同事物的关系中，这意味着，权力总是变动的、复数的、再生性的、相互流动和缠绕的。

　　权力不是一个单一而稳固的"源头"，也就是说，它并不具备那种形而上学式的绝对基础特征，并不具备一种基础式的滋生性和生产性。那么，我们怎样理解福柯从权力的角度对社会形态做出的诊断？怎样理解福柯的权力是他的社会理论的基石？对福柯来说，权力并不外在于社会，也不是社会形态的基础决定性的东西。恰当的说法是，权力形态同社会形态具有同构性，权力的形态（它的力量关系，它的性质、方向、活动机制）内在地构成了社会的形态（社会关系及其性质、方向、活动机制）。权力不是处在社会的底部，不是暗暗操纵着社会的发展和演变，它处于社会的内部，是社会内部、社会本身的决定性的构成要素。社会围绕着权力机制而活动，并不意味着社会和权力分布于两个层面，并不意味着社会的形态处在外在的可见性方面，而权力则处于隐蔽的不可见性方面。实际上，权力和社会同时处于可见性层面，它们不是上下层支配关系，而是内外层的同心关系、包含关系。权

---

① *The Will to Knowledge*, *The History of Sexuality*, Volume 1, p. 93.

力处在社会这个同心圆的最核心之处，权力的形态在同一个层面上决定了社会的形态，也正是在这个意义上，我们说，社会的种种表象可以还原到权力的机制上，对社会的诊断可以简约为对权力的诊断，外围最终还原到核心。社会形态正是权力形态的一个横向的扩大，而非纵向的生产和派生结果。

权力与社会在同一个层面上的同构特征，正是福柯抛弃了那种纵向权力的一个自然延伸。如果权力是君主式的纵向压制的，如果权力有一个固定的出发点，有一个稳定的形态，有一种单一的形式，那么，权力不可能同纷繁的社会形态保持同构性，它们不可能在一个层面上相互解释和印证。而这正是马克思社会理论的特征。马克思主义将生产力和生产关系置放于不同的层面，在这里，劳动成为最基础性的东西，它隐藏在社会表象之后，它构成一种看不见的但起决定作用的基础功能，正是围绕着劳动，马克思主义的异化和剥削范畴得以展开，阶级斗争得以展开："到目前为止的一切社会的历史都是阶级斗争的历史。自由民和奴隶、贵族和平民、领主和农奴、行会师傅和帮工，一句话，压迫者和被压迫者，始终处于相互对立的地位，进行不断的、有时隐藏有时公开的斗争，而每一次斗争的结局都是整个社会受到革命改造或者斗争的各阶级同归于尽。"[1] 对马克思主义而言，这即是根植于生产方式的具有元叙事特征的社会理论。在这个社会理论中，阶级斗争只是社会发展的表象形式，而它的真正基础则是劳动以及生产力和生产关系的持续冲突。这个从必然王国向自由王国迈进的社会理论叙事，就隐含着一个明显的深度模式，在这个模式中，劳动和生产位于底部，阶级斗争位于上部。显然，在劳动基

---

[1] 《马克思恩格斯选集》第 1 卷，人民出版社 1972 年版，第 250—251 页。

础上建立起来的经济模式成为马克思主义社会理论的关键。

这样，福柯的社会理论和马克思的社会理论在模型上就出现了差异。倘若福柯的权力意指压制性的统治权力，那么，福柯的理论同样是一种深度模式，同样可能将压制和反压制作为社会发展的动力。但即便如此，福柯同马克思的分歧还是不可弥合的，在福柯这里，社会形态的变化与经济方式的联系极其微弱，福柯排除了劳动、生产方式、剥削和异化在社会理论中的位置，排除了它们在社会理论中的基础性作用。对他来说，社会形态同这个社会的一般权力形态是同质性的，君主权力就导致君主社会，规训权力就导致规训社会，权力形态的变化导致社会形态的变化。由于权力总是关系中的权力，总是任意两个不同点的权力，总是复数权力和网络中的权力，所以，它天然地就能将社会的诸要素关联起来，将这些要素以"权力"的方式组织起来，进而让这些要素按照权力的形态组织社会的形态。如果说阶级斗争构成社会形态，那是因为阶级斗争背后存在着冲突性的生产方式的话，那么，权力构成社会形态，是因为权力背后有什么在推动和制约着它呢？是什么能使权力组织社会形态？权力的背后什么也没有，它是反基础性的，权力就是权力。权力有这种天性，因为权力存在于任何差异关系中，只要存在着差异，就必定会产生权力，"权力不是某种可被获得、抓住、分享的东西，也不是人们能够控制或放弃的东西。权力通过无计其数的点来实施，它在各种不均等和流动的关系的相互作用中来实施"①。哪里有不均等的关系，哪里就会出现权力，权力就具有这种自发性和天生的敏感性。它瞬间生成而且无处不在，这样，社会本身不仅充斥着权力，它几乎

---

① *The Will to Knowledge*，*The History of Sexuality*，Volume 1，p. 94.

就是由权力构成，由权力关系构成。这即是福柯从权力的角度对社会做出的理论诊断。在此，我们发现，福柯很少用封建主义、资本主义或者社会主义等概念来描述历史和社会形态，在他那里，只有抽象的时间划分，只有中世纪、文艺复兴时期、古典时期、现代时期的划分，这些时期同从经济角度或政治经济的角度划分的社会形态并不吻合。由权力及权力关系的角度出发，我们对现代社会的称呼就不再是资本主义，而是规训社会。

这可以说是福柯对常见的社会理论以及马克思历史唯物主义的一次空前挑战，他毅然决然地抛弃了经济视角，在他这里，重要的不是阶级的斗争，重要的是规范化权力，他转向了一种来路不明的权力理论。如果权力真的如福柯所言，它随时随地自发生产出来，并且不存在一个支使权力的主体，那么，这些权力如何区分？它们有独特个性吗？有独特的运作机制吗？有独特的气质和禀赋吗？如果无法区分权力类型——我们只是一再被告知，权力是生产性的，它生产对象、生产真理、生产知识——那么，我们怎样区分权力活动于其中的对象领域和社会领域？我们又如何断定这种权力——尽管它是复数的、变动的——不带有形而上学的本质主义色彩？我们又如何不说这种无处不在的权力实际上也就抹杀了权力？事实是，《规训与惩罚》中的权力同《认知的意志》中的权力有所区别。前者的权力似乎是权力之一种，即规范化权力，只是在《认知的意志》中，权力才被发展为一种更抽象、更普遍、更神秘的权力。在《规训与惩罚》中，福柯所使用的权力概念是具体的，也是前后有别的。在酷刑中，权力就是压制性的国王的残忍权力。在监狱中，在学校、医院、工厂、军营中，权力才变成生产性的权力，这个权力有具体的对象（身体）、有具体的意图（使对象更有效用）、有具体的产品（知识和科学）、有具体的方向（从机制向个人），还有具体的空间，这即是福柯所称的规训权力、施加于身体的压力。规训权力的核心要素是规范和纪律，它生产符合规范和纪律的对象、知识。如果将规训权力——这无疑是《规训与惩罚》的重心——同《性史》中的权力定义做一番比较，或者同《规训与惩罚》第一章的惩罚权力描写做一番比较，我们会发现，规训权力是福柯的权力概念的一次具体化，一个特定的表现形式，是这种权力概念的一次活生生的表演和实践，规训权力具备福柯的权力构想的一般特征，如权力的生产性、连续性、重复性、自我再生性（规训权力针对肉体时就是这样的）；权力不是个人或机制的所有物、财产（规训权力并不隶属于机制，而是内在于机制）；权力是意向性的、有方向的，但不是主观的（规训权力有强烈的针对性，但它并不来自某个个人）；权力是关系中的权力，是不同点之间的权力（无疑，规训权力发生在监视者与对象之间，发生在不同处境的两点的关系之中）。所有这些表明，福柯的抽象权力可以具体化，可以将权力理论试用到各个领域，规训权力正是权力理论在社会理论中的尝试。这种抽象的权力理论因为它的具体化，因为它的应用功能，因为它的实践性，就足以回击那些对它的刺耳斥责——这些指责反复申明，福柯无处不在的抽象权力，将社会普遍性地权力化了，这就抹杀了社会的局部差异，这种权力理论因而就没有细致的诊断和辨识能力。确实，在福柯这里，一般的权力理论是抽象的，然而，在监狱中，我们不是嗅到了权力的细微喘息吗？不是感觉到了权力在密室中的策划和暗算吗？不是瞥见了权力那独特而悄然的踪迹吗？

将福柯的权力理论普遍化，并将它钉在形而上学的本质主义耻辱柱上，进而使这种权力理论完全失效，这显然是对福柯的权力具体化的有意忽视。不错，确实存在着关于权力的某种松散性理论框架，但并不能因此指责权力忽视了一切差异，并不能忽视权力发生时独特的此时此地性，并不能否认权力的具体化实践，并不能否认在这种松散性框架前提下，权力所采取的特殊活动机制。实际上，福柯从来就没有将他的权力定型化，从来没有以一种固定而严密的理论模型框定权力。在监狱中和在学校中，在兵营中和在工厂中，权力存在着共通的法则，但也存在着具体的实践差异。福柯尤其区分了全景敞视权力和规训分割的权力。前者体现在边沁的环形监狱中，并大规模地在现代社会中扩散；后者是为了防止瘟疫的泛滥流播而采取的分割权力。这种权力将空间割裂、封闭，并使每个人处在一个固定的位置。权力对此进行不间断的监视、检查、记录，并确定一种精确的秩序，"秩序借助一种无所不在、无所不知的权力，确定了每个人的位置、肉体、病情、死亡和幸福。那种权力有规律地、连续地自我分权，以至能够最终决定一个人，决定什么是他的特点、什么属于他、什么发生在他身上。瘟疫是一种混合，规训是一种解析。规训施展自己的权力来对付瘟疫"①。这两种规训权力之间有重大的差异。制止瘟疫的权力对对象进行冻结、区分、割裂，因而它显得严肃、紧张和沉重，它带有恐怖的气息；而全景敞视权力则显得轻松、简便、有效，它只借用建筑学和光学的内在机制本身来实践权力的意图，权力在运作，但是自如地运作，是不需要紧张和不费周折地运作，是游戏般地运作。这两种权力的差异是活动机制上的差异。但是，它们仍然分享着权力的某些共同特征：它们都是生产性、监视性的，都不是来自某一个主体，都是有意向和方向性的。这两种权力的差异和共同点足以表明，福柯的权力概念只在理论

① 《规训与惩罚》，第221页。

上是抽象的，但是在实践中，它们仍具有独特的个性，仍具有阐释上的有效性。

四　性的再生产

我们很快就看到，在《性史》的第一卷《认知的意志》中，权力依然在四处驰骋。同监狱中的权力一样，性领域中的权力依然是生产性的而不是压抑性的，福柯明确地表示要排除历史上根深蒂固的权力观。福柯对这种权力观做了如下的界定：它是否定性的，它对对象进行排斥、拒绝并设置障碍，或使它陷入不存在的状态；这种权力还是一种固执的法规，权力一开口，就是法规，它让它的对象依法行事。权力通过语言，在创造法的规则的同时，也控制了其对象，"纯粹的权力形式存在于立法者的功能之中，就性而言，权力的行为模式带有司法—话语特征"①。权力还意味着禁令的反复循环，它通常表现为：你既不要这样，也不要那样；就性而言，权力只运用禁令的法则来对付它，目的是让性来否定自己。这种禁令迫使对象消灭，这样就不能谈论它，于是它就进一步不存在了。这种否定性的权力在各个层次上都运用的是同一种手段，它的行为方式是普遍一致的，"无论如何，人们总是以司法形式来图解权力，人们将权力的效应界定为服从，面对作为法律的权力，作为主体而构建的主体，是臣服性的，是服从者"②。在福柯看来，这样的权力理论即是将法律和权力等同起来，"权力

———————

① *The Will to Knowledge*，*The History of Sexuality*，Volume 1，p. 83.

② *The Will to Knowledge*，*The History of Sexuality*，Volume 1，p. 85.

模式本质上就是司法模式，它以法律陈述和禁令运作为核心"①。

福柯就是要对这种司法权力模式发起反击，对这种否定性、以禁律形式出现的权力发起反击，他的问题是，我们的社会有如此丰富的权力机制、仪式、手段和技术，它们能产生多样的效应、战略、知识，但为什么偏要将权力中的这些积极的、有活力的、创造性的要素剔除呢？为什么非要把权力化简为禁令式的法律呢？为什么要将多样的组织形式压缩为君权式的独一控制？福柯感叹说，权力理论始终同国王和法律纠缠起来，始终带上它们的阴影。"在政治思想和政治分析中，我们仍旧没有砍掉国王的头颅。"②福柯致力的就是要将权力从国王那里拉出来，从司法体系中拉出来。这种权力超出了国家机器的范围，超出了王权的范围，超出了法律的范围，它的性质也不再是禁止、阻碍、否定、压制。相反，权力更积极，更具生产性、创造性、渗透性。在福柯对性的研究中，我们就看到了这种新的权力，即我们曾经在规训社会中看到的生产性权力。这样的一种性的研究的基本规划就是："我们应摆脱法律去思考性，同时，要摆脱国王去思考权力。"③

这样的结果便是，福柯严肃质疑"性压抑假说"。"性压抑假说"的基础正是承认权力的压制性。就是说，社会建立了权力机构，这些权力机构与性的关系正是压制和被压制的关系。这种压抑假说表明，性在权力的作用下失去了立足之地，丧失了表达权，它遭到驱逐、否认，它被迫沉默无语。这种性的压抑与资本主义的发展有关；如果资本主义容忍性的肆意放纵，那么，它所需要

---

① *The Will to Knowledge*, *The History of Sexuality*, Volume 1, p. 85.

② *The Will to Knowledge*, *The History of Sexuality*, Volume 1, pp. 88 – 89.

③ *The Will to Knowledge*, *The History of Sexuality*, Volume 1, p. 91.

的劳动力和生产力就会因为漫无边际的享乐而遭到损耗，这样，要保证劳动力的再生产，就要禁止性享乐，就要对性进行全方位的权力压制，尤其是压制那些无用的能量、不轨的行为和过度的享乐。这样，性被严格地封藏起来，它只能躲在父母的卧室里喃喃低语，在这样的压抑背景下，谈论性几乎成为造反，一种对权力的造反。

福柯对这种压抑说表示了质疑：从历史的角度看，性确实受到了压抑吗？权力机构真的只是压制性的吗？权力的禁律和否定真的是权力的普遍流行形式？福柯正是从权力出发，即研究权力的运作方式、它的流通渠道、它对个体的渗透形式、它的扩散踪迹，从而表明，权力有可能对性进行压制、拒绝，但同样也可能在激励、引发人们谈论性，扩散性的话语，加快性的影响，并使性得以广为流传，最终建立性的科学和知识。总之，话语生产、权力生产、知识生产，这些"权力的多样化技术"成为福柯要考察和讨论的核心，而对权力进行这种考察后的结论是，"自16世纪末，'性'话语的形成，并未遭受限制，相反，它遭到一种越来越强烈的刺激。权力技术对性的作用并不遵循严格的选择原则，而是传播和根植形式多样的性态，知识意志在不应破除的禁忌面前并未戛然而止，而是坚持建立——当然，尽管会错误百出——一门性的科学"①。也就是说，权力和权力机构并未压制住性，而是促使性话语增加，鼓励人们谈论性，表达性，并最终建立性的知识，"围绕着性，曾经出现过真正的话语爆炸"②。

福柯是怎样得出这一与"压抑说"截然相反的结论的呢？福

---

① *The Will to Knowledge*, *The History of Sexuality*, Volume 1, p. 12.
② *The Will to Knowledge*, *The History of Sexuality*, Volume 1, p. 17.

柯对 17 世纪以来的有关性的宗教忏悔和自白进行了研究。这种忏悔和自白的最终目的当然是要消除肉体享乐，要让性的欲念成为羞耻的根源，要让灵魂得到反省并使灵与肉充分地结合起来。为了达到这一目的，为了进行彻底的反省，为了检查灵魂中的每个角落，为了不放过一丝一毫的邪念细节，教士守则要求忏悔务必事无巨细，"性的方方面面，它的枝枝节节，它的事后效应都应追根究底，白日梦中的幻觉，难以驱散的意象，身体和灵魂的魔力般的合谋，所有这些，都应细细道来"①。在现代西方社会中，为了忏悔和反省，人们必须无休无止地谈论性，谈论与肉体享乐相关的事情，人们将与性有关的一切置放于话语的折磨之下。而且，在 18 世纪前后，人们不仅在忏悔中谈论性，而且为了研究、计算、解释、说明性，这一次人们还在政治、经济、技术的范畴中谈论性。人们既从伦理的角度，也从理性的角度谈论性，人们将性作为对象进行妥善的管理，进行适当的调节，进行恰如其分的"治安"。这种性的"治安"，并不是对性进行严酷的抑制，而是用公共话语治理性，使性促进公共力量，服务公共利益。具体而言，就是使公民恰当地运用和控制自己的性。在此，权力机构再一次地生产了性的知识。

在几乎所有被认为性被迫陷入沉默的地方，福柯都发现性话语的繁殖。福柯否认教育机构对青少年和儿童的性抑制。围绕着儿童的性活动，教育学家、医生、家长全都动员起来，试图消除儿童的手淫，为此，他们反复地谈论性，自己谈，也让儿童讲出来，让他们坦白和招供。他们谈论手淫的事实、范围及危害，设置监督机构，设想教育手法，他们在家庭内部建立了一整套防范

---

① *The Will to Knowledge*，*The History of Sexuality*，Volume 1，p. 19.

性的性医学措施。事实上，福柯挑战性地指出，这类意在消除手淫的行为和话语，却在滋生儿童的性行为，在传播性话语和性知识。儿童的手淫不仅从未得到根除，反而在这种性话语的围剿下加快发展，加快逃逸，加快渗透和扩散。手淫就此成为永恒的痼疾，似隐似现地存在下去，权力体制不仅仅未能消除和镇压儿童手淫，在生产性话语的同时，它还启示和扩散了手淫。

　　同样，几乎所有的性反常形式都受到了权力的生产。人们的最终目的也许是想要抑制反常的、夫妻之外的性活动，从而将性纳入正常的生育轨道，让性保持劳动力的再生产，维持社会的现有关系和体制。那么，怎样抑制反常性活动呢？首先，权力要明确界定那些本来模糊的无人问津的反常性活动形式，要对它们进行描述，为它们分类，给它们命名，要让它们有一个范围，一个看得见的能够分析的存在形式，要反复地搜索各种性实践形式，并对它们进行观察、描述、分析、认知。而所有这些不是抹去了反常的性实践，不是根除了它们，也不是抑制了它们。权力和权力机构的所作所为恰恰是确定了它们，肯定了它们的存在，强化了它们的处境，让它们从匿名的状态中浮现出来，从沉默的状态中暴露出来。权力使它们定型了，使它们根植在社会中。福柯问，这难道是在消灭性反常？"不，这不是排斥这些异常的性状态，而是将它们具体化，局部性地强化。"[1] 这些反常性实践一旦获得了可见性形式，权力就介入其中，权力试图对其进行监督，它要检查、提问，要做报告，它想制止这些非生育性的性实践，但是，实际上呢？权力对性的干涉和介入使它自身也被色情化了，在干预性的同时，它也被性反咬一口，肉体的快感散播到权力上。权

---

[1]　*The Will to Knowledge*，*The History of Sexuality*，Volume 1，p. 44.

力对性的监督、窥视、干涉、检查、提问、审讯、抚摸，带有不可自制的兴奋感，它获得的每一份享乐细节，它搜寻到的每一个快感猎物，都使权力享受到了肉体乐趣，都使它色情化。权力和性实践的角逐反复进行，从不间断，它们相互诱惑，而又躲闪回避。就在这种无尽的追逐中，权力并没有制服性实践，并没有与它隔断、分开，而是和性实践，和反常的爱欲形式进行反复的螺旋般的渗透游戏。事实上，"权力繁殖了独特的性态，它并不设置性的边界，它扩展了性的形式，并通过无限的渗透线路追逐它们；权力不排斥性，而是将它作为一个特定的个人模式植入身体中；它并不试图回避性，而是通过权力和快感相互强化的螺旋形式来诱发性的多样形式；它不设置障碍，而是提供能最大限度地进行渗透的场所，它生产和决定了多姿多彩的性形式"①。现代社会就是在直接鼓励性反常，权力就是在生产和传播性反常，权力和快感的相互追逐，正是权力的内在机制，它们织成了一张网，这张网络广泛铺开，在权力和个人之间，权力和身体之间，权力和性态之间，有如此之多的触点和结点，它们相互刺激，相互补充，相互影响，并将这种影响在社会中广为传播。福柯的结论是，"过去三个世纪的明显特征，不是关心如何掩盖性，也不是普遍地在语言上谨小慎微，而是发明了广泛多样的机制来谈论性、迫使人谈论性、诱导性自己谈论，来倾听、记录、改写和重新分配有关性的言谈。围绕着性，一张多变的确定和强制性制造的话语网络织成了"②。确切地说，这三个世纪，社会是通过权力和权力机制有计划地刺激性话语的生产。

---

① *The Will to Knowledge*，*The History of Sexuality*，Volume 1，p. 47.

② *The Will to Knowledge*，*The History of Sexuality*，Volume 1，p. 34.

性话语的生产通常以自白的方式进行，自白被认为是获取各种各样真理的途径，也是获取性真理的途径。而自白同样为一种内在权力结构所驱使，它确立自己的规则，扩大自己的范围，形成自己的档案。重要的是，关于性的自白程序与科学言说相互渗透，相互融合，相互影响，如在临床医学中有关性的"询问"和自白，将性自白纳入因果说中，用性自白来解释某些现象，将自白作用医学化等等，所有这些，都使性自白成为性科学的前提，使性自白向一门性科学转化。正是在自白技术与科学言说的相交处，一些重要的结合机制出现了，有关性的知识出现了，性的所谓秘密揭穿了，它的真相也大白了。这正是18世纪以来的资产阶级社会的权力机制生产性话语的原因：它自己谈性，强迫每一个社会成员谈性，它让性话语繁殖，使得性纳入有纪律的知识领域。由于性被视作人的秘密、人的普遍问题，被视作自我和主体的深渊，性的知识体系和科学体系就至关重要。显然，在这个社会中，性以及性话语是受到权力机制的驱使、生产和激发的，这个权力机制不是否定性的，而是"话语、特定知识、性感和权力组织起来的一个复杂网络的启动操作。它不是将粗俗的性推至模糊和无法抵抗的区域，而是相反，它将性传播到身体和事物的表面，唤取它，刻画它，让它开口，将它根植在现实中并让它诉说真理：这完全是一个熠熠发光的性阵列，它在快感和知识的互动中，在固执的权力中，在庞杂的话语中闪烁不已"①。

---

① *The Will to Knowledge*，*The History of Sexuality*，Volume 1，p. 72.

五　生命权力、治理和种族

　　将权力机制视作积极和生产性的，而不是否定和消灭性的，这是性话语和性知识得以滋生和建立的理论前提。这样，福柯就彻头彻尾地颠倒了"压抑说"。性被权力生产出来，性的话语和性的知识也被权力生产出来。这导致的结果是什么呢？福柯在此提出了他的生命权力（biopower）概念。由于权力是积极和生产性的，无论是对于性，还是对于生命——性和生命显然密切相关——权力就不再是杀戮式的，就不再是君王的那种肆无忌惮的消灭式的，相反，权力在保持、激发、促进性、生命和社会的发展。而生命权力正是这种提高生命、管理生命、繁殖生命、控制和调节生命的积极权力，它在生命、人类、种族和人口的层次上发挥作用。围绕着生命，生命权力和君王的屠杀权力针锋相对，这也是肯定权力和否定权力的针锋相对。

　　生命权力在 17 世纪通过两种形式发展起来。一种是以人体为中心，它对人体进行训练，使人体的能力提高，同时也使人体驯服，这种权力生产出既有用又驯服的人体，人体的实用性和驯服性同步发展，这一点，我们在《规训与惩罚》中已经看到了福柯的完整而全面的描述。这一种生命权力形式被福柯称为人体的解剖-政治学，它运用的程序是训练，人体最终被纳入经济系统中得以检验。另一种生命权力形式是以人口-生命为中心的，它形成于 18 世纪，它关注生命，关注作为生物过程的人体，将人体作为繁殖生命的基础，它根本的关心是生育、出生率和死亡率、健康、人口的寿命和质量，福柯称这种生命权力为人口的生命政治学，这种权力以生命为对象，对人口进行积极的调节、干预和管理。"对身体的规训、对人口的调节构成了两极，控制生命的权力就围绕着它们而展开。古典时期建立起来的这个伟大的双重技术——解剖学和生物学的，个体化和具体化的，它着眼于身体性能，关注生命过程——使得权力的最高功能可能不再是屠杀，而是对生命完完全全的投资。"① 这就开创了生命权力的新纪元。一方面，对人体的规训机器纷纷建立，它们旨在生产和训练出有利于资本主义发展的劳动力，这些规训机器是工厂、学校、军营、社团；另一方面，在政治实践和经济观察领域，对人口的控制技术也成熟了，对人口和资源的关系也做了研究，出现了人口学、观念学派的哲学等。对身体的规训和对人口的控制，这两种权力并不排斥，前者针对肉体的人，后者针对的是活着的、有生命的人。准确地说，规训权力"试图支配人的群体，以使这个人群可以而且应当分解为个体，被监视、被训练、被利用，并有可能被惩罚的个体"。而针对生命的权力"也针对人的群体，但不是使他们归结为肉体，而是相反，使人群组成整体的大众，这个大众受到生命特有的整体过程，如出生、死亡、生育、疾病等的影响"②。这些生命权力的发展，围绕着生命和身体而建立起来的知识，都有利于促进资本主义的经济发展。而且，都与对人体和生命的管理、控制、分配密不可分。在此，人的生命进入历史之中，也进入知识和权力的领域之中，进入政治技术之中。"西方人逐渐懂得，一个生物世界中的生物种类意味着什么？拥有身体、存在状况、生命的可能性、个人和集体健康，可被修正的力量以及以一种理想

---

① *The Will to Knowledge*，*The History of Sexuality*，Volume 1，p.139.
② 福柯：《必须保卫社会》，钱翰译，上海人民出版社 1999 年版，第 229 页。

方式对这些力量进行再分配的空间，这些又意味着什么？无疑，在历史上的第一次，生物存在根据政治存在而得以反思。"① 生命受到权力-知识的积极干预，受到政治的干预，福柯称这种新的"历史上的第一次"发生的现象为"生命-政治"，它意味着，大量增加的政治技术开始包围身体、健康、饮食、居住方式以及整个存在空间。生命成为权力的支点。

性的重要性就显露出来——这或许是《认知的意志》的根本出发点——性处于"身体"和"人口"的结合地带，它横跨生命权力的两条线索：它既属于身体领域，也属于生命领域；既属于对身体进行训练的权力对象，也属于对人口进行控制的权力对象。性既是通向身体生命的途径，也是通向生物生命的途径，它既是规训的标尺，也是调节的基础，性既成为个体的标志，也成为政治、经济和意识形态干预的主题。围绕着性，权力战术将身体规训和人口调节结合起来，而它的中心目的，正是对于生命的调控和管理。这种对生命的调控，实质上就是要更好地维护和肯定生命。权力就不是屠杀生命，而是使人活，提高生命的价值，是控制事故、缺陷、流行病，对于生命而言，生命权力是肯定性的，它旨在消除疾病，建立医学知识和公共卫生机构，总之，它要对生命负责。它管理和干预的领域是："出生率、发病率、各种生理上的无能、环境的后果。正是关于这一切，生命政治学抽取其知识并确立干预和权力的领域。"② 如果说，从 19 世纪起，"生命权力"的纪元开始了，生命进入一种政治战略中，社会也迈入了它的"现代性门槛"，那么，我们也可以在同样的意义上说，这也是

---

① *The Will to Knowledge*，*The History of Sexuality*，Volume 1，p. 142.
② 《必须保卫社会》，第 231 页。

一个"性"的社会，在这个社会中，性成为权力的靶心。福柯将"性"的社会和"血"的社会做了对比。前者正是规训社会，是训练身体和控制人口的社会，是以生命作为权力和知识的干预对象的社会，是"性"被权力生产，性话语被权力刺激的社会；而"血"的社会呢？"血"的社会是君主社会，是暴力洒血的血腥社会。在此，血具有多重象征意义：死亡、战争、屠杀、酷刑。"权力通过血在讲话"，它是血淋淋的恐怖和镇压，"血"的社会在《古典时代疯狂史》中对疯癫实施禁闭，在《规训与惩罚》中对罪犯处以极刑。"显然，如果说有什么东西属于法律、死亡、越轨、象征、独裁，那就是血。而性则属于规范、知识、生命、意义、纪律和调控。"[①] 福柯大胆断言，古典时期发明的、在 19 世纪被应用的新的权力手段使我们的社会从血的象征进入性的分析中。社会的变化以权力变化为先决条件。以血为中心对象的权力是消灭和镇压，以性为对象的权力是繁殖和传播。血的社会是否定，性的社会是生产。血和性，这是两个意象，它象征两个时期（古典和现代）、两种权力（压抑权力和生产权力）、两种社会（君主社会和规训社会）。

实际上，它也象征着两种国家形式：司法国家和治理国家。在《认知的意志》和《规训与惩罚》中，福柯几乎没有提到国家形式，他只是在阐述社会形态、社会中的权力形态。"生命权力"是这两部著作的结合点，性是生命权力的核心对象，人口是它捕捉的一个主要目标。福柯随后在法兰西学院授课中再一次提出人口问题，不过，这一次，他是将人口和治理术（governmentality）联系起来讨论的，是在国家范围内讨论的。就生命权力而言，它

---

① *The Will to Knowledge*，*The History of Sexuality*，Volume 1，p. 148.

建立了人口的生命政治，它对人口进行控制和调节，并制造了有关人口的知识和哲学。如果说，《规训与惩罚》解释了针对身体的规训权力是如何诞生的，那么，《认知的意志》对生命权力的出现则语焉不详，对人口成为生命权力的对象同样没有过多的解释。我们不说生命权力等同于治理术，也不说生命权力控制的人口等同于治理术治理的人口，但是，我们要说，人口问题将治理术和生命权力联结起来，治理术和生命权力有着共同的覆盖面，有着共同的对象：人口。而且，福柯对治理术的漫长追溯有助于解释生命权力的诞生。生命权力也许是治理术的重要一环，因为"治理艺术通过人口问题的出现找到了新的出口"。如果说生命权力仅仅是针对人口及与人口相关的要素的话，那么，治理术的历史和对象范围宽泛得多，它只是在人口这里获得了戏剧性的变化并同生命权力重叠。我们看到，治理术有一个漫长的历史，它涉及一个过程，只是在 18 世纪，在碰到人口问题时，才和生命权力交织起来，或者说，只是在这时，治理术采用了生命权力的形式。这样，我们会发现，生命权力并非凭空而来，突然而至。如果说《认知的意志》没有对此做出解释的话，《治理术》则是对此的一个补充，而且，《治理术》不仅仅涉及人口问题，它还与领土、与国家相关。治理术如此复杂，那么，这到底是怎样一个过程呢？

福柯将治理术，也可以说"一般意义上的治理的问题"追溯至 16 世纪。从 16 世纪开始，有关"治理艺术"（art of goverment）的著作激增，"治理作为一个普遍问题爆发出来"，这些问题包括"如何治理自我，如何被治理，如何治理他人，人民接受谁的治理，如何成为最好的治理者"等等。① 等等。这些问题都与国家

---

① Michel Foucault，"Governmentality"，见 *The Foucault Effect*，University of Chicago Press，1991. p. 87。

的治理，与治理的政治形式相关。而且，这众多的有关治理的著作都将马基雅维里的《君主论》作为靶子，都以这本书为对手和立足点来展示各自的论述。这一探讨治理艺术的过程——也就是对《君主论》进行批驳的理论过程——从 16 世纪延伸至 18、19 世纪之交。

　　这些反马基雅维里的论著都这样解释马基雅维里的政治学："君主与他的君权的关系是独一无二的、外在的，因而也是超越性的。"① 就是说，君主无论是通过什么手段获得君权，他都不是自然的君权本身，君主是通过各种方式获得君权的，这意味着，他也可以通过各种方式失却君权，君主和君权之间的纽带就不是固定的、牢靠的、一劳永逸的，君主随时面临着丧失君权的威胁。在马基雅维里看来，君主和君权之间的脆弱纽带——这也是一个人为纽带，它们没有根本性的、自然的或法律的联系——随时都会崩断。这种崩断的外力既可能是君主的外在敌人，也可能是君主的造反臣民。这样，君主就得通过行使权力来强化和保护自己的君权。对君权的保护技巧、对君主和君权之间脆弱的纽带的维护，就是马基雅维里式的治理的艺术，它需要两项能力：对君主所面临的危险的辨识能力；发展一种操纵艺术，使君权得以保护和维持。马基雅维里的政治学就这样被视作君主如何保护君权的政治学。而 16 世纪以来绵绵不断的反马基雅维里的著作却提出了多样的治理形式，君主和国家的关系只是其中一种。这种种新的不同于马基雅维里的治理艺术可分成几类，但是，这些治理艺术的核心是，"把经济（家政）引入政治实践中"②，具体地说，就

---

① *The Foucault Effect*，pp. 89 - 90.

② *The Foucault Effect*，p. 92.

是"如何将经济——也就是说，对家庭中的个人、物和财富的正确管理方式，使家庭兴旺发达的正确方式——将父亲对其家庭的无微不至的关注引入对国家的管理中来"①。这样，治理国家就不再仅仅是保护君权，而且是在整个国家的层面上建立家政。君主对国家的居民，对居民的财产和行为的管理，就应当像家长对待家务和财产一样进行控制。

这些新的经济或家政式的治理艺术同马基雅维里的治理术的不一样还在于，对马基雅维里而言，君主的权力对象有两样东西：一是领土，一是居民。马基雅维里有意地将主权同君权重合，无论是君权还是主权，领土都是最重要、最根本的因素，君权就是要维护主权。在他这里，治理最主要的是对领土的管理和控制，就是确保主权，确保对法律的绝对遵循。但是，新的治理艺术并不涉及领土，治理艺术关心的是人和事情构成的复合体，实际上，它关心的是人，是与事（财富、资源、谋生手段、领土）相关联、交织的人，领土不再是治理的主要对象。因此，如果说马基雅维里将治理和保持领土的主权重合起来的话，那么，新的治理艺术则和主权分离，这种治理不关涉领土，它处理事情，关注事情。但是这种对事情的关注和处理不是依照法律，而是运用谋略和手段，它有多种目标。这样，这两种治理形式就出现了重大的差异。马基雅维里式的治理特点是：君权的对象等同于主权的对象，治理就是对领土的控制，治理应严格按照法律来实行。而新的治理艺术的特点是：治理是对各种事情的处理，它同主权无关，治理不必遵循律法，而是运用灵活多变的手段来实施。

这种新的治理艺术的出现同 16 世纪君主国行政机构、政府机

---

① *The Foucault Effect*，p. 92.

构的全面发展相关，这些机构的出现使治理各种各样的事情得以可能，同时，也与当时兴起的分析和知识形式——如统计学——有关；最后是跟重商主义有关。这些因素的出现，为新的治理艺术的实施提供了前提条件。新的治理艺术在 16、17 世纪之交找到了它的第一个具体化形式：国家理性主题，即国家根据一种内在于国家的理性原则来治理。这种治理要求将国家当作自然一样，认定国家内存在着一种理性形式，并在国家的具体现实中寻找理性原则。但是，根据福柯的考察，这种治理艺术发展得并不顺利，在整个 17 世纪，新的治理艺术步履蹒跚：17 世纪的战争、起义、频繁的财政危机，这些具体的政治、经济、军事等历史理由阻碍着治理术的顺利发展。此外，另一个关键问题是，因为新的治理艺术同主权和君权实践并不同步，但是，它又并没有跳出主权的框架，它仍在主权的法律框架之内探索。而主权对于一个国家而言，总是核心问题，主权总具有优先性，它总是根本因素，"只要主权制度是基本的政治制度，只要权力行使被认为是主权行使，治理艺术就不能以一种独立自主的方式得到发展"[①]。国家僵硬而抽象的主权结构压制了治理艺术的自主性，这样，福柯的结论是，以家政（经济）模式发展起来的治理艺术不可能对以领土为对象的主权做出充分回应。

但是，在 18 世纪，因为人口的扩展，治理艺术的尴尬境况得到了改善，它的障碍也消除了。为什么人口问题扫清了治理艺术发展的障碍？福柯的解释是，在人口问题出现以前，治理艺术是以家庭管理作为模式的，但是，人口问题一出现，治理艺术就找到了一个新的出口。人口问题不可能在家庭模式中得到解决，因

---

① *The Foucault Effect*，p. 97.

为"人口有其规律性，有其死亡率和发病率，有它自身的稀缺循环"①，此外，与人口相关的还有流行病、迁移、风俗、职业活动等。更重要的是，它还引发了一些经济后果。所有这些，使得人口问题无法还原到家庭维度，对人口的治理，就无法以家庭模式作为基础来实行。或者更准确地说，家庭不能为人口提供基础性的治理模式，家庭倒是被包括在人口问题之内，它成为思考人口问题的一个手段，而非模型，"人口问题有可能破除治理艺术的障碍的东西，正是对家庭模式的消除"②。这样，一种有别于家政式的治理艺术再次出现。

必须强调的是，"人口逐渐超过所有其他东西，显示为治理的最终目的"③，这样，对人口的治理就成为 18 世纪以来的主导性治理。这种治理就跳出了主权和君权的法律框架，治理不再是对于领土的治理，也不再是确保君主的治理行为本身。人口治理的目标——18 世纪以来最终的治理目标——就是人口的福利，它包括增加财富、提高健康、延长生命等等。围绕着这些目标，治理必须行之有效，它必须观察与人口相关的资料，建立相关的知识和学科，必须形成一种治理知识，政治经济学就以此为契机而形成：它对人口、领土、财富之间的复杂关系进行认知。总之，"18世纪发生的变化，即从治理艺术到政治科学、从主权结构支配的政体到治理技术主宰的政体的转变，开启了人口的主题，并带来了政治经济学"④。这样，治理艺术就转变为一门复杂的学科，一门政治科学。它的运作跳出了主权法律框架，它开始有自主性了。

---

① *The Foucault Effect*，p. 99.

② *The Foucault Effect*，p. 100.

③ *The Foucault Effect*，p. 100.

④ *The Foucault Effect*，p. 101.

但是，这并不意味着主权不再起作用，相反，主权问题现在更为有力，更加尖锐，只不过治理艺术不再从其中推论得出了。它同治理的关系不大，也不再抑制着治理，它现在一门心思地关注它的问题：构成国家特征的主权的法律和制度形式是什么？法律基础又是什么？同样，纪律（discipline）也没有消除，人口的治理，尤其涉及治理的细节和深度的，需要纪律的保证，纪律在这个治理艺术的运用中显得迫切而必要。实际上，在18世纪，"存在着这样一个三角，即主权—纪律—治理，它将人口作为其首要目标，将安全机制作为其根本机制"。18世纪的社会变化由连续的三个运动所引发：治理艺术发生了变化，主权不再对治理艺术进行挤压和阻碍；人口成为这种治理艺术的目标，成为干预对象；与此相关的是，经济独立了，它成了一个现实的特定部分，政治经济学成为干预者治理这个现实时的技术过程，"治理、人口、政治经济这三个运动，从18世纪起开始构成一个坚固的系列，直到今天，它仍未崩溃"①。

治理、人口、政治经济这三个运动是典型的福柯式权力实践模式。显然，治理是一种特殊而又复杂的权力实践，它与制度、分析、程序、反思有关。它的对象、权力的作用点则是人口——福柯在《认知的意志》中将作用于人口的权力称为生命权力——这种权力必定会产生和制造一门知识，这就是政治经济学。福柯讨论的18世纪的新治理术的出现正是生命权力的诞生，是权力生产知识的又一例证。在《认知的意志》中，生命权力被赋予了越来越突出的地位，他在那里断言，社会从此进入了"现代生物阶段"；在《治理术》中，他同样断言，这个治理术到今天尚未崩

①　*The Foucault Effect*，p. 102.

溃，它占据了主导地位，现在是一个治理的社会。"我们生活在一个'治理术'的时代。"无论是以"生命权力"为标志的"现代生物阶段"，还是"治理术"时代，对人口的管理成为社会的最主要目标，在此，生命权力和治理术交织和重叠起来：二者都是权力实践，都是对于人口的管理，都关注人口的福利、健康、寿命，都产生关于人口的知识，都将人口和生命作为最后目标，都成为今天的主导权力形式，最后，都动摇了传统的国家权力实践模式、国家模式和形态。

传统的国家形态是什么样的？或者说，西方历史上巨大的国家权力形态是什么样的？《规训与惩罚》和《认知的意志》都没有明确地表达，它们只是谈到了国家权力的意象，它的某一个形象化显灵。在《规训与惩罚》中，国家权力意象是酷刑，在《认知的意志》中，这个意象是血。这两个意象代表的权力是一致的，即都是压制性和否定性的。无论是酷刑，还是血，都意味着权力的暴力色彩，都意味着杀人，国家权力随时表现为对生命的否定。在《治理术》这里，福柯对国家形态给予了粗略的但又是明确的概括："首先是司法国家，它诞生于封建型领土政体，与法律社会相对应，它包括一整套义务和诉讼的相互作用；其次是行政国家，诞生于 15、16 世纪国家边界的领土性中，与一个管制和规训社会相对应；最后是治理国家，从根本上它不再以其表面区域和领土性来界定，而是以其人口量、人口的容量和密度来界定……可以认为，这种管理国家与一种安全机制控制的社会类型相对应。"①

在此，治理性国家明显地同行政国家和司法国家区分开来。治理性国家存在的基础是治理术。由于治理术既非君权，亦非法

----

① *The Foucault Effect*，p. 104.

律，或者说，它在君权和法律之外，这种治理性国家的基础就不是君权模式和法律模式，它的国家权力实践也不是否定性的。在此，我们再一次看到，治理权力脱离了法律和君主。它不再是否定性的。治理术或者生命权力不再是杀人，而恰恰相反，它是维护生命的。治理性国家为一种肯定性的致力于生命管理的生命权力所主宰。同压制性的君权国家模式相比，这种治理性国家无疑更松散，更不具有严格的统一性，更不具有苛刻的控制性。福柯用否定性的法律权力来说明那种冷血巨兽的国家形态。这种国家既是由上而下地控制性的，也是还原论的——福柯在此显然也指马克思主义的国家论——国家被还原为一系列功能，如发展生产力或再生产生产关系等等。如果用肯定性的生命权力或者治理权力来描述国家形态呢？显然，这同严格的君主国家形态相去甚远，这样的国家较以前的国家而言，它变得模糊了，国家位置、地位、疆域，国家所激发的那种固有情愫就不那么重要了，"毕竟，国家或许不过是一个混合的实体，一种神秘化的抽象，其重要性比我们许多人所想象的有限得多"①。如果国家是一个"混合的实体"，那么单一而蛮横的君主和法律压制权力无法对此做出充分的解释。它需要治理权力来解释，治理权力无疑要复杂得多，也松散、细微得多。因为"事实上治理术的问题和治理技术已成为唯一的政治问题，已成为政治斗争和政治竞争的唯一的真实空间"②。

对生命的治理权力而非对生命的屠杀权力，松散的治理性国家而非严酷的君主国家，对人口的关注而非对领土的关注，福柯所勾勒出来的这一政治学趋势，在今天，在人权和主权的不尽纷

---

① *The Foucault Effect*，p. 103.
② *The Foucault Effect*，p. 103.

争中，在世界各地弥漫的炮火和硝烟中，不是引发了巨大的回声吗？现代形形色色的战争和种族主义完全可以在治理权力或者生命权力的框架内得到解释。因为，"在19世纪，权力占有了生命，承担了生命的责任，它通过身体的规训技术和人口的调节技术，完完全全覆盖了从有机体到生物学，从肉体到人的全部"①。如果说，战争和种族屠杀是针对肉体和生命的话，是与人口密切相关的话，那么，它们就能够在治理性国家的背景下，在生命权力的框架内得到解释。

乍看起来，生命权力怎么会引发战争呢？因为它是在提高生命、延长寿命、规避风险、消除疾病，它是以生命和健康作为对象和目标的，在这种情况下，它怎么可能杀人呢？"这个主要目标是使人活的权力怎么可能让人死呢？在围绕生命权力的政治体系中，死亡的权力、死亡的职能如何运转呢？"②福柯正是在这里谈论种族主义。在他看来，种族主义进入现代国家机制中，与生命权力密切相关，生命权力促发了种族主义，并使种族主义成为国家的根本性权力机制，国家通过种族主义而发挥功能。怎样理解福柯的这些论断呢？

我们先看看福柯的种族主义概念。什么是种族主义？"首先，它是最终在权力承担生命责任的领域引入断裂的手段，是应当活的人和应当死的人之间的断裂。"③种族主义是断裂、区分的手段，它将人类的群体、人类的统一性和连续性分开，它将人类分类，有些种族低等，有些种族高级，有些种族好，有些种族坏，这些人类、人群、人口从其内部分裂了。换一种说法，人口的生

① 《必须保卫社会》，第238页。
② 《必须保卫社会》，第239页。
③ 《必须保卫社会》，第239页。

物学类型得到了划分，不同种族占有不同的生物学知识和生物学领域，人口内部就不再是同质性的，而是一个混合的差异性种族的集合。人口的生物学统一体——这一生命权力的对象——被分裂了，这是种族主义的第一个功能。种族主义的第二个功能正好和生命权力的旨趣相吻合，或者说，它借用生命权力的运作方式而发挥作用。生命权力的根本目的是，要维持生命，要更好地生存。种族主义以此为契机，它进一步地提出了更好地生存的方案，那就是："如果你要生存，其他人就必须死掉。"种族主义就这样在"我的生存"和"别人的死亡"之间建立了联系。自然而然地，在一个人口的总体中，在被分隔的人口总体中，一些强壮的种族为了更强壮，为了更健康，为了生活得更好，为了更好地繁衍，就希望低等的种族、不正常的个人、人类的退化者消失、被消除、灭绝。他人死亡，我个人的生命安全就得以保障。种族主义就这样借助生命权力而展开，它按照生命权力的模式而展开。在种族主义中，生物学关系比军事关系、政治关系和战争关系更为基本。正是在生命权力的需求下，种族主义才行动，才发起杀人的战争。它不是为了战胜政治上的对手，而是要消灭生物学上的危险，它不是靠政治手段，靠非暴力的方式让对手声名狼藉，一败涂地，而是为了提高种族质量、提高人口的纯度和价值而抹除任何生物学威胁。杀人、处死的前提是巩固人种和种族，也可以说，种族主义的杀人就是为了在生物学上使这个种族健康，这是它的根本目的——一个生物学目的，而非政治目的和领土目的。

在 19 世纪，种族主义就这样从生命权力中派生出了它的特有形式。种族主义和国家机制相结合，整个国家就在生命权力的支配下变成种族国家。这种国家"被迫利用种族、种族的清洗和种族的纯洁来行使它的统治权，通过生命权力，使人死的权力的古老统治权的职能导致了种族主义的职能、建立和复活"①。古老统治权使人死的目的本是报复、惩罚和显示君主的至上威严，但是，生命权力使人死的目的则是确保生命的安全和价值。这两种权力虽然都使人死，但最终目的不一样，对种族主义而言，它借用古老统治权的使人死的手段，却是为了达到生命权力使人活的目的。种族主义国家完全按照这种奇特的观点、手段、目的而施展其职能。它一定要杀人，杀别的种族，从而保证自己种族的安全，消除它面临的危险。这种新的种族主义就不仅是一种种族蔑视、仇恨，不仅仅是心理上的种族敌意，也不仅仅是一种意识形态灌输，它与思想、意识形态和权力谎言无关。这种新的种族主义的独特性就在于生命权力贯注于其间，这种 19 世纪发展起来的生命权力成为它的基础。正是生命权力的高度而成熟的发展，使纳粹国家成为一种全新的种族主义国家。纳粹的生命权力无孔不入，生命权力的两种形式——对身体的规训权力和对人口的调节权力——伸展到了纳粹社会的每个角落，"没有比纳粹更有法律的国家；也没有哪个国家进行的生物学调节比它更紧密更坚决"②，比它更有保障和更有计划。正是因为生命权力的蔓延和密布，杀人的权力就丧失了控制，因为生命权力为了生命目的而要杀人，哪怕生命遇到了一点点威胁，它就要杀人。生命权力前所未有地成熟，它变得十分敏感，对威胁变得焦虑、紧张。基于此，纳粹设想自己，自己这个种族永远处于危险之中，处于别的种族的威胁之中，它将自己的种族，全部人口，暴露于死亡面前。只有这样，只有面临着死亡威胁，它才能成为高级的种族，并决定性地再生。同时，

---

① 《必须保卫社会》，第 243 页。
② 《必须保卫社会》，第 243 页。

其他的种族就被奴役、被屠杀、被灭绝。战争就在这样的生命权力的驱使下发生了，杀人权力也在生命权力的目标下肆无忌惮。这样，经由生命权力，国家杀人的职能就通过种族主义来保证。战争、种族主义、大屠杀，都通过生命权力，找到了它们的现代形式。

六　权力、抵抗和战争

权力从否定性的变为肯定性的，社会也就此发生了根本的变化。福柯在此不仅仅抛弃了社会理论的经济维度，而且更坚决地抛弃了意识形态维度。福柯的生命权力——无论是训练身体的规训权力，还是控制人口的调节权力——从来不作用于人的头脑和意识，它作用于性。在此，人只是一个身体存在，而不是一个意识主体。这一点至关重要，将人的存在性还原至身体层面，这是谱系学和考古学的一个基本出发点。在考古学中，福柯断然抛弃了"我思"概念，他将"精神""心态"等概念打入冷宫。人作为一个身体存在突现出来，这个身体遭到了权力的规训和调节，它到底是怎样的身体，身体是否就还原到"性"的层次，是否就等于某种特定的器官？

实际上，福柯的身体是非中心化的身体；它并不为某种本质主义器官所主宰。福柯的身体在这一点上和德勒兹的身体概念近似，二者都是流动的、变化的、灵活的、非稳固的。身体不停地增殖、展开，它的每个部分、每个细节都是自主的，都可以获得一种兴奋感。它们并不被主要器官所支配、主宰和垄断，"有一种无政府主义式的身体，它的等级、区域化、排列，或者说，它的有机性，正处于解体的过程中……这是某种'不可命名'的东西，这个身体完全被快感所锻造，它自我敞开、变紧、颤动、跳动、打呵欠"①。这种"全新而且极美的身体"具有可变性和流动性，"身体处于流变过程中"，它丝毫不能充当某种不变的固定基础。这样，身体就会被各种力量塑造，它要经受种种训练和折磨，它要被权力生产和锻铸，身体的不稳性和可变性，使它一定会和权力遭遇，一定会被权力有意地揉捏，这即是《规训与惩罚》和《认知的意志》的前提。在这里，身体，它的器官，它的功能，它的所有被认为是生物学意义的组织，都被动摇和改变了，都被认为是权力和社会的塑造产品。身体进入权力的视野中，进入社会的视野中，进入机制的视野中。福柯这项研究的目的就是"表明权力机制如何同身体直接相关，如何同众多身体、功能、生理过程、感官和快感相关；身体并没有被抹去，有必要通过分析使身体变得可见"②。而性则是由权力组织起来的性机制中最思辨、最理想、最内在的要素，性并非自主的、独立的，它是性机制和权力的产品。

如果说，福柯的身体剔除了本质主义色彩，这种身体并没有将性和性器官作为基础性的坚实的生物存在的话，那么，这种身体在某一方面就十分接近德勒兹的"无器官的身体"。它们都是没有组织原则的不稳固身体，都不是有机性的身体，都是散乱而零碎的身体，都是灵活、流动、可变的身体，都是处于变化过程中的身体。这种身体不为它的生物性事实所主宰而固执地与社会发生关系。也正是在同社会发生关系的过程中，德勒兹的身体和福

---

① *Foucault Live*：*Interviews*，*1961 - 1984*，pp. 186 - 187.
② *The Will to Knowledge*，*The History of Sexuality*，Volume 1，pp. 151 - 152.

柯的身体分道扬镳。德勒兹的身体没有受到权力的牵挂，它是主动性的，它为一种欲望之流所贯注，它永远在逃逸、在冲破、在联结，德勒兹借用这种身体来进行他的解域化实践。这种身体，因为没有羁绊，没有绳索，没有组织，所以可以四处奔突，也可以反复地重组，"无器官的身体"不是一个身体形象，它是一个分解和重组的身体过程，是一种成形和变形的身体过程，它是"根茎式"的，四处渗透和延伸。

福柯的身体同样是个变形过程，同样具有可塑性，但是，它的变形的根源来自外部，它内部的可变性是通过外部权力来实践的。德勒兹的身体没有遭遇权力，或者说，这种身体正是要冲毁权力，它丝毫不顾及权力。但是，福柯的身体则和权力密切相关，正是在权力的干预下，身体发生了变化。权力和身体紧紧地联结在一起，无论是规训权力，还是生命权力，都将身体作为它的实施对象，都在描述权力对于身体的管理、改造、控制。身体的可变性是权力有意图地来实施的。由于权力是生产性的，身体就是被生产的，就是产品和结果，身体的可变性为权力的生产性提供了条件：一个坚实而稳固的身体，不可能被生产和锻造。福柯的"身体"是可变性的，但是是被动地变化的，德勒兹的"身体"是可变性的，但是是主动地变化的，这就是这两种身体——驯服的身体和无器官身体——的差异。

权力/身体，或者说，生命权力成为福柯社会理论的关键。生命权力一旦成为社会的主要管理、控制形式，意识形态的效用就丧失了。这正是福柯和马克思主义的重大区别。对马克思主义来说，意识形态是关键的争斗场所，这是因为"统治阶级的思想在每一时代都是占统治地位的思想。这就是说，一个阶级是社会上占统治地位的物质力量，同时也是社会上占统治地位的精神力量。

支配着物质生产资料的阶级，同时也支配着精神生产的资料，因此，那些没有精神生产资料的人的思想，一般地是受统治阶级支配的"①。社会就是由统治阶级和被统治阶级组成的这种二元结构确定的，统治阶级控制着财富和工具，被统治阶级被迫向统治阶级出卖劳动力以维持生存。这样一种阶级结构和社会结构的确立及其持续再生产借助的正是意识形态，因此，围绕着意识形态，阶级之间就会发生冲突。变革社会形态和阶级关系，也要在意识形态领域中展开狂热的斗争。在马克思主义者那里，推翻统治阶级的前提就是要在意识形态斗争领域中取得成功。无疑，马克思主义将意识形态教诲同社会的变革密切关联起来。

但是，福柯并不看重意识形态。意识形态理论的一个隐含前提就是承认主体性，就是承认具有"我思"品质的主体，就是将主体和意识等同起来。意识形态本质上是主体（无论是个体的还是集体的）的思想体系，是主体看待和体验世界的思想方式，无论这种体验方式是扭曲的还是逼真的，是变形的还是真实的。我们已经反复地表明，福柯同这种意识哲学和主体哲学做了断然的决裂，在"人之死"的宣告中，"意识"也一起被埋葬了，他不承认有一种主体意识的东西，他当然就不承认意识形态这一套理论。福柯放弃了主体，取而代之的是身体，如果说主体和意识形态（如阿尔都塞所设想的那样）是不可分离的一对的话，那么，在福柯这里，权力和身体则同样是紧密的一对。如果说马克思主义将主体/意识形态作为变革社会的关键一环的话，那么，在福柯这里，关键的是权力/身体。在福柯这里，没有马克思的阶级斗争，没有卢卡契的阶级意识，没有葛兰西的文化霸权，没有阿尔都塞

---

① 《马克思恩格斯选集》第 1 卷，第 30 页。

的意识形态国家机器，所有通过意识形态灌输而引发革命和抵抗的理论都不存在。福柯相信，权力实践比意识形态信仰更为基本。而这一切的根本前提就是，福柯在政治理论中砍掉了国王的头颅，将权力与国王分离，与法律分离，与国家机器分离。权力的形式，它涉及的范围远远超过了国家机器，"诸权力关系和人们对这些关系所作的分析必须超越国家范畴"①。福柯相信，国家是上层建筑，它只能在那些先存的权力关系基础上运转，它受到那些权力关系的制约，它自身并无支撑点，而"只有扎根于一系列多样的、不明确的构成作为消极的重要权力形式之必要基础的权力关系，才能维持自身"②。权力不再等同于国家机器，它成为一种微分的多样化技术，它在日常生活的层面，在每个毛细血管，无休无止地实践着和渗透着。如果说，国王的权力是自上而下的，是将自己和下层民众分离，并通过这种权力对下层民众进行控制和镇压的话，那么，福柯的权力是"自下而上"的，福柯并不认为统治者和被统治者、国王和臣民的对立是权力的母体形式，是社会的根本权力形式，相反，众多的、大量的权力关系和权力形式存在于日常生活的横断面，存在于各种生产机构、家庭、团体和制度中，存在于多种多样的差异中，存在于任何差异性的两点中。它们组织了一个权力网，而"无论是统治阶层、国家机器的控制者，还是最重要的经济决定者，都不能控制社会中运转的整个权力网"③。权力在日常生活的层面运作，在任一差异性关系中运作，这就使统治者和被统治者之间的对立关系和权力关系失去了特权，它不再是社会中的巨型的权力形式了，也不是社会中最重要的元

---

① 《福柯集》，第 438 页。
② 《福柯集》，第 438 页。
③ *The Will to Knowledge*，*The History of Sexuality*，Volume 1，p. 95.

叙事了。同样，社会的点点滴滴，它的细节，它的体制、关系、生产模式，它的变换、演进、革命、易主等，也不再围绕着这种对立形式和权力形式而展开，它们不再将权力作为中心，作为基础，作为出发点和动力了。相反，"在生产机制、家庭、局部群体、机构中形成并发生作用的力的关系是整个社会产生广泛差异的基础"①。权力是多样的，是横向的，是无中心的，是细微的。国家和民众、君主和臣民、统治和被统治、法律和违法，这些巨型对立关系被福柯纷繁而细腻的权力形态瓦解得一干二净。社会在福柯这样的微分权力视野中，就不再是截然分明的上下两层了，也不再仅仅充斥着这上下两层的否定权力了。

马克思主义的意识形态理论就遭到拒斥，这种意识形态理论要求摧毁统治阶级、推翻国家，但是，如果统治阶级或国家并非权力的主导形式呢？如果统治阶级被摧毁了，社会的权力形态并没有发生根本的变化呢？如果国家消灭了，权力依旧在日常生活的层面运转呢？福柯并未刻意诉求对统治阶级的反抗，但这并不意味着他承认统治阶级的合理性，而只是意味着，反抗统治阶级是远远不够的，反抗统治阶级并不意味着水到渠成。"因为如果权力被揭示为世俗的社会实践和社会关系，那么摧毁或更新政体必须致力于革新这些社会实践和社会关系。"② 而且，"'统治阶级'的概念尚未充分形成，其他一些概念，如'支配''统治''管理'等同样没有定论，它们太灵活了，需要细细分析"③。这样，如果在国家的理论和国家机器这样传统的范畴中进行反抗或斗争，并不是十分有效，它们并不是权力的代表形式，它们也不能穷尽所

---

① *The Will to Knowledge*，*The History of Sexuality*，Volume 1，p. 94.
② 南希·弗雷泽：《福柯论现代权力》，见《福柯的面孔》，第133页。
③ *Language*，*Counter-Memory*，*Practice*，p. 213.

有的细微权力。相反，斗争和反抗应围绕着权力的每个特殊策源地进行，这个策源地可能是一个小头目、一份报纸、一个工会会员，总之是不计其数而且微不足道的，应该对这些权力形式及其策源地进行揭露、讨论、反击，而这"就是一场战争"。那么，这些反抗权力的斗争同无产阶级反对统治阶级的斗争是一致的吗？或者说，是无产阶级斗争的组成部分吗？福柯的答案是，这些局部的反抗斗争可以同无产阶级斗争联合，但它们并不一定是工人的斗争本身。工人对统治者的反抗并不是压倒式的主要斗争形式，但是，它显然和某些局部斗争保持联系，只要这些局部斗争具有革命性和颠覆性。

在权力和反抗这一点上，福柯没有太详尽的论述。他只是相信，有权力，就有反抗。权力关系只是因为有抵抗点才能存在，权力无处不在，那么，抵抗也无处不在，抵抗在权力关系中起着对手、靶子的功能，抵抗也只是在权力关系之内，"抵抗点出现在权力网中的每个角落"，"它作为不可消除的对立面铭写于权力关系中"。① 也就是说，在权力关系中，权力和抵抗是如影随形的一对，如果说，权力不具有中心性的话，抵抗同样不具有中心性，不存在某种关键的抵抗点，只有局部的不规则分布的抵抗点，一些流动的短暂的抵抗点，这些抵抗"引发社会的差异和变迁，破除整体，进行重组，穿越个体，分裂他们，重塑他们，在个体身上，在他们的身体、他们的精神上标出不可缩简的区域。就像权力关系网络最终形成一个稠密网，它穿越机制和机构，但又不被它们准确地定位一样，大量的抵抗点也穿越了社会层次和所有个

---

① *The Will to Knowledge*，*The History of Sexuality*，Volume 1，pp. 95 - 96.

体"①。权力是局部的，抵抗就是局部的，权力穿越哪里，抵抗也随之到达哪里，权力和抵抗正是权力关系中不可分离的两面。福柯强调，对权力机制的分析并不倾向于表明，权力既是匿名的，又是无往不胜的，这毋宁说是这样一个问题："确立每种力的行为模式，它所占据的位置，确立每一面抵抗和反攻的可能性。"②

但是，福柯关于权力和抵抗的这段论述并没有被他详细地证实。在福柯对权力实践的具体分析中，抵抗问题一直是空缺的，无论是规训权力，还是生命权力，我们都能发现，它们所向披靡，它们的主动性、生产性并没有遭到抵抗。福柯甚至承认，边沁的环形监狱是无法抵抗的，即使是犯人接管了环形监狱中间的瞭望塔，也无济于事。福柯只是在理论上意识到了权力总是会遭到抵抗。无论如何，福柯关于权力和抵抗的这段论述因为缺少足够的例证分析被人们忽略了。大量的批评正来自这一点，如果权力四处横行而又缺乏对它的抵抗，那这不是陷入巨大的悲观失望之中？如果主体在权力的肆虐下演变为被动而有用的身体，那么变革的可能性来自何方？如果没有意识形态的质询，没有阶级意识的灌输，那么既定的不公正现实岂非牢不可破？赛义德认为这正是福柯的权力理论偏离马克思主义而导致的最危险的后果：福柯"低估了历史中的这样一些刺激性力量，诸如利润、野心、理想和纯粹的对权力的热爱"③，福柯并没有考虑到工人的积极性介入，没有考虑到权力关系和阶级关系的全面颠倒。福柯的模式与葛兰西的模式大相径庭："葛兰西肯定会欣赏福柯考古学的精致性，但也

---

① *The Will to Knowledge*, *The History of Sexuality*, Volume 1, p. 96.
② *Power/Knowlege*, pp. 163 - 164.
③ *The World*, *the Text*, *and the Critic*, p. 222.

会感到匪夷所思：这种考古学丝毫不涉及那些纷涌的运动，不涉及革命、反霸权或历史阻滞。在人类历史上，总有一些东西越出了支配体制领域之外，不论这种体制如何根深蒂固。而这就使变革成为可能，限制了福柯所说的权力，使那种权力理论步履艰难。"① 赛义德甚至认为，无法指望这种理论以减轻人类痛苦、苦难或失望为目的，也无法指望它对压迫的现实发出真知灼见，为一个将来的理想社会勾勒蓝图，而这正是乔姆斯基的努力。乔姆斯基在和福柯的辩论中执意地相信有一个公正的社会，这个社会要通过斗争，通过抵抗，通过革命而取得，尽管这种取得的途径还不能十分详尽、具体。

赛义德对福柯的批评显然是将福柯的"权力"抽象化了。他没有注意到福柯的权力的开放主义。在福柯这里，权力总是在事件的压力下被反复地思考，不停地重读。福柯对权力的思考，是一种循环往复的过程，在事件面前，在现实面前，在任何可能的启示性光线面前，权力总是在被再次质疑、修改、更正、定位，对权力的思考，永远不是终结性的，相反，它总是未完成的，总是在摸索中，用福柯自己的话说，他是"一个瞎子经验主义者"，他既没有一般理论，也没有可以信赖的工具。实际上，在福柯对疯癫、精神病院、临床医学、监狱和性的研究中，权力一直出没于其中，但是在不停地变换面孔，不停地改变自己的功能、性质。福柯对权力的思考，贯注着他的整个学术生涯，只是在不同时期，权力占据着他研究中的不同位置。如果说在 60 年代，权力主题轮廓还不甚明确的话，那么，在 70 年代中期，权力就是福柯最主要的兴趣点了。我们看到《规训与惩罚》和《认知的意志》——这

---

① *The World，the Text，and the Critic*，pp. 246 - 247.

两本著作几乎同时发表——中的权力相互呼应，它们具有共同的
而又至关重要的品质：权力脱离了法律和国王，它成为肯定性和
生产性的，但是，这并不意味着，这是完全相同的两种权力。它
们之间依然存在着差异：对身体的规训权力和对人口的调节权力
之间的差异。前者是通过对身体本身进行训练而运转的，它停留
于个人的身体上；后者则停留于作为一个整体的人口上面，它使
这个人口整体，这个生物类别整体保持平衡状态，保持一种有机
的整体安全状态。前一种权力靠纪律来实行，后一种权力靠调控
来实践。

赛义德对福柯权力的批评，显然是将福柯对权力的反复而多
样的思考简单化了。他指责福柯的权力是铁板一块，没有给抵抗
和斗争留有空间，这一指责只是在针对"规训权力"时才有效。
确实，福柯在权力和个人身体的关系层面上，没有给身体留下自
主的空间，身体在这种规训权力面前是被动的、无能为力的。它
完全被权力所覆盖和笼罩，被权力进行反复的矫正、改造和训练。
对这种规训权力进行放大和强化的监狱是现代社会的一个隐喻，
它致力于规范化权力，生产被规训的个体，人们确确实实在这种
冷酷的规范化权力机制的实践中，看不到希望。但是，规训权力
并不是福柯的终极权力形式。它不过是这种"开放主义"权力的
一种。我们已经反复表明，福柯的权力、他对它的多样描述总是
在变化中，权力的运作方式，作用的对象，实践的领域，遭遇的
对手，所处的历史处境，都是不一样的，但是，我们也不能因此
将福柯的权力视作散乱的、毫无同质性的，尤其不能因为它的开
放特征而削弱它的一贯性，不能因为它被反复地再思考而否认它
的根本特性。这一根本特性也是权力的稳定性，是福柯权力观的
核心所在，他的权力正是借助于这一点才能统一起来，也只有借

助这一点，才能确定他的权力的真实面孔，确定它的意义、它的价值。同样，对福柯的权力进行批判，也只有集中于这一根本特性上才能有效。说到底，这一根本特性即是权力的积极的生产性和肯定性。不论是哪一种权力形态，不论这种权力出没于何处，不论它如何活动，也不论它的效果是否强烈，权力的生产性和肯定性是不变的，权力总是表现为一种积极的生产性力量——规训权力是对身体的生产，生命权力是对生命的生产。

权力的生产性，这是福柯权力观的基石。权力的其他特性都是从这里滋生的。赛义德并没有针对这一点进行批评，因此，他就不是针对福柯的最核心的权力思想进行批评，也不是针对福柯多种多样的权力形态进行批评。赛义德对福柯的批评因此就是相对的、局部的。他借用葛兰西来批评福柯，在葛兰西那里，"霸权"主要是文化性的，是意识形态领域中的东西，它在两个阶级之间运作，这依然是马克思主义的传统。葛兰西认为，一个阶级施加于另一个阶级的霸权，并非铁板一块，霸权不是完全强制性的，统治阶级的霸权并没有让被统治阶级窒息。相反，这种霸权是可以松动的，它可以反复地进退，可以像阵地战一样来回交涉。霸权并非靠高压、暴力或严酷来实现对被统治阶级的控制，相反，它是在意识形态领域，通过有限的让步，使得被统治阶级心甘情愿地臣服。霸权达成的，是两个阶级的妥协性协调，是对统治关系的意识形态再生产。因为霸权并非强制性的，赛义德就从葛兰西这里看到了反霸权的希望，而在福柯这里，权力异常冷酷、机械、麻木，在权力区域中，没有任何突破口，没有一丝一毫的希望曙光。

赛义德仍旧用马克思主义的权力观来批评福柯的权力。实际上，他还是将福柯的权力看成否定性的和压抑性的，只不过，福柯的否定性权力太彻底了，比别的否定权力更为严酷、更为压抑，福柯的权力被看成完全是窒息式的权力，是无法反抗的权力，是比"霸权"更为严肃的权力，总之，是否定性的权力，而这则完全颠倒了福柯的权力的生产性质。赛义德批评的不是福柯权力的生产性，而是权力的彻头彻尾的否定性和压抑性。他说福柯的危险是脱离了马克思主义传统，确实，福柯脱离了马克思主义传统，但是，这种脱离不是在否定性权力范围内的脱离，不是福柯的权力比马克思的权力更难反抗，这种脱离是根本性的脱离，是用肯定的权力来取代否定的权力，这才是福柯对马克思主义的脱离。

这也实际上是两种截然不同的权力机制。一种权力是否定性和压抑式的，一种权力是肯定性和生产性的。福柯明确表示，存在着这样两种相对的权力机制，他将压抑性的权力机制称为赖希命题，将生产性的权力机制称为尼采命题。他毫不犹豫地选择了尼采的命题——如果非要为福柯的权力观寻找一个来源的话，也只能在尼采那里去寻找，在尼采的"权力意志"那里去寻找。在"权力意志"那里，权力不仅仅是生产性的，而且，权力还总是处于关系中，总是处于斗争状态，总是遭到抵抗，且总是表现为战争形式——福柯从未说过权力无法抵抗，相反，他的论断十分古典：哪里有权力，哪里就有抵抗。

福柯怎样运用尼采的权力理论？我们看看尼采的权力意志就会一目了然。什么是"权力意志"？"力的胜利概念——我们的物理学家用它来创造上帝和世界——仍然需要完善；必须把一种内在的意志赋予它，我把它称为'权力意志'。"[1] 权力意志在此与

---

[1] 转引自吉尔·德勒兹：《尼采与哲学》，周颖、刘玉宇译，社会科学文献出版社 2001 年版，第 73 页。

力相关，它乃是对力的胜利概念的完善。怎样理解尼采的这个关键性概念？首先，必须理解尼采的力这一概念。"力的本质即力与力之间的量差，这种差异又被表述为力的性质。"[1] 也就是说，力绝非孤立的，它总是同其他的力发生关系，总是同其他的力保持本质性的联系，力永远是关系中的力。正是同其他的力发生关系，力才获得它的本质。但是，关系中的诸力绝非完全等同的，它们永远存在着量的差异，因而力与力的关系就总是支配与被支配的关系，其中必定有一种是支配力，也必定有一种是被支配力，关系中的这两种性质的力一直在较量。因为力就其本质而言是要求胜，总是与胜利相关，那么，力如何获得胜利呢？权力意志起了作用，"力正是凭借权力意志才得以战胜、支配或指挥其他的力，并且，也只是权力意志使力在关系中屈服，它只通过权力意志才屈服"[2]。权力意志就是对力的补充、添加、完善，它促使力获得胜利，并确定关系中的诸力性质，使这些力得以明确地区分。正是权力意志才使得关系中悬而未决的诸力的较量最终有了结果，使它们存在着量的差异，使它们的性质明朗化。

在此，我们发现，权力意志添加到力中，"但是作为区分性和起源性的因素，作为产生力的内在因素被添加到力中"[3]。这样，权力意志就内在于力中，它决定着力的性质，成为力的谱系学因素和起源性因素。也就是说，力的性质——不论是能动的，还是反动的——都取决于内在于力的权力意志，"正是由于权力意志，一个力才下命令，也正是由于权力意志，一个力才服从"[4]，这是

---

[1] 转引自《尼采与哲学》，第 74 页。
[2] 转引自《尼采与哲学》，第 76 页。
[3] 转引自《尼采与哲学》，第 76 页。
[4] 《解读尼采》，第 37 页。

从力与权力意志的关系来论及权力意志的,正是这种权力意志确立了力的运转、活动的方向和性质,它是力的决定性和推动性因素,它确定了力和力之间的特定关系。但是,就权力意志本身而言,它到底是什么?首先要明确,权力意志并非意味着权力是意志想要得到的东西,是意志所追求的东西。权力不是外在于意志的某种对象物,也不是被表征的事物,不是一种形式,也不是一种既定的存在物。相反,权力内在于意志中,它处在意志内,是意志的基础和决定性要素,意志为权力所充斥、主宰。就像权力意志是力的区分性因素和起源性因素一样,"权力是意志的起源性因素和区分性因素"①。权力推动着意志,它和意志是包含性的同质关系,权力是创造性的,是攀升向上的,意志也就是创造性的,是攀升向上的。在某种意义上,"权力意志"是权力和意志的同义反复,它意味着意志的创造性、权力的生产性,意味着主动性、肯定性、生成性和积极性,意味着解放、欢乐、大笑。

尼采的意志哲学就可以这样解释:权力和意志都是生机勃勃的,权力意志——权力和意志包含式的同质性联结——也是生机勃勃的,包含权力意志的力也是生机勃勃的。权力主宰着意志,构成权力意志,权力意志又主宰着力,这样,我们相信,权力、意志、权力意志和力都是同质性的,都表现出一种"上升的趋向和轻盈的特性",当然,也就存在与此相反的趋势,而这就是反动的力、消极的权力意志和否定的权力,后者表现为沉重和笨拙,这两种力、两种权力意志总是在较量,总是处于关系中,总是以对方作为自己的前提、根据、参照点和存在条件,力(权力)总是在关系中获得它的本质,"权力就是一种力的关系,或者更确切

---

① 《尼采与哲学》,第 124 页。

地说，所有力的关系都是'权力关系'"。① 力只是以关系的方式
存在，它既无主体，也无客体，它只是一种行为施加于另一种行
为上，是两种行为的彼此作用和影响。

这就是尼采的权力哲学，在某种意义上，它也构成了福柯的
权力探讨框架。权力和意志在尼采这里是同质性的，它们遵循同
一种方向、同一种趋势、同一种品质、同一种禀赋，但是，它们
自身的内在材料、它们自身的物质性本身并不相同，也就是说，
意志属于欲望、生命、有机体的范畴，它在这些领域中闪现，而
权力并不属于这个范畴，或者说，权力溢出了有机体范畴之外，
权力可以在任何一种不对等的力量关系中出没，不论这些关系是
有机体之间的关系，还是别的什么关系。福柯和德勒兹都重新利
用了尼采的"权力意志"，但是，对德勒兹而言，他更青睐意志，
而福柯呢？他将目光盯住了权力。德勒兹将尼采的意志改造为他
的欲望，而福柯则直接拿走了尼采的权力，德勒兹献身于欲望哲
学，福柯则献身于权力哲学；德勒兹的欲望和福柯的权力都源自
同一个母体，因而，欲望和权力，虽然领域不同，活动的范畴不
同，出没的场所不同，但都具有相同的品质：积极性、肯定性、
生产性。对德勒兹而言，欲望生产了现实；对福柯而言，权力生
产了对象领域，生产了知识和真理。欲望哲学和权力哲学都攻击
压抑理论，都将弗洛伊德作为靶子，对德勒兹来说，欲望没有被
压抑；对福柯来说，性也没有被压抑。对德勒兹来说，欲望是个
永不停息的机器；对福柯来说，权力无时无刻不在运作、投资。

如果权力总是处于关系中，如果权力并没有一种中心性的焦

① 吉尔·德勒兹：《德勒兹论福柯》，杨凯麟译，台湾麦田出版社 2000 年版，
第139页。

点，如果权力是非主体化和非人格化的，如果权力总是有抵抗相伴随，最主要的是，如果权力并非我们所想象的那样是统治权和法律，它贯穿于一切社会微观实践中，那么，福柯有足够的理由用军事关系来描述权力关系，也就是说，根据普遍的战争形式来描述权力。这意味着，战争可能成为权力关系的分析器，权力关系就总是一种战争关系、军事关系。倘若如此的话，倘若权力关系按福柯的说法无处不在的话，那么，所有充满权力关系的社会形式，所有的组织、分化和社会等级现象，所有事物的根本状态，所有那些民事范畴，在根本上都是战争和军事关系，都属于战斗范畴。换言之，和平的内容都汹涌着战斗的厮杀声，在正义的平衡下面不对称的力量在不停地较量，法律的下面流淌着未干涸的血，一句话："政治，这是战争通过其他手段的继续。"[1] 战争应理解为恒常的社会关系，"是一切权力关系和制度不可抹杀的本质"[2]，虽然真正的战火熄灭了，但是国家、法律、政体，各种各样的社会结构是如何诞生的？它们的建立和完成并非战争的休止，相反，它们，这些政治形式，是战争的延续，是另一种战争。战争在这些政治形式中，在法律中、制度中、真理中、知识中咆哮，"战争，是和平的密码。我们处于一部分人对另一部分人的战争之中；战斗的前线穿越整个社会，永无宁息之日，正是这条战线把我们每一个人都放到这个或那个战场上，没有中立的主体。人必将是某个别人的对手"[3]。

战争关系就是权力关系，或者说，战争是权力的基础和根本形式，如果权力是事物的普遍实践方式的话，那我们也只能说，

---

① 《必须保卫社会》，第 249 页。
② 《必须保卫社会》，第 43 页。
③ 《必须保卫社会》，第 45 页。

战争是事物的根本状态。没有完全同等的权力，这就意味着，没有完全平衡和静止的关系，权力实践在每个差异关系中运转，战斗也就在这种差异关系中不停地呼叫，社会和政治再也不是我们所想象的那样平稳、静穆和安宁了，它不是碧波荡漾的优雅湖面，而是翻滚、狂暴的大海浪涛，它从不停止，从不息事宁人。战争没有片刻的休息，以此为基础的权力在每一个瞬间都在争执、愤怒、仇视、狰狞和报复，这就是和平的深层定义，也是权力无始无终的游戏方式。战争和权力、肉体和激情、偶然和非理性主宰着一切。这就是福柯权力理论对政治的解释，对理性和真理的解释，对这个世界的解释。战争和权力是永恒的，和平不过是虚构的瞬间。这种权力不是霍布斯的权力，而是尼采的权力。前者将战争视为权力的基础，但这种战争，霍布斯宣称的"一切人对一切人的战争"实际上是有关战争的游戏、对战争的估算，以及这种估算所导致的对战争的回避。只有尼采的权力，才贯穿着狂热的战争，才贯注着厮杀、争斗、征服、毁灭和血雨腥风，只有谱系学的权力——福柯在《尼采·谱系学·历史》中勾勒了它的诸种功能——才是福柯的权力，它的实质是战争，它埋伏在这一切中，也生产了这一切：国家、政体、理性、和平与真理。"这是社会中永恒的战争……真理作为为了一部分人的胜利而运转的武器。"① 同样的话，在几年前，在关于尼采的文章中，福柯也说过："这种知识意志是本能、激情、沉湎于讯问的任性、残忍的纯化活动和邪恶。"② 总是要回到尼采，谱系学中的尼采。

---

① 《必须保卫社会》，第 252 页。
② 《福柯集》，第 164 页。

七 权力和理性

我们看到，对身体的规训权力，对人口的调节权力，它们针对的对象不同，内容不同，实践的手段也不同。这是两种系列：肉体系列－人体－惩戒－机关；人口系列－生物学过程－调节机制－国家。但是，权力的性质都是一样的，都是生产性的，权力在生产、在造就、在投资，而不是相反的镇压、否定、奴役。而将战争作为权力的分析器，也就是说，以战争模式分析权力，最终分析所有的政治实践，这就将权力中的抵抗一面暴露出来。权力埋伏在一切关系中，也意味着战争埋伏在一切关系中，肯定性权力和否定性权力在无休止地交战，而这是哈贝马斯无论如何不能接受的，它既不能接受权力的肯定性质，不能接受权力和统治权、法律相脱离的观点，更不能接受战争是和平的密码这一权力观的理论后果，如果是这样，交往如何可能？共识如何可能？哈贝马斯的哲学大厦"交往行为理论"如何可能？在福柯那里，任何的差异性关系都是权力关系和战争关系，在哈贝马斯那里，可以通过不断地沟通、交流来消除差异、达成共识，福柯在差异性中看到了永恒的鲜血，哈贝马斯则在差异性中允诺了和平曙光。哈贝马斯当然会对福柯提出批评，而且不仅仅是对这种权力理论提出批评，还是对福柯的整个谱系学方法提出批评。

哈贝马斯指出，福柯之所以提出谱系学，就在于对传统的人文学科不满，尤其是对历史学和解释学不满。谱系学用自身的三种模式来代替传统的人文学科的三种模式。即用无意义的结构分析代替对意义的解释；用权力的功能来替代真理的有效性宣称；

用价值中立来替代价值判断。总之，谱系学要用客观性来替代相对性，用科学性来取代伪科学性，它的根本旨趣是"每一个事件应根据自身的情境得到彻头彻尾的说明"①。谱系学要致力于知识的客观性，但哈贝马斯认为，这种努力和旨趣同样存在着问题，因为"历史编纂学（谱系学）的不自觉的现时主义使其出发点仍旧是解释性的；与现时有关的不可避免的相对主义分析只能将自己理解为语境式的实践活动；无派性的批评不可能解释它的规范性基础"②。哈贝马斯的意思是，福柯宣称谱系学是真正的科学，是知识的客观明证，但这种科学依然是解释性的、语境式的、有派性和原则的。福柯无法证实它的客观性，无法将自己的谱系学凌驾于其他学科之上，谱系学的出发点总是有一种此时此地性。他通过权力形式的变迁来划分惩罚的历史，来区别文艺复兴时期、古典时期、现代时期，这种历史的区分难道不是解释性的？权力形态的变化难道不是在比较和解释中得到澄清？权力怎么可能根据它特有的情境得到解释？总之，它怎么可能消除此时此地的解释学问题？解释学问题消除不了，相对主义同样消除不了，福柯的研究将陷入一种自我指涉性中而并不具有自然主义特征，福柯要求的真理断言实际上受到话语的限制，而且服务于这种话语的总体性功能，它们的意义仅在于它们的权力效应而非它们的绝对真理自身。同样，权力理论的基本构想也是自我指涉性的，这些都无法使客观的自然主义和科学性贯注于谱系学中，也无法使谱系学凌驾于其他人文科学之上。尽管福柯指责这些人文科学含有隐秘的规范性，但是，哈贝马斯咄咄逼人地问：福柯的谱系学难

---

① J. Habermas, *The Philosophical Discourse of Modernity*, Polity Press, 1987, p. 275.

② *The Philosophical Discourse of Modernity*, p. 276.

道没有隐秘的规范性吗？尽管福柯宣称，谱系学悬置了规范性，悬置了有关权力合法性的评论，悬置了常见的价值论和教条论，但是，哈贝马斯依然在福柯的字里行间读出了价值判断、偏好、喜爱和主观趣味，尤其读出了福柯的激烈批判，读出了福柯对现代思想，对人道主义面具下的规训权力的抵抗："他的论文从风格到用词都充满了论战色彩，批判语调并不比作品自身更少地主宰着理论。"[1]

如果福柯的谱系学要求——建立知识的客观性——真的是这样的话，那么，哈贝马斯的批评是正确的，但是，福柯的谱系学目标、要求和内容是哈贝马斯所描述的那样吗？谱系学宣称它是没有价值判断的吗？是剔除解释学的吗？是宣称真理有效性的吗？福柯的话语考古学确实是反解释学的。但是，考古学并不是权力的谱系学。具有讽刺意义的是，哈贝马斯将福柯的谱系学变成了绝对主义的教义，福柯则成为客观主义者，成为绝对真理论的捍卫者，成为中立主义者，而他本人则在福柯的客观性宣称中，看到了福柯全力以赴摆脱的相对主义，哈贝马斯将隐蔽的相对主义——现时解释、价值评判、真理的视角——视作福柯厌恶的知识手段，而他本人似乎成为相对主义的信徒，他有效地利用相对主义来批驳福柯的绝对谱系学。

但是，事实是这样的吗？福柯认为知识谱系学达到了客观性吗？它要同自然科学的科学性媲美吗？哈贝马斯对谱系学的描述几乎是一种虚构，他忘了福柯论及谱系学方法的宣言中的最后一句：谱系学"以知识意志所特有的不公正摧毁认识主体"[2]。福柯

---

[1] *The Philosophical Discourse of Modernity*，p. 282.

[2] 《福柯集》，第 145 页。

从来没有说过知识是公正的、客观的、不偏不倚的，他当然不会将他的谱系学知识排除在外。知识是被权力生产的，它总是一种随时随地的产品，福柯怎么说他的知识排除了价值判断呢？同样，福柯也一再宣称，真理的下面滴淌着鲜血，又怎么说他的真理性断言是绝对的呢？福柯的确是用谱系学来替代别的人文科学，这种替代也的确意味着他认为尼采式谱系学更有效，更具阐释性，更符合他的世界观，但怎么能依此推断谱系学是客观知识，并具有绝对的科学性呢？相反，福柯推崇谱系学，正是因为谱系学所具有的相对性，正是因为它的透视式的解释学、基于利益的个人评估和相对真理。福柯选择谱系学，是因为谱系学包含了这些，包含了相对主义素质，而不是因为谱系学是客观和自然的知识。选择谱系学不是要避免相对主义，而就是要肯定相对主义；如果说真有什么客观真理的话，那就是相对主义较之绝对主义更为真实。福柯选择谱系学就不是哈贝马斯所设想的那样是逃避自己的规范性，而是将规范性、将相对主义、将非绝对性贯于其他人文科学之上，福柯在哪里、在何时、是怎样说要追求客观性？哈贝马斯没有列举出一句福柯对此的引文，他选用的福柯引文都不无悖论地表明，福柯是反客观性的。而哈贝马斯却奇妙地将这些引文视作福柯的例外，视作反常话语，视作福柯不经意流露出来的自我反诘，那么，福柯最常见的追求客观性的话语在哪里呢？哈贝马斯一句也没有给出。

哈贝马斯竭力将福柯的形象塑造成一个冰冷的客观主义者，然后又指出福柯的意图遭受了重大的挫折：福柯中立的客观主义不可能，解释学的意义、真理的有效性宣称、价值判断不可能彻底消除，福柯的谱系学意图是灰暗的、错觉的、麻木的，它"关注客体领域，而权力理论在这个领域中抹去了生活世界语境中互相缠绕的一切交往行为痕迹"①。对价值、意义、有效性这些基本概念的抛弃，使福柯难以考虑交往行为的符号建构，这使福柯的经验研究困难重重。哈贝马斯的目的十分明显，福柯因为局限于事物本身，而排除了事物的一切氛围，一切价值、意义、有效性，最终使事物、使行为、使各种活动彼此孤立、隔阂、冷漠，从而在根本上颠倒两个经典性的社会理论：社会秩序是如何组织的；个人和社会是如何相关的？

这一问题涉及两个思想家的根本性分歧。事实上，哈贝马斯对福柯的谱系学充满着误解，他说"谱系学退回非参与性的、非反思性的客观性中，退回对千变万化的权力实践的苦行描述中，而一旦如此，它就恰好表现为现时性的、相对性的、暗含规范的虚幻科学，而这正是它所避之不及的"②。这是福柯的权力谱系学？不，绝对不是。权力谱系学恰恰是参与性的，哈贝马斯的描述同福柯的话语考古学倒有几分相像，考古学是明确反寓意的、反解释的，而且（历史）话语之间并没有一个明确的连续性的关系，它们在一个分裂的空间里四处飘散。因为它是反解释的，它当然也排除了价值判断，排除了意义，最终也会排除有效性和规范性。话语考古学，这似乎是哈贝马斯描写的对象，但他不恰当地将它置于权力谱系学的周身。实际上，哈贝马斯对福柯的指责，在一个更大的范围内，被包含在他对整个法国的后结构主义的指责之内，他对福柯的批评，也很像是对利奥塔的批评，在他看来，不论是利奥塔，还是福柯，都错误地理解了上述两个经典性社会理论。这两个经典性社会理论正是哈贝马斯用来批评福柯的标尺。

---

① *The Philosophical Discourse of Modernity*，p. 286.
② *The Philosophical Discourse of Modernity*，pp. 275 - 276.

社会秩序到底如何组织？个人与社会到底是如何相关的？这就涉及哈贝马斯的交往行为理论的核心。

哈贝马斯的交往行为理论是通过对笛卡尔以来的意识哲学的批判而展开的。意识哲学将人、人的意识，也就是主体空前突出，将主体从客观世界中分离出来，并将它视作世界的中心、基础和绝对性的参照物。主体和客体、人的意识和客观世界构成一种对立关系，而意识是认识这个客观世界的有效保障。意识哲学就是将主体和客观世界的关系作为它的主要内容，在此，主体要全力以赴地去认识客体，把握客体，主宰客体，工具理性就为这一目标而发展起来。到了资本主义时代，这一工具理性膨胀到了它的巅峰，它忘了它的目标和使命，忘了它的最初意图而独自横行于世，它享有它作为方法论的特权，最终作为方法的工具理性主宰着一切，它形成了资本主义特有的科层制，形成了一套僵化的法律、政治秩序、冷漠的制度，对公共生活和公共领域无限地渗透，对生活世界进行殖民化。在阿多尔诺和霍克海默看来，这些工具理性反过来对人和主体进行了控制，工具理性的发展——他们将它称为漫长的启蒙过程——一方面揭开了神秘的自然的面纱，使人对自然的恐怖感得以消除；另一方面，这些工具理性又成为组织人的手段，人在摆脱了自然的主宰后，又陷入工具理性的主宰。工具理性和科技愈是发展，对人的统治愈是细致、严密。工具理性将资本主义转变为一个韦伯式的"铁笼"，制度依照它的模式而展开。无休无止的利润追求、苦行主义、规范性、效率，所有这些工具理性的素质都变成资本主义的功能性律令，人和主体只能对此被动地适应，只能委屈于这些律令、委屈于这些非人化的手段和方法论——手段和方法论不再服务于他们，而反过来统治了他们。这样，人性，那种要求和谐而平衡的内心世界的人性观，在工具理性的渗透下变得冰冷了，变得标准化、工具化、机械化了，一句话，被"物化"了，"经由包括了全部关系和情感的整体社会的调停中介，人再一次变为社会进化法则、自我原则所反对的东西：他们仅仅是个物类，他们同样在强行连接起来的集体性中彼此隔离"①。这就是工具理性过度膨胀的后果，也可以说是启蒙的恶果。

在对待工具理性的态度上，哈贝马斯和他的前辈阿多尔诺是一致的，他们都对工具理性的扩张既忧虑，又愤恨，但是他们的应对方案并不一致，这就是哈贝马斯和早期法兰克福学派的分歧。对阿多尔诺而言，先前的社会规范和理想是值得追溯的，那些被资产阶级压抑的有用价值应当恢复。他相信，被奴役的人和主体需要被解救。阿多尔诺不像法国的后结构主义者那样完全抛弃主体概念，相反，主体应以一种扬弃的方式获得再生，这种主体应保有一种完整性，应遵循自己的内心冲动，应是一个反思性的和谐主体，而不再是被动适应的盲目顺从的主体。要出现这样一种和谐主体，除了对工具理性以及被工具理性全面渗透和主宰的资本主义进行反击外，别无他途。在工具理性的操纵下，启蒙精神有可能播下集权主义的种子，工具理性可能是集权主义的起源。它操纵了一切，无论是文化，还是大众心理，无论是意识形态，还是个体趣味，阿多尔诺称这样一个社会为"管理化的世界"，马尔库塞称之为"单向度的社会"，在这里，抵抗被巨大而严密的集权黑洞所吞噬。阿多尔诺要恢复这种抵抗的呐喊，要让否定成为这个千篇一律的世界的无调音乐。启蒙不仅仅带来了进步，而且

---

① Theodor Adorno and Max Horkheimer, *Dialectic of Enlightenment*, Verso Books, 1979, p. 36.

导致了野蛮；它带来了自由，同样也导致了奴役。这就是启蒙的辩证法，治愈它的良方就是否定，对任何同一性的否定，对集权的否定，对资本主义的毫不妥协、毫不辩证的否定。

哈贝马斯并没有沿着阿多尔诺的否定辩证法前行。同阿多尔诺一样，他批判工具理性的野蛮扩张。但是，同阿多尔诺不一样的是，哈贝马斯毅然地同笛卡尔以来的意识哲学做了决裂，他不想在意识哲学内部批判性地恢复那些先在的价值。阿多尔诺虽然反对海德格尔式的主客体其乐融融的原始统一状态，也对主客体的尖锐分离提出批评，但是，他并没有放弃以主客体关系作为探讨中心的意识哲学，他既相信，"主体的一切都应由客体来负责"，同时也相信，"客体，即使衰弱了的客体，也不能没有一个主体"。① 这样，既不能想象那种无差异性的其乐融融的主客统一，也无法想象那种截然分明的主客对峙，"在正常情况下，主体与客体的关系应该处于人们相互之间，以及人们及其对立物之间的相安无事状态。相安无事是彼此不存在支配关系，但又存在各自介入的区别状态"②。也就是说，主客体相互区分，这种区分又使其相互交往，这种交往并不存在支配关系。

阿多尔诺在此涉及了交往，但是是意识哲学内部的交往，是主体与客体的交往。在哈贝马斯看来，只要陷入意识哲学的泥潭里，工具理性的问题就无法解决，生活世界的殖民化仍将大行其道，经典法兰克福学派的僵局难以收场。哈贝马斯放弃了笛卡尔以来的意识哲学，放弃了主客对立的形而上学模式，他从语用学转向中获得了灵感，借助于维特根斯坦的语言游戏，借助于语用

---

① 上海社科院哲学所外哲研究室编：《法兰克福学派论著选辑》上卷，商务印书馆1998年版，第220—221页。
② 《法兰克福学派论著选辑》上卷，第201页。

学就可以从意识哲学及其认识论的死胡同里走出来，就可以将主客体的争论弃之不顾。语言既是语境性的，也是表述性的，它涉及了理解、交往、社会合作，涉及了交往的语境及相互的主体，因为主体是在语言的互动过程中形成的。而且，主体总是以语言的另一主体作为参照物，总是在彼此的互动中形成语言能力和行为能力，哈贝马斯从米德（George Herbert Mead）那里得到启示："个体化不是一个独立的行为主体在孤独和自由中完成的自我实现，而是一个以语言为中介的社会化过程和自觉的生活历史建构过程，通过用语言达成相互理解，通过与自身在生活历史中达成主体间性意义上的理解，社会化的个体也就确认了自己的认同。"① 这样，主体首先是个说话的主体，是语言主体，而非面对客体世界的观察主体，语言主体相信语言的媒介作用，相信通过语言媒介可以同其他主体交流、理解、沟通，同时又可以在这种交流和对话中确立自身。

语用学摆脱了意识哲学；主体是在通过语言媒介和其他主体的互动中形成的，而不是在和客体的对峙中形成的；交往理论取代了认识论；同样，交往理性就不再是工具理性。哈贝马斯反感于工具理性，但并不迁怒于理性本身。相反，他试图用交往理性来重建声誉不佳的理性，就像阿多尔诺试图用批判（否定）理性来对抗工具理性一样。哈贝马斯相信，只有交往理性才能治愈生活世界的病症，才能冲破那个工具理性编织成的铁笼。因为在他的交往理性中始终保存了共识、团结、沟通、协调等内容，而这些正是科层制和技术化的生活世界中所缺乏的，在那里，只有奴

---

① 哈贝马斯：《后形而上学思想》，曹卫东、付德根译，译林出版社 2001 年版，第173—174 页。

役、专断、隔离和孤独，只有金钱和权力的无休止的殖民化，只有无孔不入的法律渗透，只有冰冷、严酷而又毫不喧哗的制度机器。在哈贝马斯看来，意识哲学中的理性是先验性的，而交往行为理论中的理性是实践性的，哈贝马斯就是要用实践理性——其核心是交往理性——来取代先验理性。这一实践理性即是在实践中形成的，就是主体在社会化过程中反复习得的能力。如果说工具理性要求人在生活中遵循某种技术规范的话，如果说工具理性是遵循技术制度的理性的话，那么，交往理性则承认人在生活世界中按照一定的规则，通过语言进行彼此的交流，这样一种理性是语言的理性、说话的理性，人的行为首先同语言相关，这些交流不是通过强制性来实现的，和谐一致也不是被迫的，而是人和人通过语言进行反复交流、互动、沟通达成的。

显然，哈贝马斯从意识哲学向语用学的转向，使他承认语言的媒介性质，并将主体主要视作语言交往的主体、主体间性中的主体，而非一个具有技术能力的主体。在这种主体之间的语言交往中，哈贝马斯特别指出应符合三个规则：真实性、规范性、真诚性。在这三个前提下，语言交往才不是虚假的骗局，才符合大家共同遵循的规范，才应有它的严肃性和认真性。也只有这样，交往才能进行，共识才能达成，理性才得以贯彻，生活世界的殖民化才能被摧毁，和谐一致的其乐融融的团结社会才能建成。这是哈贝马斯为治疗意识哲学及其工具理性弊端而开出的良方，将福柯的理论同此一对照，我们就会发现，哈贝马斯对福柯的批评毫不令人意外。无论是话语考古学，还是权力谱系学，哈贝马斯都难以接受。

哈贝马斯或许会同意福柯对现代社会的描述，他的"生活世界的殖民化"同福柯的"监狱群岛"，并没有太大的差距，福柯只不过是从权力着手来完成他的研究，而哈贝马斯则是沿着法兰克福学派的传统从理性的角度进行考察的。哈贝马斯和他的老师阿多尔诺都相信工具理性造成了科层制的恶果，权力和理性，这两种不同的研究视角，最后接近于殊途同归，福柯甚至曲折地承认了这一点："如果我早一点了解法兰克福学派，如果那时就知道他们的话，我就不会说那么多的蠢话，绕那么多的弯路——实际上，法兰克福学派那时已经打开了通道，两种极其相似的思想没有相互渗透，这非常奇怪，也许，这就是因为它们太相似了。"[1] 福柯显然意识到了这种相似性就是他通过权力做出的研究和法兰克福学派通过理性做出的研究的相似性："法兰克福学派的哲学家们提出的问题，至今还在为人们所思考。比如，权力对某种（类型）合理性产生影响的问题。自 16 世纪以来，在西方人们就对这种合理性进行了广泛而持久的思考。……现在，我们怎样将这种合理性同界定这种合理性，而我们又不再承认的权力的机制、程序、技巧和影响分开？……我们难道不能认定，正是不断地侵越着自由的地盘的理性本身的统治，颠覆了理性实践所承诺的启蒙和实现自由？"[2] 这是对阿多尔诺和霍克海默的注解，也是对他们的呼应，同时，也将他的权力和法兰克福学派的理性关联起来：权力和理性密不可分。总之，可以这样说，阿多尔诺、哈贝马斯、福柯对启蒙以来理性所带来的负面效应存在着共识：在阿多尔诺那里，是集权社会；在哈贝马斯那里，是殖民化的生活世界；在福柯这里，是监狱群岛。对于阿多尔诺和哈贝马斯而言，这是内在于启蒙的工具理性造成的；对于福柯而言，这是权力实践的演变

---

[1]　*Politics*，*Philosophy*，*Culture*，p. 26.

[2]　转引自 *The Passion of Michel Foucault*，p. 336。

造成的。如果一切到此为止的话，福柯、哈贝马斯和阿多尔诺并没有太大的分歧——福柯将他的权力机制同阿多尔诺的理性联系起来，哈贝马斯也赞扬福柯对理性分岔的精妙描述。

但是，问题并没有到此为止。哈贝马斯通过交往的语用学同阿多尔诺的意识哲学分岔了，这是法兰克福学派内部的分岔，是交往理性同工具理性和批判理性的分岔。福柯呢？他或许认同阿多尔诺的启蒙辩证法，但他并不一定认同阿多尔诺的否定辩证法。对后者而言，人和主体依旧是最终目的，否定就是对极权社会的彻底否定，进而将人的自由本质从那个社会中抢救出来。但是，有这么一个人的本质吗？从《词与物》开始，福柯就从没停止过对人的概念、本质，或者说，对人性提出怀疑，他当然就不会同意以人性为目的的否定辩证法和批判理性了。哈贝马斯和福柯都不认同阿多尔诺的批判理性，但这一丝一毫也不意味着他们达成了一致，正是在对现代社会的评价和解决方案上，二人针锋相对。

我们且回到哈贝马斯对福柯的批评。哈贝马斯将权力谱系学当作话语考古学来批判，将追求客观性的意图强加于权力谱系学上，事实上，福柯的确存在着哈贝马斯所说的那种客观性企图，只不过表现在考古学那里。哈贝马斯在认识对象上发生错位，但这并不妨碍他的批判力量，因为无论是考古学还是谱系学，都同他的交往行为理论相去甚远。如果说交往行为理论具有折中意味的话，那么，考古学和谱系学则位于它的左右两边，它们决不和它相融、统一、交织、并行，它们决不和它达成共识，这种不相融是全面的，是所有要素、所有内容、所有方向上的不相融。

交往行为理论以语用学为基础。它强调主体和语言的密切关系，语言是从主体那里发出的，它首先是主体的交流语言。福柯的考古学则明确地将主体和话语的联系斩断了，或者按福柯的话说，话语决不参照任何"我思"，不仅如此，主体在考古学中遭到了驱逐，他至多只是话语的产物，而绝对不是话语的发出者，话语与主体无关，它当然就不是主体和主体之间的交往媒介，而且，正像哈贝马斯所批评的那样，话语是反解释的，是没有表意功能的，这就脱离了哈贝马斯的交往的一个根本前提：真实性。此外，话语自成一体，它只有自我封闭的界线，同其他话语的联系也仅仅是差异性的联系，而没有语义上的联系，话语和话语之间，不仅仅达不成共识，甚至连达成共识的机会都不存在。考古学在所有方面都是反语用学的。而谱系学呢？它分享了考古学的反主体和反总体性的观点。更重要的是，权力谱系学剔除了语言这一要素，在这里，语言没有立足之地，不论是哪种语言，不论是结构主义的语言，还是语用学中的语言。甚至连考古学中的话语都不存在。这种没有语言——当然就没有交往语言——的谱系学，这种扎根在权力上的谱系学并不否认交往，但是否认语言交往，否认和谐、共识、团结与其乐融融的交往。它承认交往，但从不承认和平的交往。在任何和平的下面，都是战争在咆哮。交往，是权力厮杀的别名，是战争的喧哗形式，是无穷无尽的争吵。交往并不借助于语言，只借助于冷冰冰的权力，它并不导致最后的握手言欢，而只能将奴役和反抗无休止地延续。哈贝马斯的理想是，两种差异主体要通过商谈达成一致，福柯的诊断是，两种差异主体通过权力持久厮杀。这就是权力谱系学和交往行为理论的差异，也是战争与和平的差异。

福柯要么根据考古学将话语和主体及周围的话语绝缘，要么根据谱系学将权力和权力的对峙普遍化，他就是不承认主体和主体、话语和话语之间的协调一致。根据哈贝马斯的理解，福柯之所以如此，就是因为在他的理论中，"意义、有效性、价值等范畴既在经验的层面上，也在元理论的层面上被根除了，在谱系历史学所关注的对象领域中，权力理论抹去了其中所有在生活世界语境中的交往行为"①。对这些基本概念的轻视和批判，在哈贝马斯看来，是福柯的重大失误。如果不承认意义、价值和真理的有效性，不从标准、相互理解过程、交换理论出发，那么，局部的持续斗争何以并合为体制化权力？社会的不间断的斗争状态又如何形成聚合的权力网络？哈贝马斯相信，福柯的权力理论难以解释个人化的形成，在福柯那里，个人总是权力对付肉体的后果，个人为权力所一手造就，他是个被动的产品，是权力机器制造出来的复制品，倘若如此，个人化和社会化有什么关系？个人化和社会化难道不是互动和关联的吗？说话的主体、行动的主体的社会化不同时也是个人化的过程吗？福柯将个人同社会的整合机制和交往机制分离了，这里的个人永远被外在的权力孤立和封闭起来，他放弃了自我意志，他不需要承认，不需要和他人的交往与整合，他依然是孤独的单个原子。而哈贝马斯相信，个人只有在社会的整合过程中，才能稳定地存在下来，而且，它还可以在整合交往中保留自我意志、自我决定、自我实现，任何根据道德进行判断和行动的人，都必然期待在无限的交往共同体中得到认可；任何在被认真接受的生活历史中自我实现的人，都必然期待在无限的共同体中得到承认。"如果我作为一个人格获得承认，那么，我的认同，即我的自我理解，无论是作为自律行动还是作为个体存在，才能稳定下来。"② 福柯用谱系学抛弃了主体哲学，但是他连主体也一并抛弃了，哈贝马斯抛弃了主体哲学（意识哲学），但他并没

① *The Philosophical Discourse of Modernity*，p. 286.
② 《后形而上学思想》，第 213 页。

有抛弃主体；福柯以"人之死"来宣布主体哲学之死，哈贝马斯则以主体间性来走出主体哲学的死胡同；福柯认为主体是权力造就的，哈贝马斯认为主体是在反复的对话中形成的；福柯认为主体仅仅是知识和学科人为配置发明的，哈贝马斯认为主体是借助于语言媒介而交流而存在的。

哈贝马斯无法接受福柯对价值、意义、真理、标准、规范性这些东西的抛弃。实际上，哈贝马斯在这一点上对福柯的异议也是对尼采的异议，因为福柯是尼采的忠实信徒，尤其是尼采的权力理论的信徒，对哈贝马斯而言，这样一种谱系学是危险的，它埋藏着非理性的法西斯主义理论种子，哈贝马斯当着福柯的面抨击尼采绝非偶然，那么，福柯的回答是什么呢？同样毫不客气："尽管我想多一点地认同他，但当他赋予交往关系一个如此重要的地位，一个我称之为'乌托邦'的功能时，我总是有一个疑问。认为存在着交往状态，其中真理游戏可以自由流通并且没有任何强制性的限制，这样的想法在我看来纯属乌托邦。"①

---

① Foucault，*Ethics：Subjectivity and Truth*，The New Press，1997，p. 298.

第四章 伦理学/美学

一 牧师权力

　　启蒙问题和理性问题成为福柯晚期关注的焦点问题。在《古典时代疯狂史》中，福柯将理性作为一个靶子进行攻击，不过他没有将理性和启蒙明确地联系起来讨论，而且，在那里，他将理性简单化了，就如他的疯癫带有本质主义的嫌疑一样，理性在那里也是一个不容置疑的单一概念，福柯没有对理性本身，对它的语义、内容、所指和历史变革提出怀疑，理性仅仅是疯癫的反面，是对疯癫的冷酷抑制。它只有一个对立面：非理性。要么理性，要么非理性，这就是福柯后来批评的理性的讹诈。福柯那时对理性的反诘是对一个抽象概念的反诘。现在呢？福柯开始重新对待理性了，他在多样性的意义上对待理性。他承认，理性是历史性的，它在不间断地分枝和分岔，它以各种各样的合理性形式保持和延续下来，这样，他并不认同哈贝马斯对时代做出的诊断，即理性经过一段漫长的叙事，到现在已经崩溃了。哈贝马斯的意思是，理性是一个元叙事，但法国的后结构主义者们——利奥塔、德里达、福柯、德勒兹等——都在摧毁这个统一性的元叙事，使之分裂、破碎、崩溃，并以各种各样的小型叙事取而代之。理性的崩溃，是法国人的杰作，这就是哈贝马斯的诊断。福柯当然不会同意这个观点，他既不同意理性已经崩溃，也不能同意哈贝马斯对法国人的描述。福柯说，他看不到理性在崩溃，相反，倒是各种各样的合理性形式在涌现，它们持续地、无休止地涌现在知识、技术、政治的诸领域中。

这众多的合理性形式同福柯的权力是什么样的关系？如果说在韦伯那里，合理性导致了冷酷的官僚机制和律令，在阿多尔诺那里，导致了集中营和大屠杀，那么，这种合理性的病理学形式同福柯的权力效应，同权力导致的"监狱群岛"有什么样的关系？"理性化和高度的政治权力，这二者的关系显而易见。"① 关键是，怎样对待这样显而易见的事实？尽管福柯承认法兰克福学派对启蒙理性的分析很有价值，而且，他还承认，启蒙的任务之一是大大扩展理性本身的政治权力，但他还是决意将他同法兰克福学派区分开来，他还是决定将权力分析的方法同理性的辩证法区分开来。这一个至关重要的区分即在于，在法兰克福学派那里，启蒙、启蒙理性，以及这种启蒙理性的漫长的理性化过程是一个同质性的整体，是个普遍性的理性化过程。尽管启蒙在历史上，在政治技术的发展中是个极其重要的阶段，但是，福柯并不认为它代表着全部的理性化过程、全部的权力形式、全部的理性化的政治权力。也就是说，它并不能涵盖福柯要探索的权力技术。相反，要讨论今天的我们的历史状况，要讨论我们在今天之所是，我们今

---

① Foucault, "The Subject and Power", 见 *Michel Foucault：Beyond Structuralism and Hermeneutics*, p. 210。

天的历史形成，或者说——用悲观的态度说——我们今天为什么置身于一个历史陷阱，我们要追溯的是，也许不仅仅是启蒙中的理性主义，我们要追溯进更遥远的历史中。在那些比启蒙时代更久远的历史中，权力关系早就存在。同样重要的是，不应该笼而统之地将社会或文化的理性化——像法兰克福学派那样——视作一个整体，而是应将这一理性的过程划分为几个区域，在这几个基本区域中，"每一种都与一种基本经验相关，疯癫、疾病、死亡、犯罪、性等等"①。正是在这些具体的区域中，在各种各样的具体的理性化中，福柯寻找权力关系，最终寻找这种权力关系对今天的影响，对今天的各种主体性的形成所产生的影响。

因此，福柯并不遵循韦伯、法兰克福学派的普遍性的理性批判和启蒙批判路径，他甚至认为理性化是一个危险的说法，重要的不是去考察理性本身，不是考察是否符合理性，重要的是考察哪一种理性在运作、在施展。在他这里，理性化和权力有关联，但是是具体的理性和具体的权力在关联着。他要讨论的就是具体的理性化和权力之间的关系。如果说，法兰克福学派和韦伯研究的是理性化如何导致集中的政治权力，如何导致现代国家的行政管理和科层体制的话，福柯讨论的是另一种权力，这种权力在表面上不是演变为集中式的国家权力，也不是发展成为组织性和集中性的政权，相反，这些权力技术"针对着个体，意在以一种连续的、持久的方式来统治个体"②。它始终针对着个体，而没有集体的欲望，福柯将它称作个体化权力，也就是牧师权力（pastoral power）。如果说法兰克福学派的整体性国家权力通常对个体视而

---

① *Michel Foucault：Beyond Structuralism and Hermeneutics*. p. 210.

② *Politics，Philosophy，Culture*，p. 60.

不见，或者说，它只是简单地造就了"单向度的人"的话，那么，福柯的个体化权力创造了多样的主体：疯癫主体、罪犯主体、疾病主体、性主体等。在福柯这里，法兰克福学派的理性化批判过于抽象，虽然它有效地揭示了集中政权、体制和法律的形成，但是，它无法说明人类主体的多样形成，无法说明丰富的个体类型，无法说明这种多样主体各自的形成途径，而这正是福柯所致力的工作：他在不同的经验领域，在不同的历史时刻，发现了不同的理性化过程，从而发现了不同的权力的形成，最终导致不同的个体形式和主体形式。

这种牧师权力和个体化权力至少在表面上和起源上就同法兰克福学派的整体化国家权力相对。前者是具体的，发生在特定的领域、特定的时刻，它针对着个体并塑造着个体；后者是整体的、普遍的、全盘性的，它形成抽象的制度构架，且常常对个体视而不见。福柯将这两种性质和方向相对的权力形式追溯至西方文化的古老的过去，这两种权力的雏形很早就存在了。福柯似乎相信，法兰克福学派探讨的启蒙理性及其政治技术的种子埋藏在古希腊和古罗马人那里，它是希腊文化的结果。而他所发现和探讨的牧师权力，则是希伯来文化的产物。福柯通过对希伯来文本的研读发现牧人和羊群的隐喻大量存在，这一主题在这里得以发展和强化。牧人的各种变形形象是神、国王和领袖，他的后面跟着羊群，他"集合、带领、引导着他的羊群"[1]，他行使的权力，针对的也是羊群，他的作用，是保证羊群的得救，并对羊群保有一种终极性的仁慈，这种仁慈接近于献身，"牧人做的每一件事都是有益于

---

[1] *Politics*，*Philosophy*，*Culture*. p. 61.

他的羊群"①，对待羊群，"他忙忙碌碌，尽心尽意"，同时，"他对它们无微不至，悉心照看，了如指掌"②。福柯将牧人和羊群的这种关系称作牧领权（pastorship）。牧人和羊群的关系不过是上帝和人民的关系的一个隐喻性形象说明，在此，"牧人－上帝""羊群－人民"之间展示的就是这种照看式的牧领权。福柯发现，基督教十分重视"牧人－羊群"这一希伯来主题，它发展了这一主题，同时又做了一些改变。这些改变主要发生在责任方面、服从方面、认知（知识）方面、行为实践方面。在责任方面，基督教的观念是，牧人对每头羊，包括它的一切行为、善恶、道德都要负责；在服从方面，牧人和羊的关系是一种个人的和完全依赖的关系；在认知方面，牧人对每只羊有彻底的了解，包括对它的灵魂有完全的知识；在行为实践方面，基督教引入了审查、忏悔、指引、顺从等。所有这些技术实践都有一个目的："让个体在世上以'苦行'的方式生活"，而这种苦行"是基督教自我认同的一个构成部分"。③

从希伯来到基督教的这种"牧人－羊群"游戏显然在更迭，但是，它的一个明显特征就是和希腊的城邦－公民游戏截然相对。福柯除了勾勒牧人－羊群的游戏外，还将"城邦－公民游戏"与之做了比较，他的结论是，"城邦－公民游戏"衍生的是政治权力，它"在国家这个统一的法律框架中运作"，而牧师权力的职责是"不断地确保、维持和改善每一个人的生活"。④ 显然，福柯做的这种二分法同人们对希腊文化和希伯来文化的习惯二分法密切

---

① *Politics*，*Philosophy*，*Culture*. p. 62.

② *Politics*，*Philosophy*，*Culture*. p. 62.

③ *Politics*，*Philosophy*，*Culture*，p. 70.

④ *Politics*，*Philosophy*，*Culture*，p. 67.

相关。人们通常认为，希伯来文化强调实践，希腊文化强调知识；希伯来文化强调道德、信仰，希腊文化强调科学、真理："希伯来文化的理想的人是信仰的人……希伯来文化不放眼普遍的人、抽象的人；它所看到的总是具体、特定、个体的人"，相反，希腊文化理想的人是理性的人，他们擅长"发现一般的、抽象的和没有时间性的本质、形式和理想"①，他们擅长逻辑、推理，对他们来说，人是理性的动物。

福柯的"牧人－羊群"游戏和"城邦－公民"游戏的区分也大致在这两种文化的区分框架内。前者更多与信仰、宗教和伦理相关，后者与理性、科学、法律相关。因此，也可以说，牧师权力和政治权力分别在伦理学领域和知识论领域扩展，它们在历史上各自发展、演变，但二者的区分始终存在：政治权力是压抑性的，牧师权力是拯救性的，其目的是保证个体得救；政治权力中的国王是要别人为他献身，牧师权力中的牧师是要自己为他人献身；政治权力是总体化的，它针对着普遍民众，形成抽象的制度，牧师权力则是个体化的，它照顾着每个个体，并伴随着他的一生；政治权力从来不探及灵魂深处，牧师权力则对个人的良知、对他的内心秘密和真理有完全和彻底的知识。

这两者的区分如此明显，但是，这并不意味着它们没有整合的可能性。实际上，恰恰是在现代国家中，这两种权力技术——个体化权力和总体化权力、牧师权力和政治权力——有一种巧妙的结合，现代西方国家将牧师权力整合进来。这两种权力技术如何结合？现代国家怎样整合牧师权力？

---

① 威廉·巴雷特：《非理性的人》，段德智译，商务印书馆 1995 年版，第 77 页。

福柯相信，基督教的牧师权力在 18 世纪发生了变化，"神学体制从 18 世纪就失去了它的有效性"，但它蕴含的牧师权力的"功能在神学体制之外扩散和传播开来"，① 也就是说，牧师权力在 18 世纪脱离了神学制度，而在世俗社会中扩散，并在这一扩散中重新配置和组织了它的权力技术。这种新的牧师权力——它起源于希伯来文化，在一千多年的基督教中发展成熟并与宗教体制密切相关——现在"突然散布到整个社会中，并获得公众机构的支撑"②。这种新的世俗化的牧师权力同基督教的牧师权力相比，又有一些新的特点。它的目标发生变化，它不再是保证个体的来世拯救，而是确保他在此世的得救。而且，"拯救"是世俗意义上的拯救，也就是健康、安全、满意的生活等等，宗教的意义已经十分微弱了。此外，执行和实践牧师权力的机构和人员不再是牧师，而是另一些庞大的世界的机构和人员，甚至是国家机器，有时是警察，有时是慈善家、冒险家、捐助者，有时是家庭、医院等等。"最后，牧师权力的目的，代理机构的扩充，使得对人的知识的探讨围绕着两极而展开：一种是涉及人口的，它是量化的和整体的；另一种涉及个体，它是分析性的。"③ 显然，牧师权力在悄悄地向生命权力过渡。

这种新的世俗化的牧师权力就这样在 18 世纪被现代国家及其体制吸纳了，它成为针对个体的国家权力形式，这种个体化权力与政治权力——也就是总体化权力——相结合，就使得现代国家成为一个复杂的结构，在此，"个体性根据一种新形式被构型，并

---

① *Michel Foucault*：*Beyond Structuralism and Hermeneutics*，p. 214.

② *Michel Foucault*：*Beyond Structuralism and Hermeneutics*，p. 215.

③ *Michel Foucault*：*Beyond Structuralism and Hermeneutics*，p. 215.

服从于一套特定的模式"①，现代国家就这样将整体化权力和个体化权力结合起来，将政治权力和牧师权力结合起来，将压制和拯救结合起来，将对个人真理的洞察和对抽象制度的布置结合起来，将伦理教诲和法律守则结合起来。我们发现，福柯勾勒的国家如此强大而细密，现在不再是单纯的牧师权力针对着个体，而是一系列的权力战术针对着个体，如家庭权力、医学权力、精神病学权力、教育权力和雇主权力等。面对着这些权力战术，个体性的真理和秘密都是被强加的。

这些权力的个体战术最终造就了主体，但是，它们是怎样具体地造就主体的？这些个体化权力的实践方式是什么？这就是福柯的总的研究主题，这一主题"不是权力，而是主体"②，具体地说，就是要"构造一个在我们的文化中，使人类变为主体的几种不同模式的历史"③。福柯将他的研究工作都纳入这个问题框架中来，并视作对这个问题的回答。在他看来，有三种模式将人变为主体，首先，是为人赋予一种科学地位，通过知识的方式，比如通过语言学、经济学、生物学使人成为说话主体、劳动主体、活着的主体，在这里，人变成一种学科（科学）主体。这是《词与物》探讨的主题。其次是"分离实践"，即将人进行分隔，既同自身分隔，也同他人分隔开来，这种分离往往借助的是权力。人和人的分隔，就导致了不同的主体类型，比如疯人和正常人、罪犯和好人、病人和健康者。这是分隔模式使人变为主体。这是《古典时代疯狂史》与《规训与惩罚》探讨的主体构型方式。福柯探

---

① *Michel Foucault：Beyond Structuralism and Hermeneutics*，p. 214.

② *Michel Foucault：Beyond Structuralism and Hermeneutics*，p. 209.

③ *Michel Foucault：Beyond Structuralism and Hermeneutics*，p. 208.

讨的最后一种主体的形成——福柯称之为他的目前工作，实际上也是他的最后工作——是"人使自身变为主体的方式，比如，我选择了性的领域——人如何学会承认自己是'性'的主体"①。显然，这是《性史》探讨的问题。

"人使自身变为主体的方式"，这是福柯的一个重要转向。它表明，人可以通过一种自我技术来构造和创立自身的主体性，如果说前两种模式都是主体的他律模式，都是人被动地成为主体的话，那么，第三种模式无疑是一种主动模式。人变为主体既不受知识的干扰，也不受权力的干扰，而是自我的主动选择。人可以选择、可以创造一种主体形式和个人化形式，人可以创造一个自我形式。这种新的主体不再是屈从性的，既不屈从于各种现代权力，也不屈从于这种权力施加于他的各种真理、法则和同一性，不屈从于国家对个体的强制而巧妙的构型。福柯寄希望于这种新型的选择性主体来反对那种屈从性的被动主体，他将这视为今天哲学的重要斗争任务："或许今日之目标不是去发现我们之所是，而是去拒绝我们之所是。我们必须去想象、去构造我们可能之所是，从而根除掉那种政治性的双重束缚，即现代权力结构同时性的个体化和总体化。"这样，福柯的结论便是："我们今天的政治、伦理、社会和哲学问题就不是将个人从国家、从国家体制中解放出来，而是将我们从国家和与国家相关联的个体化类型中解放出来，通过拒绝几个世纪以来强加于我们的这种个人性形式，我们必须促发新的主体性形式。"②

---

① *Michel Foucault*：*Beyond Structuralism and Hermeneutics*，p. 208.

② *Michel Foucault*：*Beyond structuralism and Hermeneutics*，p. 216.

二　自我的界线与启蒙

福柯通过康德，也通过波德莱尔找到了这种新的主体性形成的哲学条件、前提、可能和范例。福柯的《何为启蒙》从康德的同名文章着手，并赋予这篇文章以重要的意义。在福柯看来，康德对于启蒙的描述本身并不令人感到满意，但是，在这篇回答"何为启蒙"的文章中，康德的哲学思考本身非常有意义，也就是说，康德提供的答案内容不尽如人意，但是他回答问题的方式令人深思。康德的这篇文章写于 1784 年，这篇文章正为当时的启蒙运动进行辩护，因此，这是一个探讨此刻性的哲学文本，是将现时作为哲学的探讨主题。

在福柯看来，"康德的这个文本提出了一个新问题"[1]，具体地说，"康德论历史的其他文本，总是不断提出历史进程的起源问题，历史确定它的内部的合目的性。在这个论启蒙的文本中，他讨论的是完全的当代现实性问题"[2]。也就是说，康德的这篇文章，正是讨论他写作此文的时代，康德设法理解"现在"，但不是将"现在"放在某个历史进程的总体性中来理解，不是将现在作为历史合目的论中的因果一环来理解，相反，"他在寻求差异；今天同昨天有何差异？"[3] 启蒙同启蒙之前的时代有何差异？今日的启蒙时代的独特特征和意义何在？"将'今日'思考为历史中的差

①　Paul Rabinow（ed.），*The Foucault Reader*，Pantheon Books，p. 33.

②　*The Foucault Reader*，p. 34.

③　*The Foucault Reader*，p. 34.

异，将它视为哲学任务的动机，在我看来，是这篇文章的新颖之处。"①

康德对启蒙的定义是，"人类脱离自己所加之于自己的不成熟状态"②。这种不成熟状态的表现是，不经别人的引导就缺乏勇气与决心去运用理性。也可以说，不成熟状态是甘愿听命于他人的权威，而不运用自己的理性。显然，要摆脱这种不成熟状态，就是要自己克服懒惰和怯懦，要富于勇气，要"有公开运用自己理性的自由，并且唯有它才能带来人类的启蒙"③。康德接着区分了公开运用理性和私下运用理性。公开运用理性就是完全遵从于理性本身，而不受其他的限制，也就是说，理性的人凭借理性而推理时，他就是公开地、普遍地、自由地运用理性。相反，私下运用理性是指一个人在"一定公职岗位或者职务上所能运用的自己的理性"，他在某个确定位置上，在社会的一个特殊环节，为了符合规定，也出于特定的目的来运用自己的理性。显然，这个理性运用既非自由的，亦非普遍的，而是特定的、有背景和目的的，这就同"公开运用理性"区分开来。

福柯从康德的论文中发现了启蒙的这样几个特点：（1）启蒙是人类集体参与的进程；（2）启蒙是个人的一种勇敢和冒险行为，个人要勇于承担公开运用理性的责任从而摆脱他人的权威和引导；（3）对理性的运用只有在一定的条件下（公开的）才是正当的，才能带来启蒙。"康德实际上将启蒙揭示为这样一个时刻：人运用自己的理性，但不服从任何权威"，这里涉及的问题是，要摆脱权

---

① *The Foucault Reader*，p. 38.
② 康德：《历史理性批判文集》，何兆武译，商务印书馆1991年版，第22页。
③ 《历史理性批判文集》，第24页。

威，人应怎样正当、合法地运用理性？应该在什么样的条件下运用理性？应该按照什么原则运用理性才能确保理性的自主？这是康德的文章所引发的批判特征，批判正是围绕这些问题而展开，"在这个意义上，批判是启蒙过程中形成的理性手册，反之，启蒙即是批判的时代"①。这样，在福柯这里，康德这篇论启蒙的文章的启示是多方面的：哲学探讨是对当前的探讨，是对现时的不间断的批判。同时，个人应对自己所处的历史承担责任，应敢于同历史进程发生关系，应恰当地运用自己的理性才能明确自己有所为和有所期待。也就是说，相对于这个时代而言，个人是什么？他能做什么？康德实际上问的是："在这个确切的历史瞬间，我们是什么？康德的问题既是对我们，也是对我们的现时的分析。"②这种哲学质询"既使人和现时的关系、人的历史存在模式问题化，又使作为自主主体的自我构成问题化"③。具体地说，康德在问："现在在发生什么？我们碰到了什么？我们正生活的这个世界、这个时代、这个历史瞬间是什么？换句话说，我们是什么？"④

福柯开始将康德提出来的这些问题——也可以说由康德所引发的问题——看作哲学的越来越重要的工作，"或许一切哲学问题中最确切的是现时问题，是在这一时刻，我们是什么的问题"⑤。也就是说，是有关我们自身的批判的本体论问题。福柯将这一问题视作他当前最重要的哲学任务，在某种意义上，这也是他最后的伦理学任务。这一任务，按照福柯在《主体与权力》中的表述，

---

① *The Foucault Reader*，p. 38.
② *Michel Foucault：Beyond Structuralism and Hermeneutics*，p. 216.
③ *The Foucault Reader*，p. 42.
④ *Michel Foucault：Beyond Structuralism and Hermeneutics*，p. 216.
⑤ *Michel Foucault：Beyond Structuralism and Hermeneutics*，p. 216.

是他的总的研究主题：主体问题。对于他来说，实际上存在着两种性质的主体，两种"我们"。一种是权力造就的主体——"我们"，"这个主体有两种意义：经由控制和依赖而对别人的臣服；经由良知和自我认知而使之束缚于自身的同一性。这两种意思都表明了使主体屈从、隶属的权力形式"①。这个主体就是被动、从属、屈从的主体，他由权力造就。这也是未经启蒙的主体，是依赖权威的主体，同时，也是福柯与之抗争的主体。另一种主体与此完全相反。如果说前一种被动主体在历史的各个角落都大量存在的话，那么，相反的主体，也就是主动的、选择性的、创造性的主体，福柯在康德的公开运用理性的启蒙个体身上依稀见到了，在波德莱尔的花花公子（dandy）身上则是确凿无疑地见到了。

波德莱尔和他笔下的花花公子有什么样独特的主体性？实际上，福柯在他们身上看到了现代性，他们是一些有现代性的人。福柯借此提出了他的现代性概念。在他看来，现代性不是一个时间概念，既不指一个历史时代，也不代表这个历史时代的总体特征。显然，这就不意味着在现代性之前有一个前现代性，在现代性之后有一个后现代性。实际上，福柯将现代性视作一种态度而非一个历史时期，这种现代性的态度"意指着与当代现实性发生关系的某种模式；人们所做的自愿选择；一种思考方式、感知方式、行动和行为方式。这些行为方式既表明属从关系，也表现为任务。无疑，这有点像希腊人称作气质的那种东西"②。波德莱尔和他笔下的花花公子正是在同他们生活的时代的关联性中，在同他的现时的关联性中，表现出了这种现代性和现代性态度。

---

① *Michel Foucault：Beyond Structuralism and Hermeneutics*，p. 212.

② *The Foucault Reader*，p. 39.

波德莱尔的名言"你无权蔑视现在"就是现代性态度的表现。这种现代性态度还不是简单地对现在保持着敏感，它实际上是把握住现时的"英雄"面，也就是"使现时英雄化的意志"。波德莱尔相信，绝非只有古代生活，只有传统才有崇高和美，相反，"各个时代、各个民族都有各自的美，我们也不可避免地有我们的美"①。应在现时中，在我们置身于其中的历史时刻，去发现"英雄"气概和现代的美。这种对现时的关注态度，这种使现时变得英雄化的态度是现代性的重要特征。不仅如此，对现时的这种现代性态度还是实践性的，也就是说，现代人从现时中，"从流行的东西中提取出它可能包含着的在历史中富有诗意的东西"②，这种现代性态度，这种对现时的挖掘实践，实际上也是对现时和世界的改观，这种改观并不是"取消现实，而是在真实现实和自由实践之间的一场艰苦的互动"③。对现实世界的实践态度——这同样是现代性的重要态度之一——使美变得更美，使自然变得更为自然：现时的价值总与现代人对现时的态度、同现时玩的自由游戏、对现时的改观实践密切相关。在这个意义上，现代性态度使现代人和他所置身的现实世界有一种实践性关系和想象性关系，这样，现实中的"每一个动作"就可能"表现出丰富多彩的生活和生活的所有成分所具有的运动的魅力"④。

关注现时，使现时变得重要，使其英雄一面暴露出来；同时，又改观现时，想象现时，对现时进行自由实践，进而在现时中发

① 波德莱尔：《波德莱尔美学论文选》，郭宏安译，人民文学出版社1987年版，第300页。
② 《波德莱尔美学论文选》，第484页。
③ *The Foucault Reader*，p. 41.
④ 《波德莱尔美学论文选》，第482页。

掘出美和诗意，这是现代性的两个特征。同样一个重要特征是，现代人除了同现时发生关系外，还要同自身建立关系，具体地说，现代人"将自身看作复杂而烦琐的制作对象"①。福柯在此指的是波德莱尔笔下的花花公子。这些花花公子"与众不同"，他热切需要"使自己成为独特之人"，因而表现为"自我崇拜"②。结果，"他使他的身体、他的行为、他的感知和激情、他的整个存在变成一件艺术品。对波德莱尔而言，现代人不是去揭示他自身、他自身的秘密和隐匿真理的人，而是设法创造自己的人。现代性不是从人的自身存在中将其解放出来，而是迫使人面临着自我创造这一任务"③。也就是说，现代人就是要将自己作为对象，对自己进行苦行制作，从而使自身成为一种新的主体，一种自我创造的主体。

使现时英雄化，同现时玩实践游戏，对自身进行苦行制作，这就是与启蒙相关的现代性的三个重要特征。福柯从康德对启蒙的哲学质询，从波德莱尔对现代生活的美学描绘中发现了与现代性相关的哲学气质，这种哲学气质对我们置身于其中的历史，对我们的自身存在，对我们之所说、所思、所做持一种不间断的批判态度，也就是说对我们自身的历史本体论进行批判性质询。这是哲学气质，它也是哲学探讨、哲学生活，这，才是现代性态度。这种态度，这种哲学质询和探讨——这是福柯的最后的哲学思想和思考焦点——具有这样几个特点。

首先，批判是对我们自身的存在界线进行分析和反思，它处在内外之间的边界位置上。它不是对既有界线，对那些似乎是普

---

① *The Foucault Reader*，p. 41.
② 《波德莱尔美学论文选》，第 500 页。
③ *The Foucault Reader*，pp. 41 - 42.

遍的、必然的、不可避免的界线进行探讨；而是相反，批判是对可能的对界线的僭越（transgression）进行探讨，它不是避免越过界线，而是着意探讨越界的可能性。这样，如果放弃了存在着某种既定的必然界线这样一种信念，那也就放弃了带有普遍价值的形式结构。这是因为，界线之所以能够固定，之所以是普遍的，是因为在界线之内总有一种价值在统摄着，总有一个中心性的支点在支撑着。界线一旦被僭越，这种普遍价值，这种结构中心就会随之坍毁，由此而来的界线内部的形而上学模式同样会坍毁。这种自我本体论的批判不寻求普遍价值，不寻找界线的稳定性，不寻求形而上学模式；显然，它也就不会寻求、发现、承认支配着我们、埋藏在我们深处的隐秘真理。相反，它考察的是这样一些历史事件——正是这些事件使我们将我们自身建构为行为主体、思考主体、说话主体，这些事件确定了我们的自身界线。"这种批判在意图上是谱系学的，在方法上是考古学的。"它不将知识和道德行为的结构普遍化、固定化，它也不能从我们的存在形式来断定我们应该做什么，不应该做什么，它不会将我们的存在锁定于形而上学，最终锁定于一门稳固的科学中。哲学的批判质询与这些固定化、界线化、指令化倾向截然相反，它否定确定性，促发可能性，探讨无限性，它不是要确定我们之所是，而是肯定我们之非是，"它试图尽可能深远地推动无限的自由活动"①，试图让我们既定的普遍存在界线分崩离析。

但是，为了使这种自由活动不至于流于空泛，不至于成为幻想，也不落入另一个陷阱，福柯提醒说，这种针对我们自身界线的自我本体论批判，除了对设定我们界线的历史事件进行调查外，

---

① *The Foucault Reader*，p. 46.

还应让它经受当代现实性的考验。这两种方式都是"为了把握变化在何处才是可能的和值得的，变化应采取什么样的确切形式"①。也就是说，变化不可能有无限的方案。摆脱既定界线，并不是为了给我们重设另一个体系，并不是为了再制定一个新的权力界线和社会秩序等着我们进入。变化既不可能无限盲目和彻底，同时也不能有固定而具体的目标；既不可能是激进的，也不可能是乌托邦的；而应该是试验性的、局部性的。要确定变化的可能性和方向，要使这种变化有真正的效果，就只能让变化接受现实的检验，接受历史实践的检验。但是，福柯又担心地问道："如果我们总使自身局限于这种部分的、局部的探询和检验，我们会不会冒着被更广泛的、我们既无法意识又无法控制的结构所支配的风险呢?"②

福柯的回答是，实际上，我们不可能完全了解有关我们历史界线的全部知识，但这也不意味着对我们自身的批判就是从混乱、无序、偶然中产生的。实际上，这项工作有其普遍性、系统性、同质性和赌注，也就是说，这项工作应该从它的批判对象的普遍性、系统性、同质性中出发，应该根据这些特性而展开。

首先，我们来看看它的赌注。这个赌注即是"能力（capacity）和权力这二者关系的悖论"。具体地说，技术能力的增长并不一定像 18 世纪所想象的那样能带来个人自由的增长，实际上，现在越来越清楚的是，技术能力的增长同权力的增长密切相关，它不是导致自由和自主的增加，恰恰相反，它导致它们的萎缩，导致权力关系的僵化，这一点，正是自我的批判工作要注意的悖论，其

---

① *The Foucault Reader*，p. 46.

② *The Foucault Reader*，p. 47.

关键点在于，"如何将（技术）能力的增长同权力关系的强化分离开来？"① 这，就是批判的赌注。批判的同质性指的是人的行为整体和实践系统的同质性，批判就是要对这种行为整体、行为方式以及这种行为的理性形式的同质性进行调查、研究和检验。批判的系统性指的是人的实践和行为领域形成了一个系统，这个系统由三个区域组成：人对物的控制关系，人针对他人的关系，人对自身的关系。实际上，这三个关系领域也彼此相关，组成一个系统，虽然每一领域都有其自身的轴线，但它们的问题是一致的，它们的问题同整体系统的问题是契合的，批判就围绕着这个问题，在这个系统中展开，并要沿着这个系统这样追问："我们是如何构成我们的知识主体的？我们是如何构成行使权力或服从权力关系的主体的？我们是如何构成我们的行为道德主体的？"② 总之，这个问题是，我们这个主体是依照哪些方式结构而成的？知识主体、权力主体、伦理主体——福柯将他的总的工作研究限定于对他们的探讨——是怎样形成的？福柯发现，对此的一系列的历史批判考察既具有独特性，也具有普遍性。独特性是因为每一种主体的形成，每一次对此的调查都与特定的材料、历史事件、对象、时代和话语密切相关；说这些考察具有普遍性是因为这些主体形式、其界线、对这些界线的考察和划分在我们的时代曾反复出现，它们不是历史上的仅此一次的特例，它们的出现有某种普遍性。我们应该把握的是我们对这种普遍性的认知程度、在这种普遍性中权力的施展形式、我们将自己构造为一个历史形象的过程。批判的普遍性正是对这种普遍性的寻求，它恰恰又是从历史的独特形

---

① *The Foucault Reader*，p. 48.
② *The Foucault Reader*，p. 49.

式中推论而来。

这是自我本体论批判的几个特点。归根到底，它是要回答"我们是什么"的问题，我们是怎样成为各种各样的主体——知识主体、权力主体和伦理主体——的问题，它"既是对施加于我们的界线进行历史分析，同时又是对超越这些界线的可能性做的试验"①。这种批判不是一种既定的理论、教义、学说，它应该成为一种不断的态度，应成为一种反复的哲学生活和气质，它应该处于一种持久的探究、调查和尝试中，最终，它应该体现在因为渴望自由而进行的耐心劳作中。

"自由"出现在晚期福柯的思索中。哲学生活既是对自由的渴望和探讨，又是对我们自身的界线进行的实验性僭越。在此，福柯将权力和自由关联起来，权力虽然不是纯粹的压制，但是，它终究是自由的反面，我们自身的界线实际上是由权力设置的。哲学生活、对自由的渴望、自我的本体论批判实际上是同权力进行斗争，同设置自我界线的权力技术进行斗争。这种权力技术正是福柯说的针对个人的个体化权力，它被抽象的国家制度吸纳，但它并不等于国家本身，权力技术并不等同于权力体制，因而对权力的抵抗并不是对于国家的抵抗，不是对于权力体制的抵抗，也不是对于某一个阶级、群体、精英集团的抵抗。抵抗始终是对权力技术和权力形式的抵抗。这样的抵抗最终依然同马克思主义的抵抗区分开来，在马克思那里，抵抗总是以阶级斗争的形式展开，以推翻既定国家体制为目标，以权力主体为对象，以人类的解放为理想；在福柯这里，抵抗从来就不是意识形态领域中的阶级斗争，它只是针对具体权力施展形式，针对权力技术而不是针对权

———————————
① *The Foucault Reader*，p. 50.

力主体——它甚至不承认有这样的主体。同样，抵抗总是个人性的，是对个体界线的反复批判，是让强加于个体身上的界线分崩离析。自由和解放是个体的自由和解放。这些斗争和抵抗的差异，正是福柯和马克思的权力理论的差异，在福柯这里，国家的概念、它的权力形式和实践技巧不是单一性的，它绝非以单纯的法律制度为框架，相反，它还存在着复杂的针对个人的权力技巧，福柯的权力抵抗，恰巧不是针对总体性的法律制度，而是针对设置个人界线的权力技术。

针对个体的权力技术，我们在前面已经看到，是由基督教的牧师权力演变而来。牧师权力在被现代国家吸纳的世俗化进程中，和政治权力相融合，这样，针对个人的个体化权力表现出了两面性：一种是与宗教相关的针对内心灵魂的伦理权力，另一种是与政治相关的针对外在行为的理性权力。福柯的个体化权力实际上暗含着两种不同的类型，也就是说，个体性的界线是由两种权力设置的：一种是外在的支配权力，一种是内在的伦理权力。外在的支配权力让个体被迫服从，内在的伦理权力让个体自觉地服从。外在控制是政治权力实施的，内心的控制是由他的良知和伦理权力实施的，个体性的界线就这样既由政治，也由道德的双重绳索来设置，个体既为外在政治所奴役，也为内心道德所奴役。

这实际上既包含了法兰克福学派的主题，又包含了尼采的主题。福柯之所以认为法兰克福学派的理性批判并不能完全解释我们置身于今天的历史，并不能完全解释我们今天之所是，是因为他们在很大程度上忽略了基督教对个人的控制形式，忽视了牧师权力和理性权力的历史渗透，忽视了针对个人的道德维度和宗教维度，也就是说忽视了尼采的道德的谱系探究。法兰克福学派探讨的是理性权力对个人的抽象政治束缚，而尼采的重要主题即是探讨道德的谱系，探讨内疚、责任、忏悔的谱系形成，这些道德压力与基督教密切相关，它们构成了个人的另一道界线。实际上，福柯在法兰克福学派和尼采之间，更接近尼采。他的牧师权力是对尼采的反基督教的隐秘呼应，在《古典时代疯狂史》和《规训与惩罚》中，福柯都注意到了道德的巨大束缚力量，无论是在精神病院还是在监狱中，无论是病人还是犯人，道德界线常常是他们难以逾越的界线，相对于政治理性权力的界线而言，基督教道德的界线更为根深蒂固，更加牢靠结实。狂躁的罪犯和疯子在奋力越过理性权力的栅栏之后，最终都不可思议地在基督教道德的界线面前平静下来。

福柯的自我本体论批判实际上主要是对基督教道德界线的批判，僭越更多的是伦理学意义上的对道德界线的僭越。要让僭越成为可能，要让突破这些界线成为可能，就必须弄清楚：我们是怎样被这些界线所束缚？我们为什么受到基督教道德界线的封锁？为什么这些道德界线让我们步履蹒跚？或者，据福柯的话说，我们是怎样成为伦理和道德的主体？这些问题再一次让福柯重拾谱系学计划，这次，福柯追溯到了古代的希腊和罗马。

三　自我的技术与快感

古代的希腊和罗马的道德范畴和基督教的道德范畴是不一样的。实际上，福柯区分了两种道德范畴。其中之一指的是一套"行为的价值和规则，它们经由家庭、教育机构、教会等各种指令中介荐举给个体"①。这是常见的道德的"意义"，它们主要和规

①　Michel Foucault，*The Use of Pleasure*，*The History of Sexuality*，Volume 2，Penguin Books，1998. p. 25.

定性的准则相关，实际上，这样的道德也就是道德准则。但是，福柯还指出了道德的另一种"意义"，也就是，与这些道德准则相关的个人的行为：个体行为与道德准则是否相符？他们是尊重还是抵制这一道德原则？就这个意义而言，道德体现在是否合乎道德的行为上，道德主要是行为性的，是个人的践行活动。与准则式的道德概念相比，行为道德的内容就是个体和群体的修身实践，是他们的自我行动，是确定这些自我行动同道德准则有何相关性。准则式的道德和行为式的道德正是两种不同的道德概念和范畴，"行为规则是一回事，以这种规则来衡量的行为则是另一回事"①。

如果说确实存在着这两种道德范畴的话，那么，福柯更多关注和研究的是"行为道德"而不是"道德准则"，虽然这两种道德密切相关。在福柯看来，古希腊罗马时期对道德准则和规则体系提及甚少，既没有法律也没有权力机构要求人们遵守道德规则，人们也很少对违反道德准则者进行惩罚。相反，行为道德却十分活跃，大量的文献表明了丰富的自我实践，个体为了实现他的某一理想的存在模式，为了使自己品质完善、德行高尚，而不停地对自己施加影响，对自己进行不断的监督、改造、考验、塑造。个体对自己的这种反复实践，这种自我反省、自我认识、自我检查、自我理解，正是行为道德的表现形式。如果说，道德准则应该分析的"是在既定社会或群体中不同的价值和规则体系"，那么"行为道德就是研究个体或群体在多大程度上和这些施加于他们的价值和规则相符"。② 前者采纳的是准法律的形式，它重点关注和考察的是人们是否依照这些准则行事，是否依此来惩罚他们。违

---

① *The Use of Pleasure*，*The History of Sexuality*，Volume 2，p. 26.

② *The Use of Pleasure*，*The History of Sexuality*，Volume 2，p. 29.

反道德者在某种意义上类似于违反法律者。这样的对道德准则的诉求主要体现在基督教伦理学中。在基督教这里，准则意味着禁令，道德-服从模式相当于法律-压抑模式。对道德准则的违反就意味着违禁或者违法。这样的道德准则模式虽然不是基督教道德本身，但显然，它更多地体现在基督教道德那里。在此，道德和法律一样，是否定性的，就性而言，就是要将性深深地掩埋。但是，古希腊罗马时期活跃的行为道德则绝对不是采用这种禁令和压抑模式，这里的行为道德不是起着法律的作用，而是"伦理-诗"（etho-poetic）的作用。道德既不是界线、禁令，也不去压抑和惩罚，相反，道德是诗，是美学标准，是生存的艺术（arts of existence）。在此，古代异教的道德和基督教的道德截然不同。

怎样将古希腊的这种行为道德理解为美学和生存的艺术？首先，这种行为道德是自主的，是个体的自我实践，是个体与自身的关系游戏。这样的道德不是强迫你去遵从它，不是设置一道禁令迫使你按照它的标准行事。事实上，福柯力图证明，在古希腊时期，人们并没有义务要按照一定方式行动，并没有义务要去遵从某种道德，并不是说违反了道德就要受到权力机构和宗教机构的处罚。不，不是这样，人们的道德行为完全是个人的主动选择，是不受外在压力的情况下的主动选择，因而，道德行为完全是自主的，是自我把握和控制的，它不是被动的屈从，而是一种个人的自由实践。在古希腊，道德行为就是生存的艺术。"生存的艺术"指的就是"那些意向性的自愿行为，人们既通过这些行为为自己设定行为准则，也试图改变自身，变换他们的单一存在模式，使自己的生活变成一个具有美学价值、符合某种风格准则的艺术品"①。

---

① *The Use of Pleasure*，*The History of Sexuality*，Volume 2，pp. 10 - 11.

这样的生存艺术就不是妥协，不是在界线或权力的抑制下被迫做的侥幸式的挣扎，相反，它是个体主动的自我构型、自我锤炼、自我锻造，最终，是个体主动将自己造就为某种理想的存在模式、某种伦理主体、某种具有美学价值和风格化的作品、某种伦理-诗的作品。这样的道德行为本身就具有某种创造性，它是主动的实践，是自我改造的技术，是与艺术实践类似的自我实践。"这种伦理学的主要目的是美学目的，它主要是个人选择问题。"① 这样，自我就成为自我的对象，自我就为自我所决定和控制，自我创造了自我。这正是福柯所研究的主体形成模式之一：主体是自我技术创造和生产的。

显然，自我技术在此取代了权力技术。福柯所提到的三种主体形式——这是他的毕生研究——现在全部出场了：权力生产的主体；知识（学科）生产的主体；自我生产的主体。权力外在于主体，主体被权力所规训和造就，这样的主体完全是被动而屈从的。知识生产的主体则是由学科想象和配置的，这样的概念化的主体是虚构的。那么，自我生产的主体呢？显然，它既非被动生产出来的，也非想象出来的，这种主体是自我主动选择的结果，是个体自我的有意构型。这是伦理主体，在性质上是主动的，它同权力造就的主体的被动性完全相反。如果说，权力技术使主体囚禁起来，那么，自我技术则使主体成为摆脱了界线的风格化的艺术品；权力技术是对主体的反复操纵训练，自我技术则是主体的主动美学选择；权力技术是对自由的侵蚀，自我技术则是自由的实践。总之，权力技术——它包括个体化权力和总体化权力——是福柯所厌恶的拘押手段，而自我技术是福柯所推崇的哲

---

① *The Foucault Reader*，p. 341.

学气质和自我批判。这种自我技术，自我将自身造就为主体的方式，在本雅明研究的波德莱尔的花花公子身上（这是通过本雅明的阐发而得出来的）表现出来，在康德关注的启蒙中表现出来，在布克哈特笔下的文艺复兴的人物身上也表现出来，现在又在古希腊的贵族身上表现出来。所有这些人，启蒙者、文艺复兴时期的艺术家、花花公子和希腊的贵族在自我对自我的风格化雕琢这一点上一脉相承。

但是，希腊人自有希腊人的特点。在福柯看来，希腊人的自我技术，也可以说，他的行为道德和伦理学实践关注的是性。他为什么对性产生兴趣？自我技术如何关注着性？这种关注的内容是什么？它的方式是什么？其结果又是什么？而这正是自我技术和行为道德的构成领域，也是古希腊伦理学的构成领域，同时也是《快感的享用》的主旨。我们看到，福柯在古希腊人那里发现的生存美学和道德关注与性和快感密切相关，生存美学，作为艺术品的生活，是在性这一领域得以完成和实践的。生存美学正是在性和快感的运用上而发挥功能。"希腊人将享受快感的方式视作伦理问题"①，也就是说，在对待性的态度上，希腊人充分展示了他的美学选择。成为性的主体的过程也是自由实践的过程。性就是希腊人的日常生活、道德、伦理学、生存美学和自我技术得以驰骋和实践的地盘。

福柯发现，希腊人的性行为并没有受到外在因素的干预，也没有什么教会机构和医学机构去禁止和决定性活动。一般而言，性的问题越出了城邦法律的视野之外，只是受到伦理学的观照。性在那个时候比在中世纪和现代的欧洲更容易被接受，也甚少招

---

① *The Use of Pleasure*，*The History of Sexuality*，Volume 2，p. 36.

致诽谤，性行为是活跃、宽松和无拘无束的，它既不受到压制，也不被认为是病态的。如果是这样一种宽松自在的性氛围，就不存在着性解放的问题，因为解放总是针对着压抑的解放；也不存在僭越的问题，因为僭越总是针对着界线的僭越。那么，在这样一种无外在管制的性氛围中，希腊人怎样实践他的自由呢？如果性可以随心所欲，希腊人如何进行僭越行动呢？他的创造性、他的美学选择怎样体现出来呢？性选择是随意的，那么，希腊人的主动性、他的自由岂不是唾手可得？

实际上，福柯论及的希腊人的自由不是抽象的自由。自由总是与某一对象和某一主体相关，自由总是具体的自由。如果面对着基督教的道德禁令，自由就是僭越意义上的自由，就是对禁令和界线的突破。相反，在一个无限制的开阔的性环境中，自由就意味着主动的节制。自由与其说是抽象的无拘无束，不如说是个人的主动选择，自由的实质意义就是个人的主动选择。如果某种行为——不论这种行为的内容是什么——是由某个人主动做出的选择，那么这种行为就是自由的。在这个意义上，主动的僭越是自由的，主动的节制同样是自由的。在此，节制不是自由的反面，相反它"是对自由的实践，自由采纳的形式是自我-控制"①。自我-控制虽然是一种控制形式，但因为这种控制是个人的主动选择，是个人的积极的意愿行为，因而它仍旧是自由的。福柯提到希腊人的自由正是在个人主动选择意义上的自由。生存艺术同这种自由密切相关，尽管采用的是控制的形式，但这种艺术仍旧是主动的自我控制，是自我对自我的主动风格化锻造。在一个有禁律的地方，自由通常表现为个体的主动放纵；在一个没有禁律的

---

① *The Use of Pleasure*，*The History of Sexuality*，Volume 2，p. 93.

地方，自由通常表现为个体的主动节制。希腊人对性进行反思的伦理学实际上是自我控制的伦理学，生存艺术是自我控制的艺术，道德是自我控制的行为道德，美学是自我控制的美学，在福柯这里，希腊人的道德、生存艺术、美学、伦理学是串近义词，它们的共通性质和内核是自我-控制的自由。这种伦理学自有其本体论、义务论、苦行论和目的论。

　　希腊伦理学将性作为它的反思和关注对象，但是，它最注重的是性的哪一方面？福柯发现，希腊人的伦理关注的要点不是性行为本身，不是这些性行为采用的是哪些方式；也不是性欲望的起源和目的，甚至不是快感。相反，伦理学实质上关注的是力度，这种力度以一种环节方式将行为、欲望、快感连接起来（欲望导致了行为，行为同快感相关，快感又引发欲望）。这样，伦理问题就不是问："哪种欲望？哪种行为？哪种快感？而是问快感和欲望借助何种力量使人销魂……性行为伦理学涉及的本体论即是力量的本体论，这种力是与行为、快感和欲望相连。"① 福柯在此表明，希腊伦理学的道德关注，它最为迫切地注意的性的一面，是性行为的强度问题，而非性行为的方式问题，也就是说，它关注的是性活动的量度问题，是性行为是否过度的问题。从伦理学的角度而言，对男人做的区分，主要是看他们的性活动是强还是弱，是节制还是过度，性活动的强度和量度问题正是希腊伦理学的本体论。

　　如果说，伦理学的实质内容就是由快感、欲望和行为环绕在一起的性的力量和强度，那么，接踵而来的问题就是：如何运用这种力度和强度？也就是说，怎样利用这种快感才是恰当的？由

---

① *The Use of Pleasure*，*The History of Sexuality*，Volume 2，p. 43.

于性的力量和强度从本质上而言就有可能过度，因此，如何看待这种力、控制这种力、以什么样的方式对这种力加以节制就成为问题，也就是说，如何运用快感就成为伦理学的问题。快感的运用实际上是个人对自己性活动的管理方式、他给自己制定的养生方法、他对自己性活动的审慎反思。快感的运用是典型的自我技艺，是自我控制的方案，是自我的主动践行。福柯指出了希腊人在运用快感时所要注意的三种策略：要求、合时、地位。只有在需要的情况下，才能进行性活动，运用快感。这种需要刚好可以使快感的力量保持平衡：既使之满足，又不使之放纵过度。同样，也只应在合时的情况下，在恰当的时机运用快感。最后，运用快感同人的地位也有关系，一个人处在什么样的地位，什么样的年龄，什么样的性别，他就应当采用与此相符的快感运用策略。总之，快感的运用因人而异，它并没有统一的法规和制度让所有人被迫遵从。相反，它是纯粹的个人实践，是一种技艺，也是"一种态度和追求，这种态度和追求使他的行为个性化，并铸造了这种行为。而且，这种行为表现出的合理和审慎的结构可能赋予他一种特殊的辉光"①。换言之，自我对快感的驾驭和恰当运用，最终会创造一种个人的美学风格。

　　但是，对快感的这种恰当自如的运用，对性活动的灵活管理，这种节制式自我实践和技艺并非唾手可得，相反，要自如地掌握快感的合理享用方式，需要自我的反复训练，需要对自我的控制。这就是福柯在希腊人那里发现的自我控制。自我控制实际上是对控制自我的一种操练，其目的就是使自我不再被快感和欲望所统治，相反，是要让自我成为它们的主人，从而为恰当而自主地运

① *The Use of Pleasure*，*The History of Sexuality*，Volume 2，p. 62.

用快感打下基础。怎样才能控制自己的快感和欲望？首先，要将快感和欲望视作一种可怕的力量，自我应与之展开无情的战斗，人和欲望的关系类似于一种战争关系。这种战斗就发生在个体的内部，是个体的自我与自我的交锋。自我一旦战胜了欲望，控制了欲望和快感的暴烈，就是胜利，也是德行和至善。对欲望和快感的胜利、自我控制的成功并不是要消灭欲望，让欲望弃绝，相反，自我承认欲望的存在，但是能够自如地驾驭这种欲望，在此，自我不是被欲望和快感所奴役，而是相反，欲望和快感为自我所奴役。

这样，相对于快感和欲望而言，自我就是它们的主人，自我也就实现了对于快感的自由，在此，对欲望的自我控制正是自我的自由的实践，"对快感的自由就是要摆脱其权威，而不是成为其奴隶"①。这种自由是对快感的控制，因而也是一种力。自由和力量结合起来，对快感和欲望进行管制，这就是有节制的人的品质特点，是男性气概的表现，也是男人具有至善德行的表现。同时，这种节制和自我控制也是通向真理和智慧的必然途径，福柯发现，希腊人相信，节制的人的心灵部分协调一致，他们能够获得真理和知识，而不节制的人因为被欲望所主宰，就显得既盲目又愚蠢。

必须强调的是，希腊人的节制绝对不是压抑，后者是基督教的特点。在基督教这里，性通常受到法规和准则的抑制，这些法规和准则是针对所有人的，通常表现为禁令，且常常有宗教机构来执行这些禁令，依照法律对违禁进行惩罚。比如，对希腊人而言，不同妻子之外的人发生关系，这并不是有明确的禁令迫使男人如此行事，相反，这是男人的主动选择行为，是他们有意的节

---

① *The Use of Pleasure*，*The History of Sexuality*，Volume 2，p. 79.

制，是他们出于某种目的而做出的选择。但是，在基督教这里，
婚外性行为是必须禁止的，所有男人必须服从这道禁令，男人之
所以要保持忠贞，不是因为他的主动节制，也不是他的有意选择，
而是被迫屈从于这道法律般的禁令，"是对牧师权威的遵从"①。
对希腊人而言，发生了婚外性行为仅仅是缺乏节制的表现，是个
体被欲望和快感所控制的结果，但他们并不因为违禁而受到处罚，
也没有禁令阻止他们这么做。但在基督教这里，这不单单是欲望
失控的结果，它还是违法行为，且要因为违法而受到处罚。在希
腊人这里，节制和控制都是个体的主动行为，而在基督教这里，
节制或者控制常常是禁律使个体被动使然。

　　既然希腊人的节制和控制都是主动的选择，对快感的利用也
是精心地设计，那么，他们为什么要这样做？没有法律约束他们，
他们为什么那么审慎地运用快感？这样自我控制的苦行目的何在？
希腊人这么做——对妻子忠贞，不碰男童——是因为"他们想有
一个美的存在"，"想有一个好名声"，"能够统治他人"，"所以，
他们为了存在的美和荣光有意地接受了这些义务，这是一种选择，
既是美学选择，又是政治选择"。② 同时，这也体现了个体的自由
实践，表达了个体的风格化态度。

　　这就是希腊伦理学的目的论。希腊人的苦行、自我技术、道
德实践都以风格化的美学存在为目的，或者说，这些性节制和性
控制的自我技术创造出了一种个人的美学风格，它既具有美学价
值，也具有道德价值和真理价值。这种伦理学的目的同基督教伦
理目的仍旧截然不同，基督教的目的在于来世，在于不朽和纯洁，

---

① *The Use of Pleasure*，*The History of Sexuality*，Volume 2，p. 92.

② *The Foucaut Reader*，p. 356.

它旨在摒弃欲望的自我而不是创造一个美的自我。希腊伦理的节制是为了创造一种生活风格，而基督教的节制则是为了保持纯洁，保持对欲望的净化。希腊伦理的节制采用的是自我控制的技术，而基督教的节制是被动控制的技术。希腊伦理的自我是可以被反复创造的，并没有一个确定的稳固形态，而基督教的自我则是一个稳定的形态：自我充斥着欲望，既要对欲望进行解释，同时又要摒弃这种欲望而保持肉体的纯洁和完整。对基督教来说，死后是重要的问题，但是，希腊伦理很少关注宗教问题和来世问题。在基督教这里，通常有法律或社会、宗教机构关注伦理问题，但希腊伦理与制度没有关系，与法律没有关系。伦理行为都是个人自身的行为，"应该摆脱掉伦理观同其他的社会、经济、政治结构相联系的观点"[①]。这样，个人才能自主地选择，才有可能创造自己的生活，创造一个风格化的存在形态。这一风格化的存在形态，这一日臻完善的伦理主体，既不是借助于宗教的力量，也不是借助于法规的支配来建立和完成的。相反，他的形成只通过恰当的自我控制行为，只是通过自己对自己的绝对统治来完成的。这种自我统治就是对快感的统治，就是对快感的自主和自由，也就是自制和克制，就是苦行，就是对欲望所取得的战争胜利。最终，这是自我对自我的态度，也就是福柯在《何为启蒙》中所说的一种批判气质，一种特有的哲学批判气质。所有这些自我施加于自我的控制行为，都是德行，也是审美，它们的结果和目的就是生存的艺术，就是获得一种熠熠生辉的存在模式。

这就是福柯的作为生存美学的伦理学。这种伦理学实际上是福柯为摆脱毛细血管的权力支配而要求的一种态度。如果权力无

---

① *The Foucaut Reader*，p. 350.

处不在、无时不在，如果它的支配技术缜密而细腻，如果主体并没有切实可行的针对这种权力技术的政治抵抗策略，那么，一种伦理策略和美学策略则是可能的。在权力技术的支配下，个体总是有了他的界线，有了他的陷阱和难以摆脱的历史包袱，总之，个体总是有了他的牢狱。就是在这样的历史语境和前提下，福柯并没有诉之于具体的政治抵抗，相反，他提供的是伦理学和美学的抉择：个体不是同施加于他的禁律做斗争，个体不是全力以赴地去关注外在的权力技术，相反，个体以关注自身的方式，将自身美学化的方式来抵制权力技术的统治，这是用美学化的自我技术来抗衡同质化的权力技术。这样的出路实际上是诗学出路，它同法兰克福学派的出路完全不一样：对阿多尔诺而言，压迫性的工具理性遭到的是否定理性和批判理性的拒绝，阿多尔诺最终寻求的是拒绝和对抗。对哈贝马斯而言，仍旧是以一种理性——交往理性——来取代工具理性，哈贝马斯的方案是用一种理想的、健康的、和谐的理性来置换一种臭名昭著的理性。阿多尔诺和哈贝马斯都是在理性内部腾挪施展。福柯呢？他的方案完全不一样，他并不设想存在着一种与支配权力相反的权力形式，他并不设想以一种理想的力量形态来对抗或置换那种针对个人的规训权力。福柯的方案是文人化的方案，是美学方案：他承认有一种无法逃避的权力技术，个人虽然不足以与之直接交锋、对抗、斗争，不足以摧毁这种权力，但是，个人可以通过他特有的方式，无视这种权力，让这种权力失效，使它的规训功能和支配功能难以发挥，这种方式就是自我对待自我的美学态度。自我不是和权力去争执，而是和自我进行游戏；不是去改变权力的方向和功能，而是去改变这种权力功能造就的主体模型；权力技术、功能和运作是一回事，但是这种权力技术、功能和运作的结果是另一回事。权力的性质、功能可以不变化，但是，权力的结果，它造就和生产的主体形式为什么就会稳如磐石？主体可以被权力造就，但主体同样还取决于自我的选择，福柯这样表明了主体形成的过程："如果想分析西方社会的主体谱系学，那就必须不仅考虑支配技术，而且必须考虑自我技术，可以说，必须考虑这两种技术的互动关系，因为人支配人的技术需要借助个人对自己采取行动的方式。"① 也就是说，权力技术造就的主体形式并不是绝对的，主体的形式同样取决于个人的态度，这种态度可能是对支配性的权力技术的偏离，它并不一定吻合于这种权力技术的方向和性质。这也正是福柯寄予希望的地方，他反复提到的"哲学生活""自我的本体论批判""气质"正是这种态度的表现，也是摆脱权力技术的愿望。这种态度，这种对待自我的态度，如果不是符合权力技术固有的支配意愿的话，那么就只能是美学化的态度，是将自身风格化的态度，是关注自我的态度，是将自身作为艺术品来创造的态度，是发明自我的态度。而权力技术造就的主体显然是同质性的、僵化的、消极的、被动的，在形态上是本体论的。这样的主体，遍布在各种工厂、兵营、学校和监狱中，遍布于一切体制化的机器中，也遍布于漫漫的历史尘土中。

　　而自我造就伦理主体时的美学化态度呢？自基督教诞生以来，这种态度寥若晨星，文艺复兴时期曾经有过短暂的闪现，波莱德尔笔下的花花公子也曾偶尔为之，除此之外，福柯没有看到这种态度和自我的批判气质，没有看到对自我的美学锻造。但是，他在最后的希腊之旅中，发现了这种态度的一个样板，一种我们今

---

① 转引自刘北成：《福柯思想肖像》，北京师范大学出版社 1995 年版，第 299 页。

天完全遗失的"气质"。但是，这种态度和气质是怎样遗失的？或者，我们更具体地说，这种古代世界的希腊气质怎样开始遗失于基督教世界中的呢？这就是《自我的关心》要回答的问题。

福柯发现，在古希腊——主要是苏格拉底、柏拉图、伊索克拉底、亚里士多德和色诺芬等人的希腊——的以快感为内容的伦理学中，自我技术、生存美学的标准主要运用于希腊人的四个日常生活领域：身体的养生法；婚姻；成年男子与男孩的爱情；智慧。在这四个领域中，生存美学一直在发挥着功能。这四个领域中对快感进行控制和节制的自我技术都是以一种风格化的自我存在形态为目标的，而且，都是个人的主动选择。比如，在养生法中，人们之所以主动地节制，之所以对性行为进行调节和妥适的安排，这并非因为性行为是邪恶的，是人们固有的污点，相反，这既是因为人们担心过度的性消耗会危及身体的健康，使人精力锐减，甚至对生命造成威胁，同时也是为了保持道德主体的完整性，保持住能控制自己精力而获得的美名。在婚姻关系中，男人对妻子保持忠贞，并非因为这是他务必服从的义务，也非婚姻的内在本质对他的规定，同样也非他的妻子对他有这样的要求，相反，这是他的主动意愿选择，只有这样主动的节制，"他的声名，他和别人的关系，他在城邦中的威望，他获得一种至善存在的意愿才能取得"①。这里，节制同样是因为一种美学存在目的而做出的刻意选择。在成年男人同男童的恋爱关系中，情况稍稍复杂一些，因为对这种同性恋关系的节制比养生法和婚姻中的节制更为严厉，更为紧迫，但是，不能因此说在希腊文化和伦理中同性恋关系就是非法的，相反，"希腊人赋予它合法性，我们也乐于将其

---

① *The Use of Pleasure*，*The History of Sexuality*，Volume 2，p. 183.

看作希腊人在这个领域享有自由的证据"，虽然他们对此采取了最严厉的节制态度，但"除了几种情况外，他们并不对之谴责和禁止"①，那么，这种节制，或者说这种"苦行"的目的是什么？当然，它并非取消对男孩的爱情，而是相反，"它是让这种爱情风格化的手段，并因此为这种爱情赋形，对其赋值"②，同时，也让这些男孩更具有男子气，使他们将来可能享有自由的人的地位，"这已不单单是男人控制其快感的问题，它还是这样一个认知问题：在个人对自己的控制，在个人的真正爱情中，他如何允许别人的自由？"③也就是说，这种极其严厉的自我控制不仅仅是使自身，使这种爱情风格化，同时，它还担当着让别人获取自由的责任。在此，爱情、快感和真理的复杂关系得以确认。

我们看到，在希腊人的性伦理学所实践的三个日常领域中，节制和自我控制，这些苦行式的自我技术总是表示着一种态度，即将自身美学化，将自己的生活艺术化，将自己的行为风格化的态度。这种节制、控制和苦行在以后的漫长历史中得到了强化。与人们的一般想法相反，这些苦行实践并非起源于基督教，相反，"基督教后来直接从希腊中借用了这些苦行实践"④。如果是这样，如果苦行实践自始至终贯穿于希腊文化、基督教文化和现代欧洲，那么，它们的伦理实践和伦理观有何区别呢？

区别即在这种苦行实践所表达的态度和目的中。虽然都是苦行实践，但是其态度和目的并不一样，也就是说，伦理学的内容是一致的，但目的不一致。对希腊人而言，苦行是关注自我、锻

---

① *The Use of Pleasure*，*The History of Sexuality*，Volume 2，p. 245.

② *The Use of Pleasure*，*The History of Sexuality*，Volume 2，p. 245.

③ *The Use of Pleasure*，*The History of Sexuality*，Volume 2，p. 252.

④ *The Foucault Reader*，p. 361.

造自我、创造自我的手段。它意在让自我获得一种雕琢的独特的风格化的审美形态，意在让自己的生活成为艺术品。希腊人的苦行是一种坚忍的态度选择。但在基督教这里，苦行不是自我的态度，它不是创造自我，而恰恰是对自我的摒弃，是对自我欲望的弃绝，其目的是符合上帝的意志从而使自身保持纯洁。这样的自我是被动的、服从的、萎缩的、单调的、他律的，他既不风格化，也不美学化。在此，关注自我，福柯提出的这一哲学批判气质和哲学态度荡然无存。基督教的苦行不是主动的苦行，而是严格的禁律下的被迫苦行。我们看到，在希腊人的主动苦行和基督教的更为严厉的被动苦行之间，存在着一个过渡、一个中介，这，就是古罗马时期的关注自我的苦行实践。正是在此时，养生法、婚姻、对男孩的爱情既继承了希腊人节制的风格化态度，又预示了基督教日后有关节制的严酷禁律。

　　福柯对罗马帝国时期苦行实践的探讨主要限定于公元头两个世纪的斯多葛派中。在他看来，这些自我实践仍旧内在于希腊时期的自我—控制伦理学的传统中，但是，同那个时期相比还是发生了变化，在方向上，在着重点上发生了变化。在罗马时期，自我实践的重点转到了自我培养这一领域。正是在自我培养的实践中，伦理主体性的构成要素发生了变化。虽然这种自我培养的目的仍旧是生存艺术，"但这种艺术越来越多地涉及理性或自然的普遍原则，所有人无论地位如何，他们都应以同一种方式看待这一原则"①。这一原则虽然不是加固的禁令，但显然变得更严肃、更苛刻。同样，个人仍旧要同快感的力量做斗争，仍旧想制服快感，

① Michel Foucault, *The Care of The Self*, *The History of Sexuality*, Volume 3, The Penguin Press, p. 67.

但是，个人的主动性、他的控制力减弱了，关注的重点转移到个人的脆弱性和虚弱性方面，转移到他的自我保护的需求方面。有关个人的知识变得越来越重要了。与此相关，自我考验，自我检查，自我控制，其任务当然和风格化的存在形态有关，但更强调自我的认知真理，"最后，这种自我制作的最终结果仍旧为个体的自我统治所确定，但这种统治扩充进这样一种经验中：自我与自我的关系不仅仅采取支配的形式，还采取无欲望、无麻烦的享乐形式"①。

所有这一切，福柯试图表明，希腊时期的关注自我实践和罗马时期的关注自我实践虽然同在生存美学的大框架内，但是二者已经发生了偏离。罗马的自我培养实践是在向基督教的禁欲主义迈进，虽然它们二者有本质的区别。也可以说，希腊的自我实践更具有谱系学的特点，而罗马的实践流露出了解释学的意向。希腊的实践目的是获得一个美学化的自我，这种实践并不关注身体的内在知识，它不需要去解释身体的知识和真理，希腊的实践按照谱系学的方式同目的接连起来。而罗马的实践的目的除此之外，还表现为对身体的知识性解释，对身体虚弱性的关注，这样，对性的控制不仅仅是自由的实践，还是一种出于身体忧虑而采取的控制措施，这就预示了基督教禁律的形成——禁律总是为了某个信念而采取的压制。希腊人的生存艺术本身是变动不居的、没有固定形态的，但是，罗马的生存艺术则与一些普遍的法则相关，这样，生存艺术一旦被明确地界定下来，它就失去其艺术性了，而成为一些制度的原则，最终成为基督教伦理中的律令。最后，在罗马时期，"性行为本质上和实际上并非恶，但其形式和效果与

---

① *The Care of The Self*, *The History of Sexuality*, Volume 3, p. 28.

恶相连"①。而丈夫的忠贞不仅仅是他为了获得美名而进行主动的节制，他现在还得考虑婚姻的关系本质和夫妻间的相互关系，因而这种节制就不再完全是主动的了。在与男孩的关系中，节制"越来越不被看成赋予这种爱情以最高的精神价值的方式，而更多地被视作性行为所特有的不完善标记"②。

总之，在罗马时期，节制和控制的主动性减弱了，也就是说，节制和控制中所表现的自由淡化了，节制和控制越来越呈现出一种被动性、服从性。因为身体可能的疾病和虚弱而节制，因为夫妻间的义务而节制，因为对男孩的爱是不完美的而节制，因为性和所有这些不光彩的行为和想法相联系而必须节制。这样，这些节制似乎是迫不得已的，是必须做的，在某种程度上是屈从于外在要求的。节制就这样由希腊的完全主动的个人选择逐渐向被迫的服从滑动，逐渐从自由实践变成被动屈从。需要反复强调的是，福柯并没有将男子的这些节制实践等同于后来的基督教的禁欲主义，相反，这些节制实践终究是在希腊的生存美学的框架中，它仍以生存美学为标准，它只是孕育着未来基督教道德的种子，这种未来的道德体系我们十分熟悉，可惜，福柯来不及给我们做别具一格的伟大探究，他只是在《关注自我》——这是他的临终工作——的结尾勾勒了它的抽象架构："以限度、堕落和罪恶为基础的伦理实质；臣服于普遍法律和人格神的意志的屈从模式；对灵魂进行探究，对欲望进行升华式解释的自我实践类型；意在自我摒弃的伦理完善模式。"③ 在这种禁律-屈从的道德体系中，福柯

---

① *The Care of The Self*，*The History of Sexuality*，Volume 3，p. 239.

② *The Care of The Self*，*The History of Sexuality*，Volume 3，p. 238.

③ *The Care of The Self*，*The History of Sexuality*，Volume 3，p. 240.

在希腊人那里发现的"格调""气质""态度",完全地烟消云散了。

四　生活的艺术

《快感的享用》和《自我的关心》是在《认知的意志》出版8年后才出版的,在这期间,福柯没有新书问世。按照德勒兹的推测,这期间福柯的思想陷入危机之中。他对权力做的淋漓尽致的研究很可能使他陷入权力的死胡同中:到处都是权力,有没有权力之外的东西?如果确实如此,福柯只有两种选择,要么承认权力的无限肆虐,然后搁笔停止写作;要么重新开始,在权力之外寻找一种新的可能性。福柯选择了后者,并将这种可能性的探究目光投向了古代的希腊。为什么转向了希腊,转向了福柯曾经毫无兴趣的希腊——他曾对尼采、海德格尔向希腊的求助抱持善意的揶揄?这同他对权力的谱系学发现相关,也同法兰克福学派的刺激有关。法兰克福学派过于注重理性的政治权力,这种政治权力通常是总体性的,并与国家、体制紧密结合,它对于个人的支配是通过制度的方式、纪律的方式和法律的方式进行的,而且,这种理性权力对所有人都是同样起作用的。这种理性权力与福柯的"规训"权力有些近似。但福柯还发现了一种个体化权力,它和理性的政治权力并不一致,这种个体化权力与道德、灵魂、伦理和宗教有更多的关涉。经过考察,福柯在基督教中发现了这种权力的谱系源头,发现了针对个体的牧师权力,个体被牧师权力深深地笼罩,较之国家的理性权力而言,牧师权力对个体有更多的"呵护"、关照、操纵、纠缠。个体被深深地卷入牧师权力(个体化权力）的无尽旋涡中。

这样，很自然地，福柯就会进一步追问：如果针对个体，针对个体的内心世界，针对道德和灵魂的牧师权力尚未出现，那时，个体会是怎样的形态？不受个体化权力纠缠的个体是怎样的存在模式？显然，这样的个体只在前基督教时代存在，只在希腊存在。福柯转向希腊，意在探讨个体化权力之前的个体，探讨权力之外的主体的可能性，探讨在没有牧师权力的支配下，个体是如何形成自己的主体性的。如果权力技术的功用并不显著，如果权力不是无孔不入的，如果权力并没有完全主宰着个体的成形，那么，个体，希腊的这些自由民是怎样为自我构型的呢？

这就是《快感的享用》和《自我的关心》的研究前提和动机，它和《何为启蒙》中的问题是一致的：个体怎样溢出权力-知识的界线之外？个体的自我本体论批判，不是去对个体进行自我解释，不是将个体作为知识对象，去挖掘他的隐秘存在。相反，这种批判是对个体的可能性的检验。它不是将个体作为一个稳固的本质主义主体形态，而是将个体视作具有多种可能性的主体化过程，是一个主体的成形过程，是一种新主体性的可能性实践。因此，这样的"主体性完全不是一种知识的形成或是一种权力的作用；主体化是一种区别于知识和权力的艺术行为，知识和权力中并没有它的位置"①，福柯正是通过希腊人的自我实践走出了基督教以来的权力-知识的地盘。在希腊人那里并不存在僭越，因为那里并不存在（个体化）权力的支配。而在基督教的传统中，僭越有积极的意义，因为它是突破权力和禁律的自由诉求。因此，福柯诉诸巴塔耶式的僭越和诉诸希腊人的节制并不自相矛盾，对权力-知

---

① 《哲学与权力的谈判》，第 128 页。

识的支配而言，僭越是主体性的可能性检验，对权力-知识之外的领域而言，节制也是主体性的可能性创造。僭越和节制，它们的前提不同，对象迥异，但都暗示福柯的自由实践。

希腊人的节制式的自由实践是我们今天的样板吗？不，福柯坚定地认为，希腊人并不是榜样，也不值得赞赏。而且，"我认为古代道德还存着这样一种矛盾：一方面是对某种生存风格的不倦探索，另一方面又努力地使这种风格适用于所有人"①。这种不倦探索也许是福柯所推崇的哲学气质，但是建立一种普遍性的风格原则就接近于宗教原则，而这则是一个"深刻的错误"。"在我看来，过去某些特殊人群开始对存在风格的追求的原则之一即是探究每个人彼此不同的存在风格，这也是我们今天要勉力以求的，而追求一种每个人都接受的，也就是说每个人都要服从的道德，在我看来，那是一场灾难。"② 也就是说，少数希腊人的那种奠基于差异性和独特性的批判气质是现代人所需要的，而那种普遍性的道德规范则是令人厌恶的。对希腊人而言，福柯推崇的是那种以风格化为旨归的态度，是追求生存艺术的气质，而不是这种风格化的技术本身，不是他们的对节制的具体运用，不是自我实践的内容，也不是有可能模式化的存在艺术形态，尤其不是那种普遍性的通用道德。在福柯这里，古代的伦理大任决不能成为今天的重续，当代的问题和答案也绝对不可能在古代中找到，但是，在漫漫的时间长河中，在有着巨大沟壑的古希腊和今天，有一张纸牌"在一只全新的手中重现：一张牌——自我对自我的精雕细

---

① *Politics*，*Philosophy*，*Culture*，p. 244.
② *Politics*，*Philosophy*，*Culture*，pp. 253 - 254.

琢，主体的美学化——在两种迥异的道德体系和迥异的社会中"①。这张牌就是自我实验中蕴含的哲学生活，就是因为渴望自由而进行的耐心劳作。不要去问如何进行自我的反复实践和检验，而是要保持这种不断自我实践和检验的态度和意志。

实验自己，这是尼采的要求。尼采在《曙光》中说："我们重新鼓起了勇气。正由于此，个体，或一代人现在都紧紧盯住一些伟大的，在前人看来疯狂的任务，这即是对天堂和地狱的嘲弄。我们可以试验我们自己！是的，人有权这样做！我们尚未为知识做出最大的牺牲。"② 对天堂和地狱的嘲弄，用直截了当的话说，就是对既定的普遍道德的嘲弄，就是义无反顾地甩掉我们身上的道德界线和历史包袱，甩掉包围着我们的善恶纠缠，就是发现我们身上的无限可能性。这就是存在艺术的真谛：不是去承认和接受一个既定的主体现实，而是将自己作为一个不定的可塑性对象，去不断地考验他，试验他，创造他，将它作为一个艺术品来创造。但是，这样的自我风格化创造差不多被人淡忘了："令我震惊的是，在我们的社会中，艺术变成了只与客体相关的东西，它和个体、生命没有关系。这种艺术变得专业化了，而且只能由艺术家来完成，但，人们的生活为什么不能成为艺术品？为什么房子或灯是艺术对象，而我们的生活却不是？"③ 这几乎是对尼采的这句话的呼应："赋予个性一种'风格'，实在是伟大而稀有的艺术！"尼采把那些将自己的天性做艺术性规划的人，把那些憎恨束缚和役使的人称为奇才，那些人天天辛劳地演练，"总是旨在把自己和

---

① 保罗·维尼：《福柯的最后岁月和他的伦理学》，见李惠国、黄长著主编：《重写现代性》，社会科学文献出版社 2001 年版，第 105 页。

② Nietzche, *Daybreak*, Cambridge University Press, 1982, p. 204.

③ *The Foucault Reader*, p. 350.

周围的人塑造并解释为自由天性——粗野、专横、富于想象、混乱无序——令人惊异的天性，他们乐此不疲地追求这一宗旨，唯其如此才感到惬意"[①]。在创造自我的风格这一点上，福柯又一次和尼采对接上了。"尼采说，思想家总是放出一支箭，像是无的放矢，另一个思想家将此箭拾起，射向另一个方向，福柯即是如此。"[②] 尼采的片段，被福柯进行了大规模的整理和改造，这就是尼采和福柯的关系，尼采已经在古希腊人那里发现了美学化的生活，福柯将此再次提及，但同样做了修改。

尼采在《悲剧的诞生》中指出，在酒神的魔力之下，人轻歌曼舞，"他陶然忘步忘言，飘飘然乘风飞扬"，此时此刻，"人不再是艺术家，而成了艺术品……在这里被捏制和雕琢"[③]。作为艺术品的人是在希腊的酒神艺术中出现的。对尼采来说，人不是艺术的创造者，更不是艺术和现实的中介，相反，他就是艺术品本身，他等待着被创造，在酒神的精神的作用下，人和艺术混然交融。人的价值，就在于他作为艺术品的价值，就在于他的审美价值，"因为只有作为审美现象，生存和世界才是永远有充分理由的"[④]。也就是说，在生活的一切领域内，审美态度是决定性态度，要以审美的眼光打量一切，要以审美的标准评价一切，要将整个世界、整个日常生活美学化。尼采正是在酒神的宇宙艺术那里，发现了世界浑然于审美的狂欢节日之中。

---

① 尼采：《快乐的知识》，黄明嘉译，中央编译出版社 1999 年版，第 198—199 页。

② 《哲学与权力的谈判》，第 134 页。

③ 尼采：《悲剧的诞生》，周国平译，生活·读书·新知三联书店 1992 年版，第 6 页。

④ 《悲剧的诞生》，第 21 页。

如果采纳的是唯美学标准，那么真理标准和道德标准就应该待在一边。尼采之所以回到希腊悲剧，就在于希腊悲剧为审美的酒神艺术所主宰，它的题材是酒神的受苦，它的主角就是酒神。但是，希腊的这种酒神化和美学化态度被苏格拉底打断了，苏格拉底精神和酒神精神势不两立，理性精神打断了美学精神。苏格拉底崇尚的逻辑、理性、认知、辩证法和真理彻底毁了悲剧艺术，也毁了一个美学世界。这是科学和真理的最早显现，但是是以屠戮诗和神话的刽子手的形象显现，对尼采来说，苏格拉底是个恶棍。不仅如此，道德标准也应该放弃。理性毁了艺术和生命，道德——当然是基督教道德——同样毁了艺术和生命。尼采为了捍卫美学标准，他左右开弓，既向苏格拉底和柏拉图的理性主义宣战，也向耶稣基督宣战。前者是以理性和科学的名义毁了审美，后者则以伦理和道德的名义毁了审美，在基督教这里生命绝非为一个美学的力量所充斥、主宰而显得生机勃勃，相反，生命因为负疚、责任和良知的颤抖而变得负荷累累，变得死气沉沉。在尼采这里，生命、审美和力是同质性的，它们都是流动的、生成性的、创造性的和积极的。在希腊人这里，它们彼此交织，相融一体，但是，苏格拉底的理性和耶稣基督的道德使之荡然无存。

从尼采的这个诊断框架中，我们可以看出福柯对生存艺术的选择。这种生存的艺术同样是出于挣脱自我的奴役界线的目的而设想的。自我的界线，一方面是外在的规训权力，它同理性的漫长发展相关——福柯事实上远远超出了启蒙运动，将它追溯到了希腊的城邦制；另一条界线与个人内在道德相关，福柯对牧师权力的探讨就是对这条界线的谱系学追踪。显然，设置于个人头上的界线同样是理性界线和道德界线，它们的源头仍旧在希腊的城邦制和基督教的起源中。生存的艺术，以美学为标准的生存、自我实践和日常生活，当然不可能像尼采那样指望在希腊悲剧中复活，福柯只寄希望于自我的极限体验，寄希望于对自我的反复尝试，寄希望于各种各样的僭越实验。在这方面，福柯并非一个说教者，他是伟大的身体力行的哲学家，同时，因为这种身体力行的美学目标——这也是唯一的目标——他是个彻头彻尾的艺术家。他经验着各种各样的僭越而带来的危险，在这样的危险面前，福柯既不退缩，也没有恐惧，因为，他铭记着尼采的教训：对真理的热爱是危险的。只有越出理性和道德的界线，穿梭于危险之中，才能收获最伟大和最丰饶的欢乐，才能解开自身的存在之谜，才能让自身以一种恶之花的形式绽放，才能将自己安置于美的氛围之中。就福柯本身而言，僭越实验导致了死亡，但是，此时此刻，"死亡离开了古老的悲剧天堂，变成了人类抒情的核心"。

结　语

　　福柯广为人知的三部著作《古典时代疯狂史》《词与物》和《规训与惩罚》讲述的历史大致相同：基本上都是从文艺复兴到18、19世纪的现代时期。但是，它们的角度和主题不一样。《古典时代疯狂史》讲的是疯狂（疯人）的历史；《词与物》讲的是人文科学的历史；《规训与惩罚》讲的是惩罚和监狱的历史。为什么要讲述这些从来没有被人讲过的历史？就是为了探索一种"现代主体的谱系学"。福柯以权力理论闻名于世，但是，他"研究的主题不是权力，而是主体"①。即，主体是如何形成的？也就是说，历史上到底出现了多少种权力技术和知识来塑造主体？有多少种模式来塑造主体？也就是说，欧洲两千多年的文化发明了哪些权力技术和权力/知识，从而塑造出今天的主体和主体经验？福柯的著作，就是对历史中各种塑造主体的权力/知识模式的考究。总的来说，这样的问题可以归于尼采式的道德谱系学的范畴，即，现代人是如何被塑造成形的。但是，福柯无疑比尼采探讨的领域更为宽广、具体和细致。由于福柯探讨的是主体，所以，只有在和

---

① 福柯：《自我技术：福柯文选Ⅲ》，汪民安编，北京大学出版社2016年版，第54页。

主体相关联，只有在锻造主体的意义上，我们才能理解福柯的权力和权力/知识。权力/知识是一个密不可分的对子：知识被权力生产出来，随即它又产生权力效应，从而进一步巩固了权力。知识和权力构成管理和控制的二位一体，将主体塑造成形。就权力/知识而言，福柯有时候将主体塑造的重心放在权力方面，有时候又放在知识方面。如果说，《词与物》主要考察知识是如何塑造人的，或者说，人是如何进入知识的视野中，并成为知识的主体和客体，从而诞生了一门有关人的科学的，那么，《规训与惩罚》主要讨论的则是权力是怎样对人进行塑造和生产的：在此，人是如何被各种各样的权力规训机制所捕获、锻造和生产的？而《古典时代疯狂史》则是知识和权力的合为一体，从而对疯癫进行捕获：权力制造出关于疯癫的知识，这种知识进一步加剧和巩固了对疯人的禁闭。这是福柯的权力/知识对主体的塑造。

无论是权力对主体的塑造还是知识对主体的塑造，它们的历史划分都以一种巴什拉所倡导的断裂方式进行（这种断裂在阿尔都塞对马克思的阅读那里也能看到）。在《古典时代疯狂史》和《词与物》中，它们各自的主题——疯癫和知识型——都历经了文艺复兴时期、古典时期（福柯特指 17、18 世纪）和现代时期（19世纪以来）；《规训与惩罚》主要考察的是古典时期和现代时期的惩罚方式。在 18 世纪末 19 世纪初，疯癫、知识型和惩罚同时经历了一个历史性的变革：它们彼此之间发生了汇聚和呼应。在这个时刻，在《词与物》中，人进入科学的视野中，劳动的、活着的、说话的人被政治经济学、生物学和语文学所发现和捕捉：人既是知识的主体，也是知识的客体。一种现代的知识型出现了，一种关于人的新观念出现了，人道主义也就此出现了。那么，在此刻，惩罚就不得不变得更温和，欧洲野蛮的断头台就要退出舞台，更为人道的监狱就要诞生；在此刻，对疯人的严酷禁闭也遭到了谴责，更为"慈善"的精神病院出现了，疯癫不再被视作需要惩罚的罪恶，而被看作需要疗救的疾病；在此刻，无论是罪犯还是疯人，都被一种人道主义的目光重新打量，同时也以一种人道主义的方式被处置。《词与物》是《古典时代疯狂史》和《规训与惩罚》的认识论前提。

无论是对待疯癫还是对待罪犯，现在不再是压制，而是改造和矫正。权力在创造一种主体。对主体的考察，存在着多种多样的方式：在经济学中，主体被置放在生产关系和经济关系中；在语言学中，主体被置放在表意关系中；而福柯的特殊之处在于，他将主体置放于权力关系中。主体不仅受到经济和符号的支配，还受到权力的支配。对权力的考察当然不是从福柯开始的，但是，在福柯这里，一种新的权力支配模式出现了，它针对的是人们熟悉的权力压抑模式。压抑模式几乎是大多数政治理论的出发点：在马克思及其庞大的左翼传统那里，是阶级之间的压迫；在洛克开创的自由主义传统那里，是国家对民众的压制；在弗洛伊德，以及试图将弗洛伊德和马克思结合在一起的马尔库塞与赖希那里，是文明对欲望的压制；甚至在尼采的信徒德勒兹那里，也是社会编码对意志和欲望的压制。事实上，统治-压抑模式是不同的政治理论长期信奉的原理，它的主要表现就是司法模式——政治-法律就是一个统治和压制的主导机器。因此，20世纪以来各种反压制的口号就是解放，就是对统治、政权和法律的颠覆。而福柯的权力理论，就是同形形色色的压抑模式针锋相对，用他的说法，就是要在政治理论中砍掉法律的头颅。这种对政治-法律压抑模式的质疑，其根本信念就是，权力不是令人窒息的压制和抹杀，而是产出、矫正和造就。权力在制造。在《性史》第一卷《认知的意志》中，福柯直接将攻击的矛头指向压制模式：在性的领域，压制模式取得了广泛的共识，但福柯还是挑衅性地指出，性与其说是被压制，不如说是被权力所造就和生产。一旦将权力同压制性的政治-法律进行剥离，或者说，一旦在政治法律之外谈论权力，那么，个体就不仅仅是被政治和法律的目光紧紧地盯住，进而成为一个法律主体；相反，他还被各种各样遍布于社会毛细血管中的权力铸造。个体不仅仅被法律塑形，而且被权力塑形。因此，福柯的政治理论，绝对不会在国家和社会的二分法传统中出没。实际上，福柯认为政治理论长期以来高估了国家的功能。国家，尤其是现代国家，实际上是并不那么重要的一种神秘抽象。在他这里，只有充斥着各种权力配置的具体细微的社会机制——他的历史视野中，几乎没有统治性的国家和政府，只有无穷无尽的规训和治理；几乎没有中心化的自上而下的权力的巨大压迫，只有社会中无所不在的权力矫正；几乎没有两个阶级你死我活的斗争的宏大叙事，只有四处涌现的权力及其如影随形的抵抗。不计其数的细微的权力关系，取代了国家和市民社会之间普遍性的抽象政治配方。对这些细微权力关系的细致分析，毫无疑问构成了福柯最华丽的篇章。

这是福柯对 17、18 世纪以来的现代社会的分析。这些分析占据了他学术生涯的大部分时间。同时，这也是福柯的整个谱系学构造中的两个部分。《词与物》和《临床医学的诞生》是知识和真理对人的建构，《规训与惩罚》和《古典时代疯狂史》则主要是权力/知识对人的建构。不过，对于福柯来说，他的谱系研究不只是这两个领域："谱系研究有三个领域。第一，我们自身的历史本体论与真理相关，通过它，我们将自己建构为知识主体；第二，我们自身的历史本体论与权力相关，通过它，我们将自己建构为作用于他人的行动主体；我们自身的历史本体论与伦理相关，通过它，我们将自己建构为道德代理人。"显然，到此为止，福柯还没有探讨道德主体。怎样建构道德主体？什么是伦理？"你与自身应该保持的那种关系，即自我关系，我称之为伦理学，它决定了个人应该如何把自己构建成为自身行动的道德主体。"① 这种伦理学，正是福柯最后几年要探讨的主题。

在这最后不到十年的时间里，福柯转向了伦理问题，转向了基督教和古代。为什么转向古代？福柯的一切研究只是为了探讨现在——这一点，他从康德关于启蒙的论述中找到了共鸣——他对过去的强烈兴趣，只是因为过去是现在的源头。他试图从现在一点点地往前逆推：现在的这些经验怎样从过去转化而来？这就是他的谱系学方法论：从现在往前回溯。在对 17 世纪以来的现代社会做了分析后，他发现，今天的历史，今天的主体经验，或许并不仅仅是现代社会的产物，而且是一个更加久远的历史的产物。因此，他不能将自己限定在对 17、18 世纪以来的现代社会的探讨中。对现代社会的这些分析，毫无疑问只是今天经验的一部分解释。它并不能说明一切。这正是他和法兰克福学派的差异所在。17、18 世纪的现代社会，以及现代社会涌现出来的如此之多的权力机制，到底来自何方？他抱着巨大的好奇心以他所特有的谱系学方式一直往前逆推，事实上越到后来，他越推到历史的深处，直至晚年抵达了希腊和希伯来文化这两大源头。

这两大源头，已经被说尽了。福柯在这里能够说出什么新意？不像海德格尔那样，他并不以语文学见长。但是，他有他明确的问题框架，将这个问题框架套到古代的时候，古代就以完全不同

---

① 《自我技术：福柯文选 Ⅲ》，第 54 页。

的面貌出现——几乎同所有的既定的哲学面貌迥异。福柯要讨论的是主体的构型，因此，希腊罗马文化、基督教文化之所以受到关注，只是因为它们以各自的方式在塑造主体。只不过是，这种主体塑形在现代和古代判然有别。我们看到了，现代主体，主要是受到权力的支配和塑造。但是，在古代和基督教文化中，权力所寄生的机制并没有大量产生，只是从 17 世纪以来，福柯笔下的学校、医院、军营、工厂，以及它们的集大成者监狱才大规模地涌现，这是现代社会的发明和配置（这也是福柯在《规训与惩罚》中的探讨）。同样，也只是在现代社会，语文学、生物学、政治经济学等关于人的科学，才开始逐渐出现。在古代，并不存在如此繁多而精巧的权力机制的锻造，也不存在现代社会如此烦琐的知识型和人文科学的建构，那么，主体的塑形应该从什么地方着手？正是在古代，福柯发现了道德主体的建构模式——这也是他的整个谱系学构造中的第三种主体建构模式。这种模式的基础是自我技术：在古代，既然没有过多的外在的权力机制来改变自己，那么，更加显而易见的是自我改变。这就是福柯意义上的自我技术："个体能够通过自己的力量，或者他人的帮助，进行一系列对他们自身的身体、灵魂、思想、行为、存在方式的操控，以此达成自我的转变，以求获得某种幸福、纯洁、智慧、完美或不朽的状态。"① 通过这样的自我技术，一种道德主体也得以成形。

这就是古代社会塑造主体的方式。在古代社会，人们是自己改造自己，虽然这并不意味着不存在外在权力的支配技术（城邦有它的法律）；同样，现代社会充斥着权力支配技术，但这并不意

---

① 《自我技术：福柯文选Ⅲ》，第 54 页。

味不存在自我技术（波德莱尔笔下的花花公子就保有一种狂热的自我崇拜）。这两种技术经常结合在一起，相互作用。有时候，权力的支配技术只有借助于自我技术才能发挥作用。不仅如此，这两种技术也同时贯穿古代社会和现代社会并不断地改变自己的面孔。古代的自我技术在现代社会有什么样的表现方式？反过来也可以问：现代的支配技术，是如何在古代酝酿的？重要的是，权力的支配技术和自我技术是否有一个结合？这些问题非常复杂，但是，我们还是可以非常图式化地说，如果在 20 世纪 70 年代，福柯探讨的是现代社会怎样通过权力机制来塑造主体，那么，在这之后，他着力探讨的则是古代社会通过怎样的自我技术来塑造主体，即，人们是怎样改变自我的。改变自我的目的何在，技术何在，影响何在？也就是说，古代存在一种怎样的自我文化？从希腊到基督教时期，这种自我技术和自我文化经历了怎样的变迁？这就是福柯晚年要探讨的问题。

事实上，福柯从两个方面讨论了古代的自我文化和自我技术。一个方面是，福柯将自我技术限定在性的领域，即，古代人在性的领域是怎样自我操作的。这就是他的《性史》第二卷《快感的享用》和第三卷《自我的关心》要讨论的问题。对于苏格拉底和柏拉图时代的希腊人而言，性并没有受到严厉的压制，并没有什么外在的律法和制度来强制性地控制人们的欲望，但是，人们正是在这里表现出一种对快感的主动控制，人们并没有放纵自己。为什么在一个性自由的环境中人们会主动控制自己的欲望和快感？这是为了获得一种美的名声，创造出个人的美学风格，赋予自己以一种特殊的生命之辉光，同时，这也是一种自由的践行：人们对自己欲望的控制是完全自主的，这是主体对自己欲望的主动自由的控制。因此，希腊人的自我控制恰好是一种自由实践：自我是自己欲望和快感的主人。这是希腊人的生存美学，它是在运用快感的过程中实现的：通过苦行实践来创造出一种生存美学。这也是一种自我训练。我们看到，希腊人在性的领域所表现出来的自我技术，首先表现为一种生活艺术。或者也可以反过来说，希腊人的自我技术，是以生活艺术为目标的。但是，这种自我技术的场域、目的、手段和强度随后都发生了变化，经过了罗马时期的过渡，在基督教那里已经变得面目全非。在基督教文化中，自我技术实施的性领域不再是快感，而是欲望和肉体；不是主动选择，而是受到圣律的胁迫；不是创造了自我，而是摒弃了自我；其目标不是现世的美学和光辉，而是来世的不朽和纯洁。但是，希腊人的控制自我的禁欲实践被基督教借用了。也就是说，虽然伦理学的实体和目标发生了变化，但是，从希腊文化到基督教文化，一直存在着一种苦行的自我技术：并非一个宽容的希腊文化和禁欲的基督教文化的断裂，相反，希腊的自我技术的苦行通过斯多葛派的中介，延伸到了基督教的自我技术之中。基督教的禁欲律条，在希腊罗马文化中已经萌芽了。

　　在另外一个方面，自我技术表现为自我关注。它不只限定在性的领域。希腊人有强烈的关注自我的愿望。这种强烈愿望的结果自然就是认识自我。因此，关注自我和认识自我密切相关。希腊人的这种关注自我，其重心、目标和原则也在不断地发生变化：在苏格拉底那里，关注自我同关注政治、关注城邦相关；但是在希腊文明晚期和罗马帝政时代，关注自我从政治和城邦中抽身出来，仅仅因为自我而关注自我，与政治无关；在苏格拉底那里，关注自我是年轻人的责任，也是年轻人的自我教育；在罗马时期，它变成了一个普遍原则，所有的人都应当关注自我，并终其一生。最重要的是，在苏格拉底那里，关注自我是要发现自己的秘密，是要认识自我；但在后来的斯多葛派那里，各种各样的关注自我的技术（书写、自我审查和自我修炼等），都旨在通过对过去经验的回忆和辨识，让既定真理进入主体之中，被主体消化和吸收，使之为再次进入现实做好准备——这绝对不是去发现和探讨主体的秘密，而是去改造和优化主体。而在基督教这里，关注自我的技术，通过对罪的暴露、坦承和诉说、忏悔，把自我倾空，从而放弃现世、婚姻和肉体，最终放弃自我。也就是说，基督教的关注自我不无悖论地变成了弃绝自我，这种弃绝不是为了进入此世的现实，而是为了进入另一个来世现实。同"性"领域中的自我技术的历史一样，关注自我的历史，从苏格拉底到基督教时代，经过斯多葛派的过渡发生了一个巨大的变化：我们正是在这里看到，西方文化经历了一个从认识自我到弃绝自我的漫长阶段。到了现代，基督教的忏悔所采纳的言辞诉说的形式保留下来，不过，这不再是为了倾空自我和摒弃自我，而是为了建构一个新的自我。这就是福柯连续三年（1980 年、1981 年、1982 年）在法兰西学院的系列讲座《对活人的治理》《主体性和真理》《主体的解释学》所讨论的问题。

不过，在西方文化中，除了关注自我外，还存在大量的关注他人的现象。福柯所谓的自我技术，指的不仅是个体改变自我，而且是个体在他人的帮助下来改变自我——牧师就是这样一个帮助他人、关注他人的代表。他关心他人，并且针对具体的个人。他确保、维持和改善每个个体的生活。这种针对个体并且关心他人的牧师权力又来自哪里？显然，它不是来自希腊世界，希腊发明了城邦-公民游戏，它衍生的是在法律统一框架中的政治权力；而牧师权力则针对个体，正是在此，福柯进入了希伯来文化中。他在希伯来文献中发现了牧人和羊群的大量隐喻。牧人细心照料羊群，无微不至，对其了如指掌。他为羊群献身，他所做的每一件事情都有益于羊群。基督教接纳了这种与城邦-公民游戏相对的牧人-羊群游戏，并且做了相当大的改变：牧人-羊群的关系变成了上帝-人民的关系。在责任、服从、认知和行为实践方面，基督教对希伯来文化中的牧师权力都进行了大量的修改：牧人对羊的一切都要负责；牧人和羊是一种彻底的个人服从关系；牧人对每只羊有彻底的了解；在牧人和羊的行为实践中贯穿着审查、忏悔、指引和顺从。而这一切改变了希伯来文化中的牧人-羊群关系，它是要让个体在世上以苦行的方式生存，这就构成了基督教的自我认同。不过，这种从希伯来文化发展而来、在基督教中得到延续和修正的牧师权力，同希腊文化中发展而成的政治-法律权力相互补充。前者针对个体，后者针对全体；前者是拯救性的，后者是压抑性的；前者是伦理和宗教性的，后者是法律和制度性的。它们在现代社会中巧妙地结为一体，形成了福柯所称的被权力控制得天衣无缝的恶魔国家。因此，要获得解放，就不仅仅要对抗总体性的权力，还要对抗那种个体化的权力。

显然，这种牧师权力的功能既不同于法律权力的压制和震慑，也不同于规训权力的改造和生产，它的目标是救赎。不过，基督教发展出来的一套拯救式的神学体制，并没有随着基督教的式微而销声匿迹，而是在 17、18 世纪以来逐渐世俗化的现代社会中以慈善和救护机构的名义扩散开来：拯救不是在来世，而是在现世；救助者不是牧师，而变成了世俗世界的国家、警察、慈善家、家庭和医院等机构；救助的技术不再是布道和忏悔，而是福利和安全。最终，救赎式的牧师权力变成了现代社会的生命权力；政治也由此变成了福柯反复讲到的生命政治：政治将人口和生命作为对象，力图让整个人口，让生命和生活都获得幸福，力图提高人口的生活和生命质量，力图让社会变得安全。就此，救赎式的牧师权力成为对生命进行投资的生命权力的一个重要来源。

以人口为对象、以提高生命质量为目标的生命政治，是福柯在 20 世纪 70 年代中期的重要主题。在《性史》的第一卷《认知的意志》（1976），法兰西学院讲座《必须保卫社会》（1976）、《安全，领土，人口》（1978）、《生命政治的诞生》（1979）中，他从各个方面探究了生命政治的起源和特点。我们已经看到，它是久远的牧师权力技术在西方的现代回声。它也是马基雅维里以来治理术的逻辑变化：在马基雅维里那里是对领土的治理，然后是对事的治理，又因为人口的爆炸，从 17、18 世纪以来自然地转向对人口的治理。最后，它也是国家理性的逻辑结果：17 世纪以来发展出一种既不同于基督教也不同于马基雅维里的政治合理性，即以国家本身强大为目标的政治合理性。这种国家理性要将一切纳入其管治范围。要使国家强大，就势必要将个体整合进国家的力量中。这就是国家理性的治安技术，它逐渐将整个人口及其幸福纳入政治的目标中，它要优化人口，改善生活，促进幸福。因为，人口的质量，在某种意义上就是国家的质量。人口和国家相互强化。同这样促进自身强大的国家理性相关，国家总是处在同其他国家的对抗中，正是在这种对抗和战争中，人口作为一个重要的因素而存在，国家为了战争而将人口纳入考量中。最后，18 世纪中叶逐渐取代国家理性而出现的自由主义，同样被福柯置放在生命政治的范畴之内。国家理性是要强化国家本身，自由主义则倡导俭省治理，是要尽可能少地管理，是同"管得过多"的国家理性的决裂。因为自由主义的暗示是，"管得过多"使人们置身于危险的生活，在这个意义上，自由主义则是对人们的安全的维护和保障。如果说，国家理性要确保生活的质量，那么，自由主义则要确保生活的安全。自由主义是去生产自由，激发自由，创造自由，"自由与安全性的游戏，就位居新治理理性（即自由主义）的核心地位，而这种新治理理性的一般特征，正是我试图向大家描述的。自由主义所独有的东西，也就是我称为权力的经济的问题，实际上从内部维系着自由与安全性的互动关系……自由主义就是通过对安全性/自由之间互动关系的处理，来确保诸个体与群体遭遇危机的风险被控制在最低限度"①。

就此，17、18世纪以来，政治的目标逐渐转向了投资生命：生命开始被各种各样的权力技术所包围、保护。借用福柯法兰西学院讲座的标题来说就是：必须保卫社会！生命政治，是各种治理技术、政治技术和权力技术在18世纪的一个大汇聚。由此，社会实践、观念和学科知识重新得以组织——福柯用一种隐喻的方式说——以血为象征的社会进入以性为象征的社会，置死的社会变成了放生的社会，寻求惩罚的社会变成了寻求安全的社会，排斥和区分的社会变成了人道和救赎的社会，全面管理的社会变成了自由放任的社会。与此相呼应，对国家获得总体了解的统计学和政治经济学也开始出现。除此之外，福柯还围绕生命政治，从各个不同的角度来谈论18世纪发生的观念和机制的转变：他以令人炫目的历史目光谈到了医学和疾病的变化、城市和空间的变化、环境和自然的变化。他在《认知的意志》精彩绝伦的（或许是他所有著作中最精彩的）最后一章中，基于保护生命和保护社会的角度，提出了战争、屠杀和死亡的问题：以保护生命为宗旨的生命政治，为什么导致屠杀？这是生命政治和死亡政治的吊诡关系。

---

① 福柯：《什么是批判：福柯文选Ⅱ》，汪民安编，北京大学出版社2016年版，第302—303页。

正是在这里，他对历史上的各种杀人游戏做了独具一格的精辟分析。这些分析毫无疑问击中了今天的历史，使得生命政治成为福柯在今天最有激发性的话题。

在这里，我们看到了福柯塑造主体的模式：一种是真理的塑造（人文科学将人同时建构为主体和客体）；一种是权力的塑造（排斥权力塑造出疯人，规训权力塑造出犯人）；一种是伦理的塑造（也可以称为自我塑造，它既表现为古代社会的自我关注，也在古代的性快感的领域中得到实践）。后两种塑造都可以称为支配技术，一种是支配他人的技术，一种是支配自我的技术，"这种支配他人的技术与支配自我的技术的接触，我称之为治理术"①。它的雏形无疑是牧师权力，经过基督教的过渡后转化为国家理性和自由主义，最终形成了现代社会的权力结构。这就是福柯对现代主体谱系的考究。

这种考究非常复杂。其起源既不稳定也不单一。其线索贯穿整个西方历史，在不同的时期，相互分叉，也相互交织；相互冲突，也相互调配。这也是谱系学的一个核心原则：起源本身充满着竞争。正是这种来自开端的竞技，使得历史本身充满着盘旋、返回、争执和喧哗。历史，在谱系学的意义上，并不是一个一泻千里、酣畅淋漓的故事。

显然，在主体的谱系这一点上，福柯对任何的单一叙事充满了警觉。马克思将主体置于经济关系中，韦伯和法兰克福学派将主体置于理性关系中，尼采将主体置入道德关系中。针对这三种最重要的叙事，福柯将主体置于权力关系中。这种权力关系，既同法兰克福学派的理性相关，也同尼采的道德相关。尽管他认为

① 《自我技术：福柯文选Ⅲ》，第55页。

法兰克福学派从理性出发探讨的主题跟他从权力出发探讨的主题非常接近，他的监狱群岛概念同韦伯的铁笼概念也非常接近，并因此对后者十分尊重，但他还是对法兰克福学派单一的理性批判持保留态度。他探讨的历史更加久远，决不限于启蒙理性；他的自我支配的观点同法兰克福学派的单纯的制度支配观点相抗衡。同样，尽管他的伦理视野接续的是尼采，他的惩罚思想也来自尼采，但是，他丰富和补充了尼采所欠缺的制度维度，这是个充满了细节和具体性的尼采；尽管他对权力的理解同尼采也脱不了干系，但是，权力最终被他运用到不同的领域。正如德勒兹所说，他把尼采射出来的箭捡起来，射向另一个孤独的方向。

事实上，福柯的独创性总是表现在对既定观念的批判和质疑上面。针对希腊思想所发展的普遍性的政治-法律权力，福柯提出了源自希伯来文明的针对个体的牧师权力；针对国家对民众的一般统治技术，福柯提出了个体内部的自我技术；针对权力技术对个体的压制，福柯提出了权力技术对个体的救助；针对对事的治理，福柯提出了对人口的治理；针对否定性的权力，福柯提出了肯定性的权力；针对普遍理性，福柯提出了到处分叉的特定理性；针对总是要澄清思想本身的思想史，福柯提出了没有思想内容的完全形式化的思想史；针对要去索取意义的解释学，福柯提出了摈弃意义的考古学；针对按照因果逻辑顺势推演的历史学，福柯提出了往前逆推的谱系学；针对自我和他人的交往关系，福柯提出了自我同自我的关系；针对认知自己，福柯提出了关注自己。他总是发现历史的另外一面，并且以其渊博、敏感与洞见将这一面和盘托出，划破了历史长久而顽固的沉默。

福柯雄心勃勃地试图对整个西方文化做出一种全景式的勾勒：从希腊思想到 20 世纪的自由主义，从哲学到文学，从宗教到法律，从政治到历史，他无所不谈。这也是他在各个学科中被广为推崇的原因。或许，在整个 20 世纪，没有一个人像福柯这样影响了如此之多的学科。关键是，福柯对文化历史的勾勒绝非一般所谓的哲学史或者思想史那样的泛泛而谈，不是围绕着几个伟大的哲学家名字做一番提纲挈领式的勾勒和回顾。这是福柯与黑格尔的不同之处。同大多数历史学家完全不一样，福柯也不是罗列一些围绕着帝王和政权而发生的重大历史事件，在这些历史事件之间穿梭，从而将它们编织成一部所谓的通史。在这个意义上，福柯既非传统意义上的哲学家，也非传统意义上的历史学家。他也不是历史和哲学的一个奇怪的杂交。他讨论的是哲学和思想，但这种哲学和思想是在历史和政治中出没的；对于他来说，哲学就是历史和政治的诡异交织。不过，福柯出没其中的历史，是历史学无暇光顾的领域，是从未被人赋予意义的历史。福柯怎样描述他的历史？在他这里，性的历史，没有性；监狱的历史，没有监狱；疯癫的历史，没有疯人；知识的历史，没有知识内容。用他的说法，他的历史，是无源之水、无本之木的历史——这是他的考古学视角下的历史。他也不是像通常的历史学家那样，试图通过历史的叙述来描写出一种理论模式。福柯的历史，用他自己的说法，是真理游戏的历史。这个真理游戏，是一种主体、知识、经验和权力之间的复杂游戏：主体正是借助真理游戏在这个历史中建构和塑造自身。

他晚年进入的希腊同之前的海德格尔的希腊完全是两个世界，希腊不是以一种哲学起源的形象出现。在福柯这里，并没有一个所谓的柏拉图主义，而柏拉图主义无论如何是尼采、海德格尔、德里达和德勒兹共同面对的问题。在希腊世界中，福柯并不关注一和多这样的形而上学问题，甚至也不关注城邦组织的政治问题；

尽管在希腊世界，他也发现了尼采式的生存美学，但是这种美学同尼采的基于酒神游戏的美学并不相同，这是希腊人的自由实践——福柯闯入了古代，但决不在前人穷尽的领域中斡旋，而是自己新挖了一个地盘。他的基督教研究的著述虽然还没有完全面世（他临终时叮嘱，他已经写完的关于基督教的《肉欲的告白》不能出版，他对基督教的讨论，人们现在只能看到几篇零星的文章），但毫无疑问同任何的神学旨趣毫无关联。他不讨论上帝和信仰。基督教被讨论，只是在信徒的生活技术的层面上，在自我关注和自我认知的层面上。他谈到过文艺复兴，但几乎不涉及人的发现，而是涉及一个独特的名为"相似"的知识型，涉及大街上谈笑风生的疯人。他谈及他所谓的古典时期（17 世纪到 18 世纪末），他谈论这个时期的理性，但几乎没有专门谈论笛卡尔（只是和德里达围绕着有关笛卡尔的一个细节展开过争论）和莱布尼茨，他津津乐道的是画家委拉斯贵兹。作为法兰西学院的思想体系史教授，他对法国的启蒙运动几乎保持着令人惊讶的沉默——即便他有论述启蒙和批判的专文，他也极少提及卢梭、伏尔泰和狄德罗。而到了所谓的现代时期，他故意避免提及法国大革命（尽管法国大革命在他的内心深处无所不在，大革命是他最重要的历史分期）。他谈到了 19 世纪的现代性，但这个概念同主导性的韦伯的理性概念无关。在他的 19 世纪，似乎黑格尔和马克思也不存在。他几乎不专门谈论哲学和哲学家（除了谈论过尼采），他也不讨论通常意义上的思想家，不在那些被奉为经典的著述的字里行间反复地去爬梳。福柯的历史主角，他偏爱的主角，是一些无名者，即便被历史镌刻过名字，也往往是些声名狼藉者。不过，相对于传统上的伟大的欧洲姓名，福柯倒是对同时代人毫不吝惜地致敬：不管是布朗肖还是巴塔耶，不管是克罗索夫斯基还是德勒兹。

在某种意义上，福柯写出的是完美之书：每一本书都是一个全新的世界，无论是领域还是材料，无论是对象还是构造本身。他参阅了大量的文献——但是这些文献如此令我们感到陌生，似乎从来没有进入过学院的视野。他将这些陌生的文献点燃，使之光彩夺目，从而成为思考的重锤。有一些书是如此抽象，没有引文，犹如一个空中楼阁在无穷无尽地盘旋（如《知识考古学》）；有一些书如此具体，全是布满尘土的真实档案，但是，从这些垂死的档案的字里行间，一种充满激情的思想腾空而起（《规训与惩罚》）；有些书是如此奇诡，仿佛在一片无人经过的荒漠中发出狄奥尼索斯式的被压抑的浪漫呐喊（《古典时代疯狂史》）；有一些书如此地条分缕析，但又是如此艰深晦涩，这两种对峙的决不妥协的风格引诱出一种甜蜜的折磨（《词与物》）；有一些书如此平静和庄重，但又如此地充满着内在紧张，犹如波澜在平静的大海底下涌动（《快感的享用》）。福柯溢出了学术机制的范畴。除了尼采之外，人们甚至在这里看不到什么来源。但是，从形式上来说，他的书同尼采的书迥异。因此，他的书看起来好像是从天而降，似乎不活在任何的学术体制和学术传统中。他仿佛是自己生出了自己。在这方面，他如同一个创造性的艺术家一样写作。确实，相较于传承，他更像在创作和发明——无论是主题还是风格。我们只能说，他创造出一种独一无二的风格：几乎找不到什么历史类似物，找不到类似于他的同道（就这一点而言，他和尼采有惊人的相似）。尽管在他写作之际，他的主题完全溢出了学院的范畴，但是，在今天，他开拓的这些主题和思想几乎全面征服了学院，变成了学院内部的时尚。他的思想闪电劈开了一道深渊般的沟壑：在他之后，思想再也不能一成不变地像原先那样了。尽管他的主题征服了学院，吸引了无数的后来者，但是，他的表述风格同样迷人：这是玄妙和典雅、繁复和简洁、疾奔和舒缓、大声呐喊和喃喃低语的多重变奏，这是伟大的抒情诗篇，是布道和质疑的神曲。

参考文献

米歇尔·福柯的著作

英文部分

Death and the Labyrinth: The World of Raymond Roussel, London, Doubleday, 1987.

Discipline and Punish: The Birth of the Prison, New York, Pantheon Books, 1977.

Ethics: Subjectivity and Truth, New York, The New Press, 1997.

Foucault/Blanchot, New York, Zone Books, 1987.

Foucault Live: Interviews, 1961-1984, edited by Sylvere Lotringer, New York, Semiotext (e), 1996.

Language, Counter-Memory, Practice, edited by Donald F. Bouchard, New York, Cornell University Press, 1981.

Madness and Civilization: A History of Insanity in the Age of Reason, New York, Pantheon Books, 1965.

Politics, Philosophy, Culture: Interviews and Other Writings, 1977-1984, edited by Lawrence D. Kritzman, London, Routledge, 1990.

Power/Knowledge: Selected Interviews and Other Writings, 1972-1977, edited by Colin Gordon, London, Vintage, 1980.

The Archaeology of Knowledge and the Discourse on Language, New

York，Pantheon Books，1972.

The Birth of the Clinic，New York，Pantheon Books，1973.

The Care of the Self，*The History of Sexuality*，Volume 3，London，Penguin Books，1988.

The Foucault Reader，edited by Paul Rabinow，New York，Pantheon Books，1984.

The Order of Things：*An Archaeology of the Human Sciences*，New York，Vintage，1994.

The Use of Pleasure，*The History of Sexuality*，Volume 2，London，Penguin Books，1988.

The Will to Knowledge，*The History of Sexuality*，Volume 1，London，Penguin Books，1990.

中文部分

《必须保卫社会》，钱翰译，上海人民出版社，1999年。

《词与物》，莫伟民译，上海三联书店，2001年。

《疯癫与文明》，刘北成、杨远婴译，生活·读书·新知三联书店，1999年。

《福柯集》，杜小真编，上海远东出版社，1998年。

《规训与惩罚》，刘北成、杨远婴译，生活·读书·新知三联书店，1999年。

《临床医学的诞生》，刘北成译，译林出版社，2001年。

《权力的眼睛》，严锋译，上海人民出版社，1997年。

《性经验史》，佘碧平译，上海人民出版社，2000年。

《性史》（第一、二卷），张廷琛等译，上海科学技术文献出版社，1989年。

《知识考古学》，谢强、马月译，生活·读书·新知三联书店，1998年。

福柯研究著作

英文部分

Arac，J.（ed.），*After Foucault*：*Humanistic Knowledge*，*Postmodern Challenges*，London，Rutgers University Press，1988.

Armstrong, T. (ed.), *Michel Foucault: Philosopher*, Hemel Hempstead, Harvester Wheatsheaf, 1992.

Burchell, G., Gordon, C. and Miller, P. (ed.), *The Foucault Effect: Studies in Governmentality*, Chicago, University of Chicago Press, 1991.

Burke, R. (ed.), *Critical Essays on Michel Foucault*, Critical Thought Series 2, Cambridge, Scolar Press, 1992.

Caputo, J. and Yount, M. (ed.), *Foucault and the Critique of Institutions*, Philadelphia, Pennsylvania State University Press, 1993.

Davidson, A. (ed.), *Foucault and His Interlocutors*, Chicago, University of Chicago Press, 1997.

Diamond, I. and Quinby, L. (ed.), *Feminism and Foucault: Reflections on Resistance*, Boston, Northeastern University Press. 1988.

Gane, M. and Johnson, T. (ed.), *Foucault's New Domains*, London, Routledge, 1995.

Gutting, G. (ed.), *The Cambridge Companion to Foucault*, Cambridge, Cambridge University Press, 1994.

Hoy, D. (ed.), *Foucault: A Critical Reader*, Oxford, Basil Blackwell, 1986.

Moss, J. (ed.), *The Later Foucault*, London, Sage Publications, 1998.

Still, A. and Velody, I. (ed.), *Rewriting the History of Madness: Studies in Foucault's* Histoire de la folie, London, Routledge, 1992.

Barrett, M., *The Politics of Truth: From Marx to Foucault*, Cambridge, Polity Press, 1987.

Baudrillard, J., *Forget Foucault*, New York, Semiotext (e), 1987.

Bernauer, J., *Michel Foucault's Force of Flight: Towards an Ethics for Thought*, London, Humanities, 1990.

Boyne, R., *Foucault and Derrida: The Other Side of Reason*, London, Unwin Hyman, 1990.

Dean, M., *Critical and Effective Histories: Foucault's Methods and Historical Sociology*, London, Routledge, 1994.

Deleuze, G., trans. S. Hand, *Foucault*, Minneapolis, University of Minnesota Press, 1988.

Dreyfus, H. and Rabinow, P., *Michel Foucault: Beyond Structuralism and Hermeneutics*, Chicago, University of Chicago Press, 1983.

During, S., *Foucault and Literature*, London, Routledge, 1992.

Eribon, D., *Michel Foucault*, London, Faber and Faber, 1991.

Guttting, G., *Michel Foucault's Archaeology of Scientific Reason*, Cambridge, Cambridge University Press, 1989.

McNay, L., *Foucault: A Critical Introduction*, Cambridge, Polity Press, 1994.

McNay, L., *Foucault and Feminism: Power, Gender and the Self*, Cambridge, Polity Press, 1992.

Megill, A., *Prophets of Extremity: Nietzsche, Heidegger, Foucault, Derrida*, Berkeley, University of California Press, 1985.

Miller, J., *The Passion of Michel Foucault*, New York, Simon and Schuster, 1993.

O'Farrell, C., *Foucault: Historian or Philosopher?*, London, Macmillan, 1989.

Poster, M., *Foucault, Marxism and History: Mode of Production Versus Mode of Information*, Cambridge, Polity Press, 1984.

Rajchman, J., *Michel Foucault: The Freedom of Philosophy*, New York, Columbia University Press, 1985.

Stoler, A. L., *Race and the Education of Desire*, Durham, Duke University Press, 2000.

中文部分

阿兰·谢里登:《求真意志》,尚志英、许林译,上海人民出版社,1997年。

德赖弗斯、拉比诺:《超越结构主义与解释学》,张建超、张静译,光明日报出版社,1992年。

迪迪埃·埃里蓬:《权力与反抗》,谢强、马月译,北京大学出版社,1997年。

吉尔·德勒兹:《德勒兹论福柯》,杨凯麟译,台湾麦田出版社,2000年。

刘北成:《福柯思想肖像》,北京师范大学出版社,1995年。

露易丝·麦克尼:《福柯》,贾湜译,黑龙江人民出版社,1999年。

汪民安、陈永国、马海良编：《福柯的面孔》，文化艺术出版社，2001 年。

詹姆斯·米勒：《福柯的生死爱欲》，高毅译，台湾时报文化，1995 年。

其他著作

英文部分

Adorno, T. and Horkheimer, M., *Dialectic of Enlightment*, London, Verso Books, 1979.

Barthes, R., *Critical Essays*, Evanston, Northwestern University Press, 1972.

——*Mythologies*, New York, Hill and Wang, 2000.

Baudrillard, J., *Symbolic Exchange and Death*, London, Sage Publications, 1993.

Bataille, G., *Eroticism*, New York, Marion Boyars, 1962.

——*Visions of Excess*, Minneapolis, University of Minnesota Press, 1985.

Benjamin, W., *Illumination*, New York, Schocken Books, 1985.

Blanchot, M., *The Space of Literature*, Lincoln, University of Nebraska Press, 1983.

Deleuze, G. and Guattari, F., *Anti-Oedipus*, Minneapolis, University of Minnesota Press, 1983.

De Certeau, M., *The Practice of Everyday Life*, Berkeley, University of California Press, 1986.

Derrida, J., *Writing and Difference*, London, Routledge, 1981.

——*Spurs: Nietzche's Style*, Chicago, University of Chicago Press, 1979.

Eagleton, T., *Ideology*, London, Verso Books, 1991.

Fraser, N., *Unruly Practices, Power, Discourse and Gender in Contemporary Social Theory*, Cambridge, Polity Press, 1991.

Habermas, J., *The Philosophical Discourse of Modernity*, Cambridge, Polity Press, 1987.

Heidegger, M., *Nietzsche*, New York, HarperColins, 1991.

Said, E., *The World, the Text, and the Critic*, London, Faber and Faber，1984.

中文部分

阿多尔诺：《否定的辩证法》，张峰译，重庆出版社，1993 年；

——《启蒙辩证法》，张峰译，重庆出版社，1993 年。

柏拉图：《理想国》，郭斌和、张竹明译，商务印书馆，1986 年。

本雅明：《本雅明文选》，中国社会科学出版社，1999 年；

——《发达资本主义时代的抒情诗人》，张旭东、魏文生译，生活·读书·新知三联书店，1992 年。

德勒兹：《尼采与哲学》，周颖、刘玉宇译，社会科学文献出版社，2001 年；

——《哲学与权力的谈判》，刘汉全译，商务印书馆，2000 年。

德里达：《论文字学》，汪家堂译，上海译文出版社，1999 年；

——《书写与差异》，张宁译，生活·读书·新知三联书店，2001 年；

——《文学行动》，赵兴国等译，中国社会科学出版社，2000 年。

笛卡尔：《第一哲学沉思集》，庞景仁译，商务印书馆，1996 年。

葛兰西：《狱中札记》，曹雷雨、姜丽、张跣译，中国社会科学出版社，2000 年。

哈贝马斯：《合法化危机》，刘北成、曹卫东译，上海人民出版社，2000 年；

——《后形而上学思想》，曹卫东、付德根译，译林出版社，2001 年；

——《交往与社会进化》，张博树译，重庆出版社，1989 年；

——《现代性的地平线》，李安东、段怀清译，严锋校，上海人民出版社，1997 年。

海德格尔：《存在与时间》，王庆节、陈嘉映译，生活·读书·新知三联书店，1987 年；

——《海德格尔选集》，孙周兴译，上海三联书店，1996 年。

凯尔纳、贝斯特：《后现代理论》，张志斌译，中央编译出版社，1999 年。

康德：《纯粹理性批判》，蓝公武译，商务印书馆，1997 年；

——《历史理性批判文集》，何兆武译，商务印书馆，1990 年；

——《实践理性批判》，韩水法译，商务印书馆，1999 年。

卢卡奇：《历史和阶级意识》，张西平译，重庆出版社，1989 年。

罗钢、刘象愚编：《后殖民主义文化理论》，中国社会科学出版社，1999 年；

——《文化研究读本》，中国社会科学出版社，2000 年。

马丁·杰:《法兰克福学派史》,单世联译,广东人民出版社,1996年。

尼采:《悲剧的诞生》,周国平译,生活·读书·新知三联书店,1992年;

——《查拉图斯特拉如是说》,钱春绮译,生活·读书·新知三联书店,2014年;

——《超善恶》,张念东、凌素心译,中央编译出版社,2000年;

——《看哪这人:尼采自述》,张念东、凌素心译,中央编译出版社,2001年;

——《快乐的知识》,黄明嘉译,中央编译出版社,1999年;

——《历史对于人生的利弊》,姚可昆译,商务印书馆,1998年;

——《论道德的谱系》,周红译,生活·读书·新知三联书店,1992年;

——《权力意志》,张念东、凌素心译,中央编译出版社,2000年。

赛义德:《东方学》,王宇根译,生活·读书·新知三联书店,1999年;

——《赛义德自选集》,谢少波译,中国社会科学出版社,1999年。

上海社科院哲学所外哲室编:《法兰克福学派论著选集》,商务印书馆,1998年。

汪民安、陈永国编:《尼采的幽灵》,社会科学文献出版社,2000年。

汪民安、陈永国、马海良编:《后现代性的哲学话语》,浙江人民出版社,2000年。

王逢振等编:《最新西方文论选》,漓江出版社,1991年。

韦伯:《经济与社会》,林荣远译,商务印书馆,1997年;

——《新教伦理与资本主义精神》,于晓、陈维纲等译,生活·读书·新知三联书店,1992年。

许宝强、袁伟编:《语言与翻译的政治》,中央编译出版社,2001年。

伊恩·哈金:《驯服偶然》,刘钢译,中央编译出版社,2000年。

后　记

　　这本书是我的博士论文，它在许多方面得益于我的老师罗钢教授。这几年，罗老师几乎没有原则地在所有的方面都给了我关键性的帮助。尤其是在今天，在各种各样的吵闹声音中，他清楚地知道，而且坚信不疑，他和他的学生应该走什么样的道路，以及在这条道路上应该承受的孤寂和沉默。这条道路就是理论，这不是几十年来我们在大学课堂里灌输的而且现在仍在乏味地灌输的理论，这是在改变我们的目光、思考，而且促使我们进行别样的观察和思考的理论，这是为趣味而不是为权势所主宰的理论，是为好奇心而不是为真理意志所主宰的理论，这是作为世界观——起码是作为我的世界观——的理论，这同样也是作为工具箱的理论。我深深地得益于这一点。我的这本书，正是这样一种选择的结果。如果说，这本书里面对权力进行了大量讨论的话，这些讨论不是为了澄清权力的隐秘真相，而是为了让权力进一步地迷失在某种书写的游戏中。是的，权力无处不在，但是，不要对它说真话，而是让它显得粗俗而无趣，要让趣味和好奇心的强烈驱动来吞噬这种暴躁的权力，要用生理学来统治哲学。如果说这本书里面有一些生理学，而且，它表现为武断和激情的反复交织的话，那么，这种武断源于我的粗糙和固执，而激情则来自我的迷恋——对福柯的迷恋、对理论的迷恋、对我最后的学生生涯的迷恋。这种激情也是学生向老师表示的谢意——没有罗老师的帮助，就没有这本书，既没有这本书的最初起源，也没有这本书最后这样的结果。我也感谢我的硕士导师、远在南方的刘安海教授，他已退休在家，我知道，不论这本书如何幼稚，他都会由衷地高兴。

许许多多的老师、朋友和同事，这么多年来，他们各种形式的理解和帮助促成了我的工作，我不会忘记因为这些理解、合作和帮助而建立起来的友谊。我向他们表示谢意，这种谢意发自内心，因此，我不说出他们的名字，我想让这种友谊以默契的方式存在。当他们拿到这本书时，他们肯定知道，他们的帮助、我的感谢、我们之间的友谊，都藏在书的哪些字里行间。

这本书大都是在 2001 年的深夜写成的。只有在被漆黑一团的夜晚包围的时候，我才能面对福柯那些既凶险阴郁又熠熠生辉的文字，这是一个魔鬼发出的天启。我被完全征服了。如果有人抱怨这本书没有对福柯进行适当的批评的话，那么，我的回答就是，我是作为一个信徒来写这本书的，不仅仅是福柯的信徒，而且是拼命地嘲笑绝对真理论的尼采的信徒。夜晚不适于批判，只适于个人沉默地倾听。我不能肯定我听懂了全部，也不能肯定这本书中哪些是属于福柯的，哪些是属于我的，我只知道，在那些似乎是没有尽头的夜晚，在一栋昏暗高楼的透出白炽灯光的窗户里面，到处布满了一个伏案身影的艰辛、执着和激情。

我知道，这样的一本书，不会有多少读者，但是，在它出版之前，我的家人已经读过了，而且表示了肯定，这对于充满愧疚和忐忑不安的我来说，是一个重要的慰藉。

汪民安

2002 年 6 月于北京望京

再版后记

时隔多年，重读一本自己写的旧书，是一件非常有意思的事情。我自己的书架上，还躺着这本书的初版，它随意地置放在书架的角落里，布满灰尘。我很少注意到它，甚至谈不上对它有特殊的感情，好像它是另外一个作者的东西，与我无关——时间真是有一种巨大的冲淡能力，我最初瞥见它的时候所泛起的激动，现在荡然无存了。说老实话，现在，我很少有翻阅它的兴致。如果不是再版这本书，我或许永远不会再将它完整地读一遍。也许，要想让自己读自己写过的书，唯一的办法就是让它再版。

不过，有点奇怪的是，当它再版，以一种新校样的形式来到我的案头的时候，我居然有一种异样的感觉，我有一点迫不及待地阅读它（而不是原书）的冲动，好像校样里面埋伏着什么新的东西一样。难道一个新的包装形式，会让一本书发生变化？显然，新的版式、新的封面、新的纸张、新的编辑（尽管是一个老朋友了）和新的出版社，对书的内容丝毫没有影响。但是，它们或许会改变人们对于书的内容的想象——如同换上一件新衣服并不能改变人的身体，却能改变人对于身体的幻想一样——无论这个幻想者是自己还是他人。

果然，当我安静地坐下来阅读这份书稿校样的时候（其直接目的是寻找校样中的错别字），出现了一些从未有过的阅读经验：悔恨和得意反复地交织。在有些地方，我悔恨不断：我那个时候竟然写得如此之糟糕！在有些地方，我却有些自鸣得意：我那个时候居然写得如此之好！对书页中的很多地方，我居然十分地陌生，就像是在读从未阅读过的东西一样。我不断地自问：这难道出自我的笔下（我是用钢笔写下的这本书）？这些句子，难道是我写下来的？我竟然持有这样的看法？我那时候竟然会读过这样的书？——阅读自己的旧书，就是这样地奇妙，有时候好像是在阅读一本新书，一本从未读过的陌生人的书，好像自己通过这个新书获得了新知。或许，有些东西，一旦写下来，不是铭刻在心，而是从你这里永远地消失了。在这个意义上，写作，就是让自己遗忘，让自己消失。重新阅读自己的书，在这个意义上，就不是怀旧，而是重新发现自己，或者更准确地说，是重新发现自己的他者。一个作者，就是通过持续不断地写作，来达到自我遗忘。同时，借助自我重读，来回忆自己，来发现自己，发现自己身上那种令自己感到陌生的东西。

汪民安

2007 年 9 月于北京望京

第三版后记

我大概是在 2001 年底完成了这篇博士论文。那几年我全力以赴地读福柯，我认真地读完了他生前出版的主要著作。因此，在这本博士论文出版之际，我想我会暂时告别福柯。但是，福柯持续十多年的法兰西学院讲座的讲义后来慢慢地整理出版了。福柯非常认真地对待他的讲座，他每次授课之前都做了细致的准备，写下了完备的讲义。这些讲义记录了福柯 20 世纪 70 年代后每一年的思想历程。相较于那些出版之际被仔细修订的著作而言，这些未经福柯最后审定的讲义更显现出福柯思考的活的痕迹。这个系列年度讲座讲义的出版规模庞大（每年的讲座都整理成一本书），几乎和他生前出版的著作相当。讲义著作和他生前出版的著作有些有相关和交叉之处，而有些则是全新的，在他的生前著作中几乎从未得到表现。这个系列讲义展示了一个更加丰富多样的福柯形象。我一直在跟踪这些新出版的讲义，因此，福柯在我这里从未中断。我要说明的是，我并不是因为出于研究习惯或者某种职业伦理去持续地研读福柯，而确实是因为福柯的每一本著作都强烈地吸引着我。在福柯的著作中，我感到极大的满足——这是其他人的著作所无法带给我的满足。我相信，作为一个读者，能够找到一个令他长久迷恋的作者是人生所特有的幸运。

　　《福柯的界线》是我阅读福柯生前著作的一个总结。他身后出版的著作我没有谈论，因此，它存在着欠缺。我觉得我应该再写一本关于福柯的书。事实上，我已经开始写了。我希望这本尚未完成的新书，成为这本书的一个合适的增补，仿佛它是这本十五年前出版的先天不足的著作的兄弟一样。

汪民安

2017 年 10 月 12 日